GRAN TURISMO
&
MONZA

Con grande piacere salutiamo l'uscita di questa nuova opera editoriale che illustra e ripercorre le vicende delle gare per vetture Gran Turismo che tanta parte hanno avuto nella storia dell'Autodromo di Monza, costruito esattamente cento anni fa per volere di Automobile Club Milano.

Per noi è significativo e apprezzabile che l'iniziativa sia partita dalla Libreria dell'Automobile che da oltre mezzo secolo è un importante partner del nostro Sodalizio.

AC Milano, Autodromo di Monza, Giorgio Nada Editore: tre realtà legate da obiettivi e sensibilità comuni che anche grazie ad opere come questa rafforzano la loro collaborazione e il loro cammino verso sempre nuovi traguardi.

Il libro, redatto da uno storico frequentatore della sala stampa di Monza, è indubbiamente interessante e di pregevole fattura. Ricco di notizie, dati e testimonianze, corroborate da un ricco repertorio iconografico, con particolare riguardo agli ultimi cinquant'anni dei Campionati GT che debuttarono a Monza, bisogna ricordarlo, nel lontano 1949 con la prima edizione della Coppa Intereuropa disputata pochi mesi dopo la riapertura post bellica dell'impianto.

It is with great pleasure that we salute the publication of this new book illustrating and recounting the GT races that have played such an important part in the history of the Monza Autodromo, constructed exactly 100 years ago at the behest of the Automobile Club Milano.

For us it is particularly significant and commendable that the initiative was launched by the Libreria dell'Automobile, which for more than half a century has been an important partner of our club.

AC Milano, the Monza Autodromo and Giorgio Nada Editore: three institutions linked by shared objectives and interests which thanks to projects such as this are able to reinforce their bonds and march on together into the future.

Written by a habitué of the Monza press room, the book is of great interest and beautifully produced. It boasts a wealth of information, statistics and eye-witness accounts accompanied by innumerable photographs focusing on the last 50 years of the GT championships that debuted at Monza, we should remember, way back in 1949 with the first edition of the Coppa Intereuropa disputed just a few months after the post-war reopening of the circuit.

Avv. Antonino Geronimo La Russa
Presidente / President Automobile Club Milano

Ugo Vicenzi

GRAN TURISMO
&
MONZA

Con il patrocinio di / With the patronage of

Automobile Club Milano

GIORGIO NADA EDITORE

Giorgio Nada Editore Srl

Coordinamento editoriale/Editorial manager
Leonardo Acerbi

Redazione/Editorial
Giorgio Nada Editore

Copertina, progetto grafico e impaginazione/Cover, graphic Design and layout
Sansai Zappini

Post produzione immagini/Image editing
Nicola Dini

Traduzione/Translation
Ugo Vicenzi

Ricerca iconografica/Photographic research
Enrico Mapelli

© 2022 Giorgio Nada Editore, Vimodrone (Milano)

Giorgio Nada Editore
Via Claudio Treves, 15/17
I – 20090 VIMODRONE MI
Tel. +39 02 27301126
Fax +39 02 27301454
E-mail: info@giorgionadaeditore.it
http://www.giorgionadaeditore.it

Allo stesso indirizzo può essere richiesto il catalogo di tutte le opere pubblicate dalla Casa Editrice.

The catalogue of Giorgio Nada Editore publications is available on request at the above address.

Distribuzione/Distribution:
Giunti Editore Spa
via Bolognese 165
I – 50139 FIRENZE
www.giunti.it

Gran Turismo & Monza
ISBN: 9788879118521

FONTI ICONOGRAFICHE
PICTURE SOURCES

Archivio Giorgio Nada Editore
Massimo Campi
Enrico Mapelli
Ugo Vicenzi
Media SRO Organization

Si ringrazia Massimo Campi per la quantità di immagini fornite.
Thanks to Massimo Campi for the amount of images provided.

SOMMARIO / SUMMARY

p. 6   **INTRODUZIONE**

p. 7   **INTRODUCTION**

p. 8

GLI ANNI CINQUANTA E SESSANTA
THE FIFTIES AND THE SIXTIES

p. 16

GRUPPI 3 E 4
GROUP 3 AND 4

p. 26

GIRO D'ITALIA

p. 36

GRUPPI 3, 4, 5 E IL GRUPPO B
GROUP 3, 4, 5 AND GROUP B

p. 74

BPR E FIA GT
BPR AND FIA GT

p. 104

BLANCPAIN GT

p. 138

GT OPEN

p. 166

ELMS E WEC
ELMS AND WEC

p. 182

CREVENTIC 24H SERIES

p. 186

DTM

Introduzione

Gran Turismo

I nome, da solo, basta ad evocare auto da sogno, supercar che stanno nel cuore di molti tra gli appassionati di belle auto e di Motorsport. "Le automobili Gran Turismo sono veicoli costruiti in piccola serie per clienti alla ricerca di migliori prestazioni e/o la massima comodità e che non sono particolarmente preoccupati per l'economicità": così recita dal 1961 l'allegato J del Codice Sportivo della FIA, che regola tutte le competizioni automobilistiche. Le corse per le Gran Turismo sono iniziate con le prime GT; la voglia di misurare in competizione le più belle auto sportive è insita nel concetto stesso che ha dato vita a queste automobili e le corse per Gran Turismo hanno sempre avuto il fascino delle vetture da sogno, dei gentleman di spicco e delle Case che presentavano qualche nuova GT da lanciare sul mercato, facendole pilotare da super professionisti. Anche a Monza, le GT corrono dal Dopoguerra, da quando la classificazione di Gran Turismo cominciò ad essere applicata alle vetture più performanti dei vari costruttori.

Settant'anni che hanno visto l'inizio delle Gran Turismo, con le carrozzerie speciali che venivano applicate alle auto di alta gamma, poi un ambiente sempre più vivace, con i Campionati europeo ed italiano cresciuti di importanza fino alla creazione delle Silhouette del Gruppo 5; quindi un periodo di decadenza dove le GT non hanno più avuto un proprio Campionato, relegate all'interno delle gare Endurance, pur con momenti non privi di emozioni e spettacolo come nelle stagioni del Giro d'Italia, ma senza più un'identità che permettesse di riconoscerle in competizioni dedicate.

A partire dagli anni Novanta, prima con la nascita di un Campionato italiano, poi di serie internazionali, come la BPR, il Blancpain e il GT Open, le corse per Gran Turismo hanno ricevuto nuovo impulso, in un primo momento notevole, poi inarrestabile. Rinate come palestra per i gentleman che potevano portare in corsa vetture da sogno, le corse per GT sono via via andate ad attrarre anche i Costruttori, con un grande incremento di partecipazione in termini di qualità di vetture e piloti, ma anche con l'inevitabile incremento di costi che in breve hanno portato le GT1 a livello delle più sofisticate Sport Prototipo. Le successive "moralizzazioni" dell'ambiente hanno condotto alla sparizione anche della meno esasperata GT2 e all'affermazione della GT3, come categoria regina tra le GT, creando un invidiabile bilancio tra spettacolo, piacere di guida, sostenibilità economica, dando vita finalmente a schieramenti consistenti e corse spettacolari.

La crescita e l'affermazione dei Campionati monomarca per vetture GT non ha fatto altro che aumentare l'interesse verso la serie, attraendo piloti che non vedevano più il correre al di fuori delle monoposto come un ripiego, ma come un interessante sviluppo per la loro carriera, con sbocchi nell'Endurance mondiale o presso le Case impegnate in prima persona nel GT.

Da categoria praticamente scomparsa dal panorama motoristico, con i nuovi campionati e la loro consistente crescita, si è quindi assistito ad un grande rilancio delle corse GT, al punto che si può parlare di un vero Rinascimento, un periodo aureo per la categoria. Il coinvolgimento dei Costruttori, la ricerca di nuove omologazioni e particolari speciali hanno alzato la soglia economica anche per la categoria GT3; la nuova GT4, che si prefigge di avere livelli di spesa più accessibili, ha subito raccolto nuovi partecipanti e si propone come alternativa alle più professionali GT3 e GTE, ponendosi come loro possibile evoluzione una volta che queste categorie avranno esaurito il loro ciclo.

Seguo le corse GT come fotografo e pilota dilettante, ricavandone grandi soddisfazioni in entrambi gli ambienti; il libro raccoglie alcune tra le tantissime immagini che ho ripreso a Monza in quasi cinquant'anni di corse per GT, avvalendosi anche del contributo di altri fotografi che hanno messo a disposizione il loro prezioso materiale. Spero che proprio queste immagini possano trasmettere al lettore lo stesso entusiasmo verso questa categoria, entusiasmo che io stesso ho sempre provato partecipando a questi eventi.

Introduction

Gran Turismo

The name alone is enough to evoke dream cars, the supercars that are in the hearts of many fans of beautiful cars and motorsport. "Gran Turismo cars are vehicles built in small series for customers looking for the best performance and/or maximum comfort and who are not particularly concerned about economy"; thus has been stated in Annex J of the FIA sporting code since 1961, which regulates all car competitions. Racing for Gran Turismo started with the first GTs; the desire to measure the most beautiful sports cars in competition is inherent in the very concept that gave life to these supercars and GT racing has always had the charm of dream cars, prominent gentlemen and manufactures that presented some new GT to be launched on the market, having them piloted by super professionals. Even in Monza, GTs have been racing since the war, since the classification of Gran Turismo began to be applied to the best performing cars of the various manufacturers.

Seventy years that have seen what was at first the dawn of the Gran Turismo, with the special bodies that were applied to high-end cars, then a lively environment, with the European and Italian championships that grew in importance until the creation of the Group 5's Silhouettes, followed by a period of decline where the GTs no longer had a championship of their own, being relegated to endurance races, maybe giving emotions and spectacular cars as in the Giro d'Italia seasons, but no longer having an identity that would allow them to be recognized in dedicated competitions.

Starting in the Nineties, first the birth of an Italian championship, then of international series, such as the BPR, the Blancpain and the GT Open, at first gave considerable and then unstoppable impetus to GT racing. Reborn as a training ground for the gentlemen who could bring their dream cars into racing, GT races have gradually attracted manufacturers, with a great increase in participation in terms of quality of cars and drivers, but also with the inevitable cost increase that soon brought the GT1 to the level of the most sophisticated sports prototype. The subsequent "moralization" of the environment led to the disappearance of even the less exasperated GT2 and to the affirmation of the GT3, as the queen category among the GTs, allowing to create an enviable balance between spectacularity, driving pleasure and economic sustainability, finally creating consistent and spectacular races.

The growth and affirmation of single-make championships for GT cars has only increased interest in the series, attracting drivers who no longer saw racing outside of single-seaters as a downturn, but as an interesting career development, with developments in world endurance or at manufactures directly involved in GT.

From a category that has practically disappeared from the motoring scene, with the new championships and their consistent growth, there has therefore been a great relaunch of GT racing, to the point that we can speak of a true Renaissance, a golden age for the category.

As always happens with the involvement of the manufacturers, the search for new homologations and special details has raised the economic threshold also for the GT3 category; the new GT4 category, which aims to have more accessible spending levels, has immediately gathered new participants and is proposed both as an alternative to the more professional GT3 and GTE, placing itself as their possible evolution once these categories have exhausted their cycle.

I follow GT racing as a photographer and amateur driver, obtaining great satisfaction in both environments; this book collects some of the many images that I have taken in Monza in almost 50 years of racing for this. I hope they can convey the same enthusiasm towards the category that I have always gained from participating in these events.

GLI ANNI CINQUANTA E SESSANTA

Granturismo a Monza è stato per molto tempo sinonimo di Coppa Intereuropa. L'edizione inaugurale si è volta nel maggio 1949, e rappresentava l'evento d'apertura della prima stagione completa dell'Autodromo di Monza dopo oltre un decennio, cui era seguita nell'ottobre precedente la riapertura ufficiale con il Gran Premio dell'Autodromo. La Seconda guerra mondiale aveva comprensibilmente determinato la sospensione di ogni attività legata al Motorsport e, tra il 1940 e il 1948, l'Autodromo

THE FIFTIES AND THE SIXTIES

Granturismo in Monza has long been synonymous with the Coppa Intereuropa. The first edition took place in May 1949 and represented the inaugural event of the first complete season of the Monza racetrack after the war, after reopening the previous September with the Italian Grand Prix. The Second World War led understandably to the suspension of all activities related to motorsport and between 1940 and 1948 the racetrack assumed various

1 La partenza della Coppa Intereuropa del 1949 avveniva col sistema allora in voga, denominato "Le Mans", in cui i piloti raggiungevano la propria auto correndo a piedi dall'altra parte della pista. Nelle prime posizioni ci sono le Ferrari 166S di Sterzi e Cornacchia e 166C Allemano di Bianchetti, che termineranno la corsa precedendo tutti gli avversari.
The start of the 1949 Intereuropa Cup took place with the system then in vogue, called "Le Mans", in which the drivers reached their car by running on foot across the track. In the top positions are the Ferrari 166S of Sterzi and Cornacchia and the 166C Allemano of Bianchetti, which will finish in the first three positions.

2 L'ambientazione della Monza degli anni Cinquanta alla curva del Porfido, poi trasformata nell'attuale Parabolica, con l'addetto che sistema il cartellone con le posizioni, i commissari protetti da un ombrellone, i giornalisti a bordo pista senza protezioni e i grandi cartelloni pubblicitari sullo sfondo, mentre gli ampi spazi di fuga non erano ancora considerati. Le auto sono tre Ferrari 166, tra spider e coupé, condotte da Scotti, Bonomi e Stagnoli durante il Gran Premio dell'Autodromo del 1953.
The setting of the Monza in the 1950s at the curve of the Porfido, then transformed into the current Parabolica, with the attendant who arranges the billboard with the positions, the marshals protected by an umbrella, journalists on the track without protection and the large advertising billboards immediately beyond the edge of the track; the large escape areas were not yet considered. Cars are three Ferrari 166, spider and coupé, driven by Scotti, Bonomi and Stagnoli at the Gran Prix Autodromo 1953.

3 Alla Coppa Intereuropa del 1951 Luigi Villoresi guidava l'unica Ferrari 212MM costruita, realizzata dalla Carrozzeria Vignale a partire da una 212 Inter, una coupé che Enzo Ferrari volle ispirata alla 195S che aveva vinto la Mille Miglia 1950 con Marzotto / Crosara. Villoresi vinse con due giri di distacco sulla Ferrari 195S di Salvatore Amendola.
At the 1951 Intereuropa Cup Luigi Villoresi drove the only Ferrari 212MM built, realized by Carrozzeria Vignale from a 212 Inter, a coupe that Enzo Ferrari wanted inspired by the 195S that had won the 1950 Mille Miglia with Marzotto / Crosara. Villoresi won with two laps ahead of Salvatore Amendola's Ferrari 195S.

4 Nel 1953 si correva il Gran Premio dell'Autodromo, con lo schieramento oramai divenuto consistente che occupa tutta la pista, davanti ai box non ancora protetti dal muretto. Con il 12 è Luigi Villoresi, vincitore con la Ferrari 250 MM.
The Grand Prix Autodromo was run in 1953, with the line-up which has now become consistent and occupies the entire track, in front of the pits not yet protected by the wall. With number 12 is Luigi Villoresi, winner with the Ferrari 250 MM.

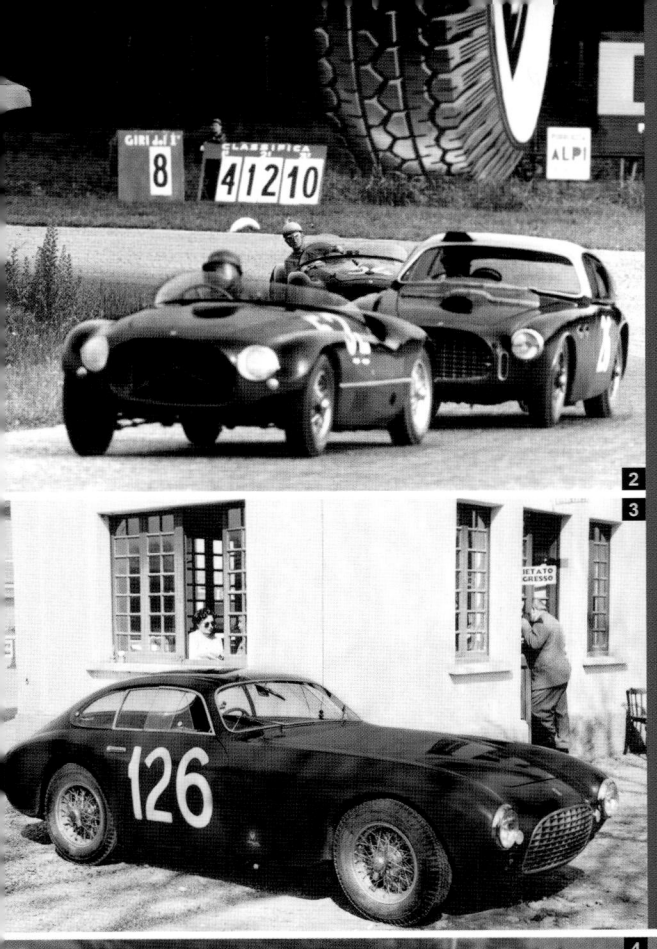

aveva assunto svariate funzioni, tra cui quella di rifugio per gli archivi del Pubblico Registro Automobilistico, di alcuni uffici dell'Automobile Club Milano e perfino per gli animali trasferiti dal giardino zoologico di Milano. Nella primavera del 1945 andò in scena una parata di mezzi corazzati per festeggiare la fine della guerra e questo danneggiò in maniera seria l'asfalto della pista. A fine di quell'anno vaste aree dell'Autodromo sono state adibite a ricovero di automezzi militari e residuati bellici. Il declino è continuato fino al 1948 quando l'ACMilano decise il ripristino dell'impianto e la ricostruzione delle opere danneggiate; venne anche deciso il completamento delle opere di miglioramento a tribune e

functions, including that of refuge for the archives of the Public Automobile Registry and for offices of the Automobile Club of Milano. Autodromo di Monza even acted as location for the animals transferred from the zoological garden of Milano. In April 1945 a parade of armored vehicles was held to celebrate the end of the war and this irreparably damaged the asphalt of the track. At the end of 1945, large areas of the racetrack were used as a shelter for military vehicles and war residues. The decline continued until 1948 when Automobile Club of Milano decided to restore the racetrack and reconstruct the damaged works. It was also

infrastrutture, che erano iniziate nel 1938 e comprensibilmente mai terminate. La Coppa Intereuropa era inizialmente riservata alle vetture Turismo e Turismo Veloce che gareggiavano sulla distanza di tre ore e si è affermata subito come una delle manifestazioni di maggior richiamo, con un consistente numero di spettatori a bordo pista. A partire dal 1952 era inserita come gara di contorno al Gran Premio d'Italia, andando regolarmente in scena la mattina della corsa iridata, con i piloti che partivano con la spettacolare partenza tipo Le Mans, scattavano alla propria auto partendo a piedi dall'altra parte della pista. Le GT gareggiavano anche nella 4 Ore, solitamente in programma a marzo e non ancora riservata unicamente alle vetture Turismo, come lo sarebbe stata poi a partire dagli anni Sessanta.

decided to complete the improvement works on the stands and infrastructures begun in 1938 and understandably never finished. Coppa Intereuropa was initially reserved for Turismo and Turismo Veloce cars that competed over a distance of 3 hours and immediately established itself as one of the most popular events, with a consistent number of spectators. Starting in 1952, Coppa Intereuropa was present as a side race to Formula 1, staging regularly on the morning of the Italian Grand Prix, with the drivers starting in the spectacular Le Mans-type start, running to their cars from the other part of the track. The GTs also raced in the 4 Hours, usually scheduled for March, not yet reserved solely for Touring cars as it would have been since the 1970s.

1 La classe oltre 2600 cc, quella che assegnava la vittoria assoluta alla Coppa Intereuropa 1957, era predominio delle Ferrari 250GT e su una di queste berlinette vince Camillo Luglio. Sulla sinistra si vede Ottorino Maffezzoli, persona di spicco nella storia dell'Autodromo di Monza, direttore di gara e delegato CSAI, una delle persone assieme al direttore dell'Autodromo Giuseppe Bacciagaluppi, che hanno contribuito a far diventare l'impianto tra i più importanti a livello mondiale.

The over 2600 cc class was the one that awarded the overall victory to the 1957 Intereuropa Cup; the Ferrari 250GTs were dominant and Camillo Luglio was the winner on one of these berlinettas. On the left we see Ottorino Maffezzoli, a prominent person in the history of the Monza racetrack, race director and CSAI delegate, one of the people together with the director of the Autodromo Giuseppa Bacciagaluppi, who have contributed to making the plant one of the most important worldwide.

2 Luigi Taramazzo è stato un versatile pilota veloce in pista e su strade aperte: sua una vittoria di classe alla Mille Miglia, ma in un'epoca in cui si correva ovunque ebbe anche esperienze nei rally e toccò persino la Formula 1 con una Maserati. Tuttavia ottenne i risultati migliori proprio con le Gran Turismo. Tra le tante Ferrari guidate, la 250 GT con cui vinse la Coppa Intereuropa 1958.

Luigi Taramazzo was a versatile driver, fast on the track and on open roads. He won a class victory at the Mille Miglia, but in an era in which people raced everywhere he also had experience in rallies and even touched Formula 1 with a Maserati, but he got the best results with the Gran Turismo. Among the many Ferraris he drove, the 250 GT with which he won the 1958 Intereuropa Cup.

3 Tredicesimo assoluto e primo di classe GT fino a 2,6 litri al Gran Premio Monza GT del 28 giugno 1959 è stato Huschke von Hanstein su una Porsche Carrera 356. Era una corsa lunga trecento chilometri, che nelle prime dodici posizioni ha visto altrettante Ferrari 250GT, raggruppate nella classe oltre 2,6 litri. Von Hanstein è stata una personalità di spicco, vincitore della 1000 Miglia 1940 su una BMW 328 e, nel Dopoguerra, si legò alla Porsche come responsabile pubbliche relazioni e direttore sportivo, non smettendo di correre con buoni risultati, fra cui la vittoria alla Targa Florio del 1956.

Thirteenth overall and first in GT class up to 2.6 liters at the Gran Premio Monza GT was Huschke von Hanstein in a Porsche Carrera 356 on June 28, 1959. It was a 300 km long race, which in the first 12 positions saw as many Ferrari 250GTs, grouped together in the over 2.6 liter class. Huschke von Hanstein was a prominent personality, winner of the 1940 1000 Miglia on a BMW 328. After the war he joined Porsche as head of public relations and sports director, never stopping to race with good results, such as a victory at the 1956 Targa Florio.

1 Nel 1963 la battaglia per le vittorie assolute tra le GT era tra le Aston Martin DP214, le Jaguar E-Type e le Ferrari 250GTO. Su una di queste David Piper, alla Coppa Intereuropa, ottenne il quarto posto nella categoria GT oltre 2 litri.

In 1963 the battle for overall victory among the GTs was between the Aston Martin DP214, the Jaguar E-Type and the Ferrari 250GTO. On one of these David Piper at the Intereuropa Cup obtained the fourth place in the GT over 2 liters category.

2 Roberto Bussinello è stato un pilota molto legato all'Alfa Romeo e all'Autodelta, di cui era anche collaudatore. Tra le sue poche partecipazioni con marchi diversi figurano le esperienze in Formula 1 con De Tomaso e BRM. Alla Coppa Intereuropa del 1963 giunse secondo nella categoria GT sotto 2 litri con una Giulia TI.

Roberto Bussinello was a driver very linked to Alfa Romeo and Autodelta, of which he was also a test driver. Among the few participations with different brands, the experiences in Formula 1 with De Tomaso and BRM. At the 1963 Intereuropa Cup he arrived second in the GT category under 2 liters with a Giulia TI.

3 Alla Coppa Intereuropa del 1964 due Ferrari 250LM con Roy Salvadori, sull'auto della Maranello Concessionaires, che precede Nino Vaccarella sull'auto della Scuderia Filipinetti. Proprio Vaccarella risulterà vincitore davanti a Salvadori e all'altra 250LM di David Piper.

At the Coppa Intereuropa in 1964, two Ferrari 250LMs, Roy Salvadori in the Maranello Concessionaires car, precedes Nino Vaccarella in the Scuderia Filipinetti car; Vaccarella will be the winner ahead of Salvadori and David Piper's other 250LM.

4 Incidente in Parabolica ad un'Alfa Romeo TZ impegnata alla Coppa F.I.S.A. del 1966.

Accident in the Parabolica to an Alfa Romeo TZ participating in the F.I.S.A. of 1966.

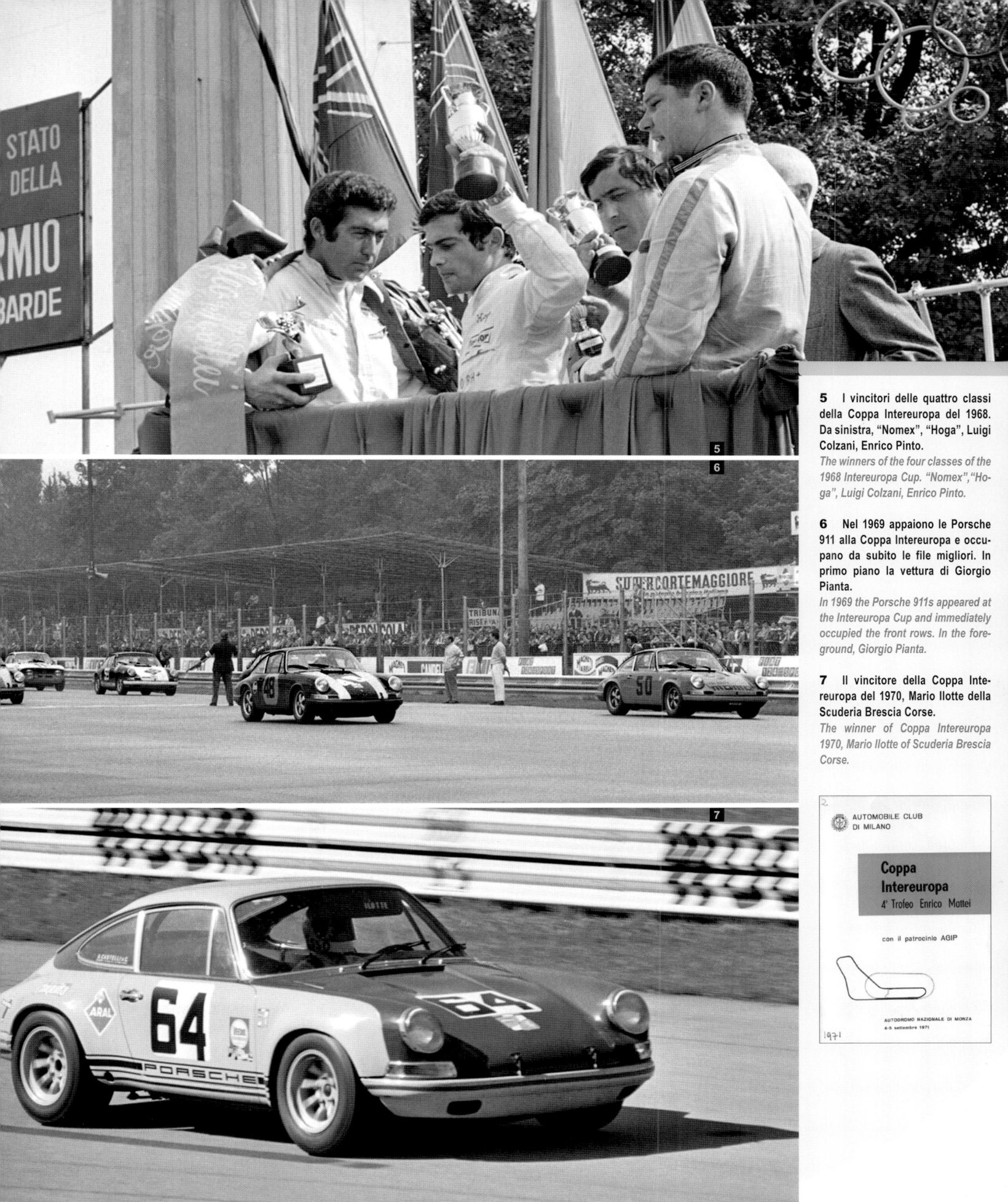

5 I vincitori delle quattro classi della Coppa Intereuropa del 1968. Da sinistra, "Nomex", "Hoga", Luigi Colzani, Enrico Pinto.
The winners of the four classes of the 1968 Intereuropa Cup. "Nomex", "Hoga", Luigi Colzani, Enrico Pinto.

6 Nel 1969 appaiono le Porsche 911 alla Coppa Intereuropa e occupano da subito le file migliori. In primo piano la vettura di Giorgio Pianta.
In 1969 the Porsche 911s appeared at the Intereuropa Cup and immediately occupied the front rows. In the foreground, Giorgio Pianta.

7 Il vincitore della Coppa Intereuropa del 1970, Mario Ilotte della Scuderia Brescia Corse.
The winner of Coppa Intereuropa 1970, Mario Ilotte of Scuderia Brescia Corse.

AUTOMOBILE CLUB DI MILANO

Coppa Intereuropa
4° Trofeo Enrico Mattei

con il patrocinio AGIP

AUTODROMO NAZIONALE DI MONZA
4-5 settembre 1971

13

COPPA INTEREUROPA

1949 29 maggio / May
S +2.0	Bruno Sterzi	Ferrari 166 S

1950 26 marzo / March
S +2.0	Consalvo Sanesi	Alfa Romeo 6C 2500 Sperimentale – Alfa Corse
S 2.0	Antonio Stagnoli	Ferrari 166 MM
GT +1.5	Luigi Piotti	Alfa Romeo 2500
GT 1.5	Franco Bordoni	Maserati

1951 14 aprile / April
S +2.0	Luigi Villoresi	Ferrari 212 MM – Scuderia Ferrari
GT 1.5	Giulio Musitelli	Cisitalia 202B

1952 7 settembre / September
S +2.0	Bruno Sterzi	Ferrari 225 S
S 2.0	Giulio Musitelli	Cisitalia 202B
S 1.5	Giovanni Lurani	Porsche 356 SL

1953 13 settembre / September
S +2.0	Franco Cornacchia	Ferrari 221 Export
S 2.0	Giulio Musitelli	Ferrari 166 MM - Scuderia Guastalla
GT 2.0	Gerino Gerini	Maserati A6G54

1954 5 settembre / September
GT +2.0	Ferdinando Gatta	Lancia Aurelia
GT 2.0	Elio Zagato	Fiat 8V Zagato

1955 11 settembre / September
GT +2.0	Ferdinando Gatta	Lancia Aurelia B20
GT 2.0	Ottavio Guarducci	Fiat 8V Zagato

1956 2 settembre / September
GT +2.0	Armando Zampiero	Mercedes Benz 300 SL
GT 2.0	Gerino Gerini	Maserati Zagato
GT 1.3	Massimo Leto di Priolo	Alfa Romeo Giulietta SV

1957 8 settembre / September
GT +2.6	Camillo Luglio	Ferrari 250 GT
GT 2.6	Enrico Anselmi	Maserati Zagato
GT 2.0	Gerino Gerini	Maserati Zagato
GT 1.3	Carlo Leto di Priolo	Alfa Romeo Giulietta SV

1958 7 settembre / September
GT +1.3	Luigi Taramazzo	Ferrari 250 GT
GT 1.3	Vladimiro Toselli	Alfa Romeo Giulietta SVZ

1959 12 settembre / September
GT +2.6	Alfonso Thiele	Ferrari 250 GT
GT 2.6	Elio Zagato	Fiat 8V Zagato
GT 1.3	Gino Munaron	Alfa Romeo Giulietta SS

1960 4 settembre / September
GT +2.5	Carlo Mario Abate	Ferrari 250 GT SWB - Scuderia Serenissima
GT 2.5	Giovanni Rota / Elio Zagato	Lancia Flaminia Zagato
GT 2.0	Huschke von Hanstein	Porsche 356B Carrera Abarth GTL
GT 1.3	Massimo Leto di Priolo	Alfa Romeo Giulietta SZ - Scuderia Ambrosiana

1961 10 settembre / September
GT +2.5	Pierre Noblet	Ferrari 250 GT SWB
GT 2.5	Elio Zagato	Lancia Flaminia Zagato – Scuderia Sant'Ambroeus
GT 2.0	Huschke von Hanstein	Porsche 356B GS Carrera
GT 1.3	Consalvo Sanesi / Elio Zagato	Alfa Romeo Giulietta SZ – Scuderia Sant Ambroeus

1963 8 settembre / September
GT +3.0	Roy Salvadori	Aston Martin DP214 – Dawid Brown Aston Martin
GT 3.0	Mike Parkes	Ferrari 250 GTO – Maramnello Concessionaires
GT 2.5	Leo Cella	Lancia Flaminia Zagato
GT 1.6	Ernesto Prinoth	Alfa Romeo Giulia TI Super
GT 1.3	Tommy Spychiger	Abarth-Simca 1300

1964 6 settembre / September
GT +2.0	Nino Vaccarella	Ferrari 250 LM – Scuderia Filipinetti
GT 2.0	Rob Slotemaker	Porsche 904 GTS – Ben Pon
GT 1.6	Silvio Moser	Alfa Romeo Giulia TZ

1965 25 aprile / April
GT 1.3	Klaus Steinmetz	Abarth Simca 1300 - Abarth

1970 6 settembre / September
GT +2.0	Mario Ilotte	Porsche 911 S – Scuderia Brescia Corse
GT 2.0	Giorgio Pianta	Porsche 914 – Bergamo Corse
GT 1.6	Maurizio Zanetti	Alfa Romeo GTA – Monzeglio Squadra Corse
GT 1.3	Romano Ramoino	Alpine Renault A110 - Scuderia Torino Corse

1971 5 settembre / September
GT +2.0	Claude Haldi	Porsche 911
GT 2.0	Giorgio Schön	Porsche 911
GT 1.6	Maurizio Zanetti	Alfa Romeo GTA

GRAN PREMIO DELL'AUTODROMO

1953 29 giugno / June
	Luigi Villoresi	Ferrari 250 MM – Scuderia Ferrari

COPPA LOMBARDIA

1955 8 maggio / May
GT +2.0 A	Reggiani	Lancia Aurelia B20
GT 2.0	Elio Zagato	Fiat 8V Zagato

1956 20 maggio / May
GT +2.0	Edoardo Lualdi	Lancia Aurelia B20
GT 2.0	Carlo Fabi	Fiat 8V Zagato

1957 2 giugno / June
GT +2.6	Edoardo Lualdi	Ferrari 250 GT
GT 2.6	Franco Martinengo	Lancia Aurelia
GT 2.0	Carlo Leto di Priolo	Fiat 8V Zagato
GT 1.3	Luciano Canavese	Alfa Romeo Giulietta SV

COPPA SANT'AMBROEUS

1955 30 ottobre / October
	Edoardo Lualdi	Lancia Aurelia B20

1956 29 ottobre / October
	Vladimiro Galluzzi	Ferrari 250 GT

1958 11 novembre / November

GT + 2.6	Edoardo Lualdi	Ferrari 250 GT
GT 2.6	"Bred"	Fiat 8V Zagato
GT 1.3	Ada Pace	Alfa Romeo Giulietta

1959 3 maggio / May

GT 3.5	Carlo Maria Abate	Ferrari 250 GT
GT 2.6	Elio Zagato	Fiat 8V Zagato
GT 1.3	Francesco De Leonibus	Alfa Romeo Giulietta SVZ

1961 12 marzo / March

GT 3.0	Edoardo Lualdi	Ferrari 250 GT SWB
GT 2.5	Elio Zagato	Lancia Flaminia Zagato
GT 1.3	Massimo Leto di Priolo	Alfa Romeo Giulietta SZ

TROFEO VIGORELLI

1956 19 marzo / March

GT 2.0	Franco Ribaldi	Maserati GT 2000
GT 1.3	Corrado Manfredini	Fiat Siata Zagato

1957 1 maggio / May

GT 3.0	Camillo Luglio	Ferrari 250 GT
GT 2.6	Carlo Leto di Priolo	Fiat 8V Zagato
GT 1.3	Massimo Leto di Priolo	Alfa Romeo Giulietta SV

COPPA CARRI

1956 7 ottobre / October

	Massimo Leto di Priolo	Alfa Romeo Giulietta SV

1957 13 ottobre / October

	Edoardo Lualdi	Ferrari 250 GT

1960 13 ottobre / October

GT 2.5	Luciano Lombardini	Alfa Romeo 1900 TI
GT 1.3	Riccardo Ricci	Alfa Romeo 1900 TI

1962 7 ottobre / October

GT 3.0	Paolo Gargano	Alfa Romeo 1900
GT 1.6	Riccardo Ricci	Fiat 1500

GRAN PREMIO MONZA

1959 28 giugno / June

GT +2.6	Alfonso Thiele	Ferrari 250 GT
GT 2.6	Huschke von Hanstein	Porsche 356 Carrera

COPPA F.I.S.A.

1960 11 dicembre / December

	Massimo Leto di Priolo	Alfa Romeo Giulietta SV

1963 24 novembre / November

GT + 2.5	Gianni Bulgari	Ferrari 250 GTO
GT 2.5	Elio Zagato	Lancia Flaminia Zagato
GT 2.0	Sergio Barbasio	Alfa Romeo 1900 Super
GT 1.6	Roberto Bussinello	Alfa Romeo Giulia Super
GT 1.3	Erasmo Andreini	Abarth Simca 1300

1964 8 dicembre / December

GT + 2.0	Edoardo Lualdi	Ferrari 250 GTO
GT 2.0	"Noris"	Porsche 904 GTS
GT 1.6	Bruno Deserti	Alfa Romeo Giulia TZ
GT 1.3	Roberto Bertuzzi	Abarth Simca 1300

COPPA D'ORO MONZA

1960

	Edoardo Lualdi	Ferrari 250 GT

COPPA ASCARI

1961 7 maggio / May

	Alessandro Zafferi / Giancarlo Sala	Alfa Romeo Giulietta SZ

GT GRAND PRIX LOTTERIA

1961 29 giugno / June

	Elio Zagato	Alfa Romeo Giulietta SZ

TROFEO GT MONZA

1962 15 aprile / April

GT +2.5	Edoardo Lualdi	Ferrari 250 GT SWB
GT 2.5	Raffaello Ciarpaglini	Porsche 356 Carrera
GT 1.3	Carlo Facetti	Alfa Romeo Giulietta SZ

COPPA D'AUTUNNO MONZA

1962 14 ottobre / October

GT +2.5	Edoardo Lualdi	Ferrari 250 GTO
GT 2.5	Gianfranco Stanga	Osca 1600

1963 22 settembre / September

GT 2.5	Elio Zagato	Lancia Flaminia Zagato
GT 1.3	Francesco Ghezzi	Abarth Simca 1300

COPPA ASIAGO MONZA

1963 14 giugno / June

	Roghi	Ferrari 250 GTO SWB

TROFEO BETTOIA

1964 25 ottobre / October

GT +2.0	Oddone Sigala	Ferrari 250 GTO
GT 1.6	Silvio Moser	Alfa Romeo Giulia TZ
GT 1.3	Ildefonso Torriani	Alfa Romeo Giulia SVZ

COPPA AMAG

1964

	Pierre Sudan	Ferrari 250 GTO

1965 10 ottobre / October

	Cox Cocher	Ferrari 250 GTO

CAMPIONATO SVIZZERO

1966 22 maggio / May

	Charles Vogele	Porsche 906

COPPA PIEMONTE

1970 15 maggio / May

GT +1.6	Bruno Bonacina	Porsche 911
GT 1.6	Lella Lombardi	Alfa Romeo GTA
GT 1.3	Osvaldo Benedetto	Lancia Fulvia

Gruppi 3 e 4
Group 3 and 4

Il regolamento

Il regolamento delle corse per vetture derivate dalla produzione è sempre regolato dall'Annesso J della FIA. Si distinguevano vetture a quattro posti (Gruppi 1 e 2) e vetture a due posti (Gruppi 3 e 4). I Gr.1 e 3 erano caratterizzati da una minima possibilità di preparazione, che diveniva invece estesa per le vetture dei Gruppi 2 e 4, le cosiddette "preparate". Per essere qualificata come Gr.3 una GT doveva essere prodotta in almeno mille esemplari identici, che scendevano a cinquecento per il Gr.4, il quale naturalmente comprendeva anche i Gr.3 maggiormente elaborati. Nel Gr.3 non potevano essere modificati carrozzeria, carreggiate, impianto di alimentazione, sterzo, sistema di raffreddamento, serbatoi; era vietata l'aggiunta di dispositivi aerodinamici. Potevano invece essere modificati i rapporti del cambio, le ruote e l'impianto frenante entro certi limiti, gli ammortizzatori ed era obbligatoria l'installazione di roll-bar e impianto antincendio omologati. Il Gr.4 rimuoveva tutte queste limitazioni ma rendeva obbligatoria posizione di motore e cambio. Diveniva possibile cambiare tipo di testate e numero valvole, così come il tipo di alimentazione e la cilindrata fino al limite della classe, oltre all'impianto di lubrificazione introducendo ad esempio il carter secco, utilizzare altri tipi di cambio ammettendo quelli ad innesti frontali. Erano libere le ruote, i serbatoi e l'aggiunta di dispositivi aerodinamici. Una volta omologata il tipo di vettura, era ammessa una serie "evoluzione" realizzata in almeno cento esemplari, con modifiche addizionali. Il Gr.4 è restato in vigore fino al 1983 quando è stato sostituito dal Gr.B, sia in pista che nei rally.

The Regulation

The racing regulations for production cars are always governed by Annex J of the FIA. There were 4-seater cars (Groups 1 and 2) and 2-seater cars (Groups 3 and 4). Groups 1 and 3 were characterized by a minimal possibility of preparation, which instead became wide for the cars belonging to group 2 and 4, the so-called "tuned cars". To qualify as Group 3 a GT had to be produced in at least 1,000 identical units, which dropped to 500 for Group 4, which naturally also included the more elaborated Groups 3 cars. In Group 3 the bodywork, roadways, fuel system, steering, cooling system, tanks could not be modified; the addition of aerodynamic devices was prohibited. The gear ratios, wheels and braking system could be modified within certain limits, as well as shock absorbers; installation of approved roll bars and fire-fighting systems was mandatory. Group 4 removed all these limitations, but engine and gearbox positioning remained mandatory. It became possible to change the type of cylinder heads and the number of valves, to change the type of power supply, the displacement up to the limit of the class, the lubrication system, for example by introducing the dry sump, the type of gearbox, allowing gearboxes with frontal engagement. There were free wheels, tanks, addition of aerodynamic devices. Once a car was homologated, at further "evolution" series was allowed, building 100 cars with additional modifications. Group 4 remained in force until 1983, when it was replaced by Group B, both on the track and in Rally.

Tre Porsche 911 si allineano per le prove alla 1000 Chilometri del 1974, negli anni di maggior importanza della Coppa Intereuropa.
Three Porsche 911s lined up for testing at the 1000 Kilometers in 1974, in the most important years of the Intereuropa Cup.

La Coppa Intereuropa ha continuato anche negli anni Settanta ad essere l'appuntamento più prestigioso per le vetture GT e dal 1972 è divenuta la tappa italiana del Campionato Europeo GT, all'epoca assai importante, che raccoglieva la presenza ufficiale di Porsche, Opel, De Tomaso e Lancia.

Ci sono state altre gare di una certa rilevanza, in particolare la Coppa GT Speciale, ma l'Intereuropa, che col passare del tempo era divenuta "antipasto" del Gran Premio d'Italia di settembre, ha sempre raccolto le più grandi attenzioni. Le varie Porsche e le vetture di Conrero, segnatamente le Opel GT, facevano la parte del leone nelle

Gli anni Settanta
Il Campionato Europeo GT

gare italiane, nelle quali prendevano parte anche svariate Alfa Romeo GT, sia nella classe 1600 cc, dove la vettura era omologata anche come Gr.4, quindi GT, che nella versione GTAm, dove le Gr.2 venivano ammesse per ampliare gli schieramenti.

Tra il 1972 ed il 1976 era stato creato il Campionato Europeo GT, che aveva inglobato l'Intereuropa come prova italiana. Con la presenza della Porsche 911 RSR il Campionato lasciava poco spazio ad altri concorrenti, ma la partecipazione di 20/30 vetture in grado di lottare per la classifica assoluta, guidate dai migliori specialisti mondiali, garantiva sempre gare affollate e spettacolari. C'era comunque spazio anche per le GT italiane, come De Tomaso Pantera e Lancia Stratos, non solo comprimarie in un Campionato che poteva apparire quasi una "Coppa Porsche".

La Coppa Intereuropa era inizialmente riservata alle vetture Turismo e Turismo Veloce che gareggiavano sulla distanza delle tre ore, ma si aprì presto anche alle GT, divenendo una delle manifestazioni di maggior interesse della stagione e richiamando un numero consistente di spettatori. Nel 1977 non venne più disputato il Campionato Europeo GT e l'Intereuropa, per un po', continuò come tappa di un Campionato Italiano sempre meno seguito, fino a venire tolta dal calendario. A partire dagli anni Ottanta l'evento si è trasformato in una manifestazione per auto storiche. Oltre alla Coppa Intereuropa, le GT erano presenti nelle 1000 Chilometri del Campionato Mondiale Marche.

Coppa Intereuropa continued in the 1970s to be the most prestigious appointment for GT cars and since 1972 it became the Italian stage of the GT European Championship, which was very important at the time, gathering the works presence of Porsche, Opel, De Tomaso and Lancia.

There were in Monza other races with some degree of importance, in particular the Special GT Cup, but the Intereuropa, which over time had become the starter of the Grand Prix in September, has always attracted the greatest attention. The various Porsches and Conrero's cars, notably the Opel GTs, played the lion's share in the Italian races,

The 70s
The European GT Championship

where many Alfa Romeo GTs also took part, both in the 1600cc class, where the car was also homologated as Group 4, an therefore could be classified as GT, as well in the 2000cc class, where the GTAm version were admitted to expand the starting fields.

Between 1972 and 1976 the European GT Championship was created, incorporating Coppa Intereuropa as Italian event. With the presence of the Porsche 911RSR, the championship left little room for other competitors, but the participation of 20-30 cars capable of fighting for the overall classification, driven by the best world specialists, always guaranteed crowded and spectacular races. However, there was also room for the Italian GTs, the De Tomaso Pantera and the Lancia Stratos, not just supporting players in a championship that could almost look like a Porsche Cup. Coppa Intereuropa was initially reserved for Turismo and Turismo Veloce cars that competed over the three-hour distance, but it soon opened also to GTs, becoming one of the most interesting events of the season, attracting a consistent number of spectators. By 1977 the European GT Championship was no longer disputed and Intereuropa continued for a while as a leg of an increasingly less popular Italian Championship, until it was removed from the calendar. Since the 1980s, the event transformed into a historic car event. In addition to the Coppa Intereuropa, the GTs were present in the 1000 Kilometers of the World Championship for Makes.

1 Nel 1965 l'auto da battere è stata la Shelby Cobra Daytona Coupé; Bob Bondurant e Allen Grant vinsero la classe GT oltre 3000 alla 1000 Chilometri; John Whitmore e Jack Sears giunsero in seconda posizione con l'altra Daytona Coupé realizzando una doppietta per la Alan Mann Racing.
In 1965 the car to beat was the Shelby Cobra Daytona Coupé; Bob Bondurant and Allen Grant won the GT class over 3000 at the 1000 Km; achieving a double win for Alan Mann Racing, for which John Whitmore and Jack Sears finished in second place with the other Daytona Coupé.

2 La classe fino a 3000 a metà degli anni Sessanta era il regno delle Ferrari 250 GTO, l'auto più desiderata dai privati; con la versione del 1964 Vincenzo Nember e Mario Bonomi vinsero la classe alla 1000 Chilometri del 1965.
The class up to 3000 in the mid-sixties was the kingdom of the Ferrari 250 GTO, the car most desired by private drivers; with the 1964 version Vincenzo Nember and Mario Bonomi won the class at the 1000 Km in 1965.

3 La competizione più ambita per le GT era il Campionato Mondiale Marche, dove si gareggiava in mezzo alle Sport, come la Porsche 910 di Gerhard Mitter e Jochen Rindt (nella foto). La Ferrari 275 GTB/4 di Paul Vestey e Carlos Gaspar vinse la classe oltre 3000 alla 1000 Chilometri del 1967. Sir Paul Vestey era un perfetto esempio di gentleman driver di alto livello, che corse per anni con buoni risultati nel Mondiale con auto da sogno come Jaguar E-Type, Ferrari 250 GTO, 250 LM, 275 GTB, Ford GT 40 e Porsche 910 e 911, il meglio delle auto a ruote coperte degli anni Sessanta.
The most coveted competition for GT was the World Constructors Championship, where they raced in the midst of sports, such as the Porsche 910 of Gerhard Mitter and Jochen Rindt (in the picture). The Ferrari 275 GTB/4 of Paul Vestey and Carlos Gaspar won the over 3000 class at the 1000 Km in 1967. Sir Paul Vestey was a perfect example of a high level gentleman driver, who ran the World Championship with good results for years with dream cars. such as Jaguar E-Type, Ferrari 250 GTO, 250 LM, 275 GTB, Ford GT 40 and Porsche 910 and 911, the best of sixties covered wheel cars.

1965 - 1967

PORSCHE 911 RSR

Con la chiusura della categoria fino a 5 litri nel Campionato Mondiale Sport dopo il 1971, Porsche decise di non sviluppare una Sport 3 litri e preferì concentrare i propri sforzi sulla creazione di una GT vincente sulla base della 911, in grado di migliorare le prestazioni di Ferrari 365 Daytona e De Tomaso Pantera, avversarie allora al vertice. Porsche realizzò cinquecento esemplari stradali della Carrera RS 2.7 per omologare così la versione corsaiola, denominata RSR, che nel tempo sarebbe divenuta una delle GT più iconiche nella storia delle derivate di serie. La RSR aveva il motore 911/52 con cilindrata di 2806 cc e potenza di 300 CV, fianchi e cerchioni allargati, cofano in lega, roll-bar integrale, freni della 917, serbatoio da 120 litri e il grande alettone che andò poi ad equipaggiare alcune 911 stradali. Fin dall'inizio i risultati furono eccezionali con le vittorie assolute nel Mondiale Sport del 1973 a Daytona e Sebring, rispettivamente alla 24 Ore, alla 12 Ore e alla Targa Florio, oltre alle sei gare su nove dell'Europeo GT. Per il 1974 la RSR ebbe un'evoluzione nella versione RSR 3.0, con il motore 911/75 da 330 CV e fianchi ancora più larghi con grandi bocche sui parafanghi posteriori per raffreddare i freni. Venne realizzato dalla Casa tedesca un numero vicino alla sessantina di RSR, ma molte 911 furono modificate in RSR con i kit forniti dalla Porsche stessa. La RSR ha continuato a correre e restare vincente a lungo in mano a tantissimi privati sia in Europa che negli Stati Uniti, con un'affidabilità che si rivelò preziosa anche nella versione per i rally, dove ha ottenuto una vittoria prestigiosa, il Monte Carlo del 1978, con la RSR 3.0 preparata dai fratelli Almeras per l'equipaggio Nicolas / Laverne.

With the closure of the up to 5-liter category in the World Sport Championship after 1971, Porsche decided not to develop a 3-liter Sport and preferred to concentrate its efforts on creating a winning GT based on the 911, capable of improving the performance of Ferrari Daytona and De Tomaso Pantera, then at the top. Porsche built 500 road specimens of the Carrera RS 2.7 to homologate the racing version, called the RSR, which would become one of the most iconic GTs in the history of production derivatives. The RSR had the 911/52 engine with a displacement of 2806 cc and power of 300 hp, widened sides and rims, alloy bonnet, integral roll-bar, 917 brakes, 120-liter fuel tank and the large wing which then went to equip some road 911s. From the start, the results were exceptional with overall victories in 1973 at the 24 Hours of Daytona, the 12 Hours of Sebring, the Targa Florio in the World Sport Championship and six out of nine races in the European GT. For 1974 the RSR was evolved into the RSR 3.0 version, with the 330hp 911/75 engine and even wider flanks with large rear vents to cool the brakes. An unspecified number between 55 and 60 RSR was built by Porsche, but many 911s were modified to RSR with the kits supplied by Porsche; the RSR continued to race and remain a winner in the hands of many private individuals for a long time both in Europe and in the USA, with a reliability that proved invaluable even in the rally version, a victory for all that of the RSR 3.0 prepared by the Almeras brothers for Nicolas / Laverne, first at the 1978 Monte Carlo rally.

1 Il 1968 è stato il penultimo anno di utilizzo della Sopraelevata, dove alla 1000 Chilometri sfreccia verso la vittoria nelle GT la Porsche 911T di Dieter Glemser e Helmut Kelleners, due piloti tedeschi con lunghe carriere di successo nell'ambito delle corse per Turismo e Gran Turismo.
1968 was the penultimate year of use of the Sopraelevata, where the Porsche 911T of Dieter Glemser and Helmut Kelleners, two German drivers with long and successful careers in the field of Turismo and Gran Turismo racing, darted to victory in the GTs at 1000 Km.

2 Nella stessa gara, la 911T di Malte Huth e del campione europeo delle salite Sepp Greger.
In the same race, the 911T of Malte Huth and of the European Mountain Racs champion Sepp Greger.

1968

1 La Lancia Fulvia Sport Zagato è stata la vettura che ha trasformato la carrozzeria milanese da struttura artigianale ad impresa industriale; ebbe un discreto successo di vendite e anche nelle competizioni, come alla 1000 Chilometri del 1969 dove vinse la classe fino a 2000 con Giovanni Marini e Luigi Cabella.
The Lancia Fulvia Sport Zagato was the car that transformed the Milanese body shop from an artisanal structure to an industrial enterprise; it had a moderate success in sales and also in competitions, such as the 1000 KM in 1969, where he won the class up to 2000 with Giovanni Marini and Luigi Cabella.

2 Tra le tante Porsche 911S alla 1000 Chilometri 1970, transita in Parabolica quella di Fiorenzo Genta e "Nicky".
Among the many Porsche 911S at 1000 Km 1970, the one of Fiorenzo Genta and "Nicky" passes through the Parabolica.

3 Il 6 cilindri della 911 venne montato anche sulla piccola 914 trasformandola in una vettura di successo; alla 1000 Chilometri del 1971 ha vinto la classe fino a 2000 la Porsche 914/6 GT della Squadra Tartaruga di Peter Ettmüller e Ernst Seller.
The 6-cylinder of the 911 was also mounted on the small 914, transforming it into a successful car; at the 1000 Km 1971 the Porsche 914/6 GT of the Squadra Tartaruga of Peter Ettmüller and Ernst Seller was the winner in the class up to 2000.

3

1971

1 Alla 1000 Chilometri del 1974, la classe GT andò alla Porsche 911 RSR della Gelo di John Fitzpatrick e Georg Loos, il milionario tedesco titolare del team "Gelo". Dopo una buona carriera nell'Endurance al volante di Sport Ferrari, McLaren e Porsche, Loos fondò nel 1973 il proprio team, che per oltre dieci anni fece correre alcune tra le migliori Porsche in Interserie, nel Campionato Tedesco e nel Mondiale Marche, con campioni come Rolf Stommelen, Toine Hezemans, Klaus Ludwig, Derek Bell e John Fitzpatrick.

At 1000 Km in 1974, the GT class went to the Porsche 911 RSR of Gelo driven by John Fitzpatrick and Georg Loos, the German millionaire owner of the "Gelo" team. After a good career in Endurance racing at the wheel of Ferrari, McLaren and Porsche sports, Loos founded his own team in 1973, which for over ten years raced some of the best Porsches in Interserie, in the German Championship and in the Makes World Championship, with champions like Rolf Stommelen, Toine Hezemans, Klaus Ludwig, Derek Bell and John Fitzpatrick.

2 La Porsche 934 fu la prima GT turbocompressa, sviluppata sulla base della 911 stradale, a sua volta derivata dalla 911 2.2 Turbo che correva il Mondiale Marche del 1974. Il team Max Moritz all'Intereuropa 1976 schierava Helmut Kelleners, alla guida nella foto, in equipaggio con Derek Bell e Reinhard Stenzel. Saranno terzi all'arrivo dietro le due 934 di Kremer.

The Porsche 934 was the first turbocharged GT, developed on the basis of the road 911, in turn derived from the 911 2.2 Turbo that raced in the 1974 Constructors World Championship. crew with Derek Bell and Reinhard Stenzel. They will be third at the finish behind Kremer's two 934s.

1

2

CAMPIONATO EUROPEO GRAN TURISMO

1972 Coppa Intereuropa 10 settembre / September
GT +2.0	John Fitzpatrick	Porsche 911S - Kremer
GT 2.0	Alberto Rosselli	Opel GT – Conrero Squadra Corse
GT 1.6	Giancarlo Galimberti	Alfa Romeo GTA

1973 6 Ore - Coppa Intereuropa 2 settembre / September
GT +3.0	"Gero" / Marcello Gallo	De Tomaso Pantera
GT 3.0	Clemens Schickentanz / Erwin Kremer	Porsche Carrera RSR – Kremer Racing
GT 2.0	"Pooky" / "Tambauto"	Porsche 911S

1974 Trofeo Bevilacqua 7 aprile / April
GT 3.0	Clemens Schickentanz	Porsche Carrera RSR – Kremer Racing
GT 2.0	"Pooky" / "Tambauto"	Porsche 911S

1974 6 Ore Coppa Intereuropa 1 settembre / September
GT 3.0	Rolf Stommelen / Toine Hezemans	Porsche Carrera – Polifac Team Gelo
GT 2.0	Carlo Fabri / Angelo Mola	Porsche 914/6 – CAM
GT 1.6	Fusar Bassini / Gaudenzio Uboldi	Alfa Romeo GTA

1975 6 Ore Coppa Intereuropa 28 settembre / September
GT 3.0	Hartwig Bertrams / Beng Ekberg / Clemens Schickentanz	
	Porsche Carrera RSR – Tebernum Porsche	
GT 2.0	Piercarlo Ghinzani / Giorgio Del Curto	
	Porsche 914 – Scuderia Città dei Mille	
GT 1.6	Angelo Chiapparini / "Pal Joe"	
	Alfa Romeo GTA – Scuderia Città dei Mille	

1976 6 Ore Coppa Intereuropa 5 settembre / September
GT +1.6	Toine Hezemans / Tim Schenken / Klaus Ludwig	
	Porsche 934 – Tebernum Racing George Loos	
GT 1.6	Giancarlo Galimberti / Anna Cambiaghi Alfa Romeo GTA	

1000 CHILOMETRI DI MONZA

1965 25 aprile / April
GT +3.0	Bob Bondurant / Allen Grant	Shelby Cobra Daytona Coupé – Alan Mann Racing
GT 3.0	Vincenzo Nember / Marino Bonomi	Ferrari 250 GTO
GT 2.0	Ben Pon / Rob Slotemaker	Porsche 904 GTS – Racing Team Holland
GT 1.6	Roberto Bussinello / Andrea de Adamich	Alfa Romeo Giulia TZ2 - Autodelta

1966 25 aprile / April
GT +3.0	Siegfried Zwimpfer / Hans Illert	Ferrari 275 GTB

1967 25 aprile / April
GT +2.0	Paul Vestey / Carlos Gaspar	Ferrari 275 GTB/C
GT 2.0	Roger Enever / Alec Poole	MGB – British Motor Company
GT 1.6	Enzo Pasolini / Giorgio Bassi	Matra Djet MB8S

1968 25 aprile / April
GT 2.0	Dieter Glemser / Helmut Kelleners	Porsche 911 T – IGFA

1969 25 aprile / April
GT +1.6	Dieter Frohlich / Jurgen Neuhaus	Porsche 911 T – IGFA
GT 1.3	Luigi Cabella / Giovanni Marini	Lancia Fulvia HF Zagato – Jolly Club

1970 25 aprile / April
GT +2.0	Giancarlo Rondanini / Ennio Bonomelli	Porsche 911 S
GT 2.0	Giuseppe Schenetti / Sergio Zerbini	Porsche 911 S – Scuderia Brescia Corse
GT 1.6	Luigi Cabella / Paolo de Leonibus	Alfa Romeo GTA – Jolly Club

1971 25 aprile / April
GT +2.0	Gunther Huber / Erwin Kremer	Porsche 911 S – Kremer Racing
GT 2.0	Peter Ettmüller / Ernst Seiler	Porsche 914/6 – Squadra Tartaruga

1972 25 aprile / April
GT +2.0	Ugo Locatelli / "Pal Joe"	De Tomaso Pantera – Valtellina Racing

1973 25 aprile / April
GT 3.0	Clemens Schickentanz / Erwin Kremer	Porsche Carrera RSR – Porsche Kremer Racing

1974 25 aprile / April
GT 3.0	John Fitzpatrick / George Loos / Jurgen Neuhaus	Porsche Carrera RSR – Gelo Racing

TROFEO UFFICIALI DI GARA ACMILANO

1976 2 maggio / May
Gr.5 +1.6	Giorgio Schön	Porsche 934

GIRO D'ITALIA

Il regolamento

Dalla prima edizione il Giro d'Italia è stato aperto ai tradizionali Gruppi 1, 2, 3, 4 definiti dall'Annesso J della FIA e ad una classe di prototipi speciali, quest'ultima per volontà della Fiat che divenne un ardente sostenitore della gara, costruendo macchine speciali quasi ad ogni edizione e inviando i piloti ufficiali. Il periodo alla fine dell'anno agonistico era interessante per sviluppare o testare nuove auto non ancora omologate per la stagione successiva, un ulteriore motivo di interesse per questa gara.

Le auto speciali e quelle prototipo sono state definite in base alle regole di un Gr.5 appositamente pensato per il Giro, non ancora le specifiche "Silhouette" che sono state ammesse ai Campionati del Mondo FIA dal 1976, ma definite da alcune regole molto liberali: il bisogno fondamentale di una carrozzeria simile alla vettura di partenza e una libertà quasi illimitata nella preparazione di parti meccaniche ha creato alcuni pezzi unici affascinanti per questa gara. Nelle edizioni 1988 e 1989 non esistevano più le categorie Gr.3 e Gr.4, sostituite dal Gruppo B che raccolse grande successo tra le vetture da rally, ma ebbe poche adesioni in pista, limitate quasi esclusivamente alle Lancia 037 adattate all'uso in circuito. Cercando di attrarre nuove iscrizioni, venne aperto il regolamento alle specifiche IMSA, secondo il quale furono preparate le Alfa 75 Turbo poi risultate vincitrici in entrambe le edizioni. Erano di base le auto usate nel Campionato Italiano Superturismo con maggiore libertà nella preparazione, ruote più grandi coperte da bei parafanghi e un grande spoiler. Le vetture differivano dalla versione A3 standard per un telaio con rinforzi speciali, un peso di 976 chilogrammi e una pressione di sovralimentazione elevata a 2,0 bar, consentendo di superare i 400 cavalli. L'auto era in grado di una velocità superiore ai trecento all'ora e accelerava in 4,87 secondi da zero a cento.

The Regulations

From the first edition, the Giro d'Italia was open to the traditional Groups 1, 2, 3, 4 defined by the Annex J of the FIA and to a class of special prototypes, by the will of Fiat, which became an ardent supporter of the race, building special cars for the Giro d'Italia almost every year and sending works pilots. The period at the end of the racing season was interesting to develop or test new cars not yet homologated for the following season, a further reason of interest for that race. The special and prototype cars have been defined according to the rules of a Group 5 specially created for the Giro, not yet the specific "Silhouette" which have been admitted to the FIA World Championships since 1976, but defined by some very liberal rules: the basic need was a body similar to the starting car with almost unlimited freedom in the preparation of mechanical parts created some fascinating one-offs for this race. In the 1988 and 1989 editions the Group 3 and Group 4 categories no longer existed, replaced by Group B, which achieved great success among rally cars, but had few adhesions on the track, almost exclusively limited to Lancia 037s adapted for use on the circuit. Trying to attract new registrations, the regulation was opened to the IMSA specifications, applied to the Alfa 75 Turbos that won in both last editions. They were basically the cars used in the Italian Superturismo Championship with more freedom in preparation, bigger wheels covered by nice mudguards and with a large spoiler. The cars differed from the standard A3 version by a chassis with special reinforcements, a weight of 976 kg and a high boost pressure of 2.0 bar, making it possible to exceed 400 hp. The car was capable of speeds in excess of 300 kph and accelerated in and 4.87 seconds to 0-100 kph.

Locandina del 1976 e mappa del Giro 1979.
1976 poster and map of the 1979 Giro d'Italia.

Il nome di Giro Automobilistico d'Italia venne usato per la prima volta nel 1901, per una corsa che partiva da Torino e arrivava a Milano dopo oltre milleseicento chilometri. A partire dal 1973 l'Automobile Club di Torino riprese la titolazione per una competizione che non era una gara a tutta velocità, ma prevedeva una formula simile al Tour de France Auto che stava vivendo alcuni dei suoi momenti più belli nello stesso periodo.

Il formato comprendeva gare su circuito nei più importanti autodromi italiani, nonché alcuni dei migliori percorsi delle gare in salita. La formula globale era simile ad un rally, con prove speciali a tempo e sezioni di trasferimento non troppo tranquille tra le speciali.

Il Giro d'Italia Automobilistico

L'Automobile Club di Torino decise tuttavia di andare oltre e dalla quarta edizione il Giro cominciò ad includere anche alcune vere prove da rally e, visto che il momento scelto era alla fine di ottobre, periodo tipicamente piovoso nell'Italia centrale, quello che ne uscì è stato un evento davvero impegnativo, con qualsiasi tipo di difficoltà. Nel 1980 ci fu persino la sfida della neve ai lati di alcune prove speciali in Emilia, con i piloti che dovevano domare mostri come Porsche 935 o Lancia Beta Montecarlo Gr.5.

Il Giro ebbe edizioni in grande crescendo fino al 1980, vedendo negli anni la partecipazione di piloti di livello mondiale sia dal settore dei velocisti, come Patrese, Merzario, Villeneuve, Scheckter, Brambilla, Giacomelli, Cheever, de Cesaris, Nannini, Alboreto, Facetti, e rallyman parimenti di livello internazionale come Alén, Röhrl, Munari, Pinto, Biasion, Loubet, Bettega, Darniche, Ragnotti. Dal 1981 il Giro cessò di essere organizzato, fatte salve due edizioni alla fine degli anni Ottanta che però, con il calato interesse da parte del Gruppo Fiat, oltre alle crescenti difficoltà ad avere permessi, non ebbe seguito. Un tentativo ulteriore nel 2011, fra l'altro in un periodo di recessione, attrasse un numero risibile di partecipanti.

Monza, dalla seconda edizione, è divenuta tappa fissa del Giro, dove agli inizi si svolgeva una prova speciale sulla pista Junior, con le auto divise in raggruppamenti secondo le classi di appartenenza, per utilizzare lo Stradale nelle ultime edizioni. La gara portò a Monza molte GT interessanti e spesso spettacolari, così come alcune vetture da corsa in esemplare unico realizzate appositamente per questa manifestazione così particolare.

The name of Giro Automobilistico d'Italia was used for the first time in 1901, for a race that started from Turin and arrived in Milan after 1600 km. The name was reused by the Automobile Club of Turin starting in 1973, for a competition that was not a race at full speed, the selected formula was similar to the Tour de France Auto, which was experiencing some of its best periods at the same time. The format included circuit races in the most important Italian racetracks, as well as some of the best mountain racing roads. The overall formula was similar to a rally, with timed special stages and not too quiet transfer sections between the stages.

Giro d'Italia Automobilistico

However, the Automobile Club of Torino decided to go further and from the fourth edition the Giro also began to include some real rally stages; the moment chosen was at the end of October, a typically rainy period in central Italy, so what emerged was a really challenging event, with any kind of difficulty. In 1980 there was even the snow challenge at the edge of some special stages in Emilia, with the drivers who had to tame monsters like Porsche 935 or Lancia Beta Montecarlo Group.5.

The Giro had some editions in great growth until 1980, with the participation of world-class riders both from the sprinter sector, such as Patrese, Merzario, Villeneuve, Scheckter, Brambilla, Giacomelli, Cheever, de Cesaris, Nannini, Alboreto, Facetti and equally world-class rallymen such as Alén, Röhrl, Munari, Pinto, Biasion, Loubet, Bettega, Darniche, Ragnotti. Since 1981, the Giro was no longer held, the formula was retried two more times in 1988 and 1989, but the decline in interest in the Fiat Group and growing difficulties in obtaining permits decided its end. A further attempt in 2011, in a period of recession, attracted a ridiculous number of participants. Monza was a fixed stage of the Giro, where a special test was held on the Junior track, with the cars divided into groups, according to the classes they belong to. The Stradale circuit was used in recent editions. The Giro brought many interesting and often spectacular GTs to Monza, such as the various one-off cars made especially for this race.

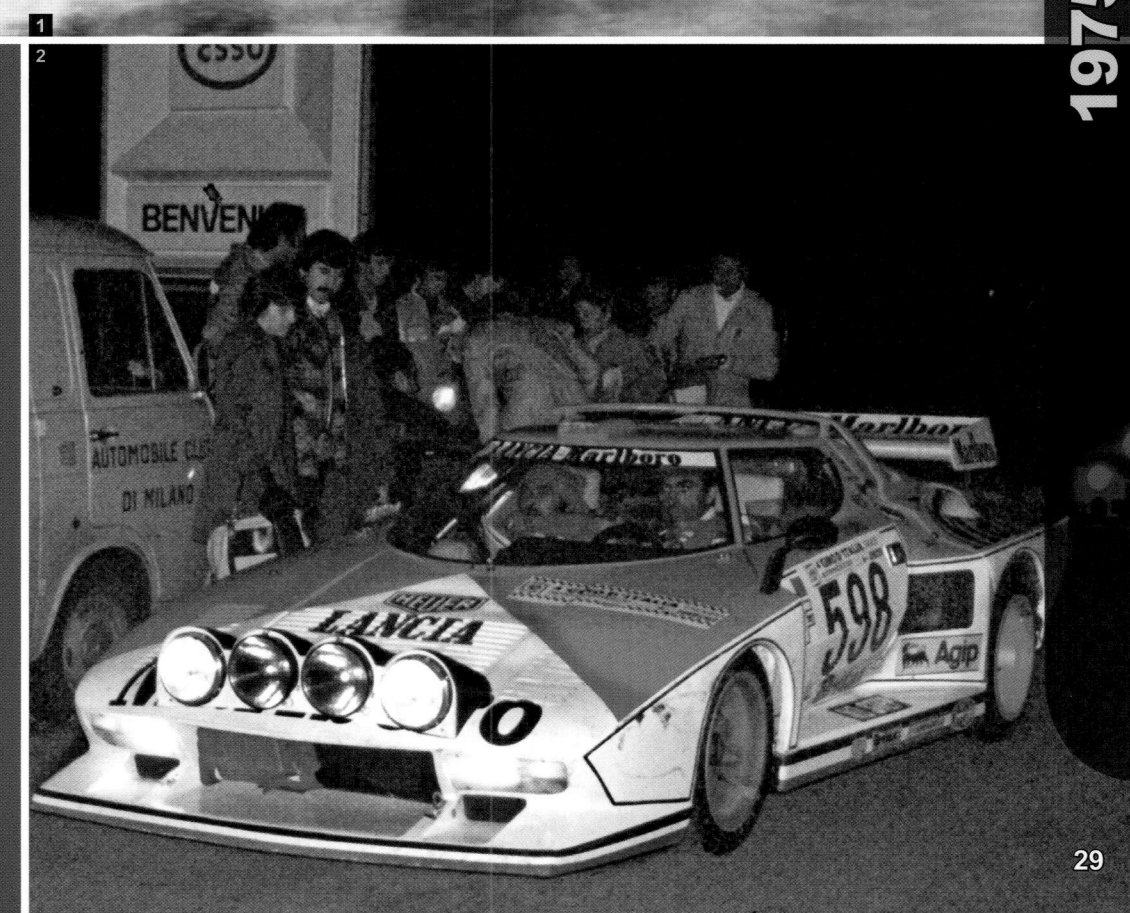

1 Nei lunghi rettilinei della pista Junior, l'Alfa 33 realizzata per il Giro ha fatto il vuoto; Jean-Claude Andruet, alla guida, ricorda la vettura come molto equilibrata. Il grande investimento per realizzare un modello utilizzato in una sola gara testimonia quanto fosse importante il Giro d'Italia per le Case.
In the long straights of the Junior track, the Alfa 33 built for the Giro made a void; Jean-Claude Andruet, at the wheel, remembers the car as being very balanced. The large investment to build a car used in a single race testifies how important the Giro d'Italia was for constructors.

2 Dopo la delusione del 1975, con la Stratos Turbo incendiata nell'ultimo trasferimento, Carlo Facetti ottiene al Giro d'Italia 1976 la vittoria più prestigiosa per la Stratos Turbo, correndo in coppia con Piero Sodano.
After the disappointment of 1975, with the Stratos Turbo set on fire in the last transfer, Carlo Facetti obtained the most prestigious victory for the Stratos Turbo at the 1976 Giro d'Italia, racing with Piero Sodano.

1 Il 1977 non fu altrettanto fortunato per la Stratos Turbo Silhouette; il motore iniziò a dare problemi già durante la prova di Monza, per poi rompersi nel trasferimento successivo.
1977 wasn't as lucky for the Stratos Turbo Silhouette; the engine started to give problems already during the Monza stage, and then broke in the next transfer.

2 Lo sviluppo della Stratos Turbo veniva effettuato nella Officina Facetti di Bresso, sotto la guida di Mike Parkes; la vettura aveva un passo allungato per renderla più adatta alle gare in pista ed il motore arrivò a sviluppare una potenza vicina ai 600 cavalli.
The development of the Stratos Turbo was carried out in the Officina Facetti in Bresso, under the guidance of Mike Parkes; the car had an extended wheelbase to make it more suitable for track races and the engine developed a power close to 600 hp.

3 Vittorio Coggiola, correndo con lo pseudonimo di "Victor" ottenne la vittoria assoluta nel 1977, un giusto tributo a un veloce pilota piemontese che ha avuto il merito di essere il più presente alle edizioni del Giro, fino alla fine nel 2011.
Vittorio Coggiola, racing under the pseudonym of "Victor", obtained the overall victory in 1977, a fitting tribute to a fast Piedmontese driver who had the merit of being present at most editions of the Giro, until the end in 2011.

4 Tra le varie Porsche 935 possedute da Martino Finotto, anche la versione mo-noturbo del 1977, preparata a Bergamo da Imberti, che al Giro divideva con Manfred Mohr impegnato nelle prove in salita.

Among the various Porsche 935 owned by Martino Finotto, the 1977 single-turbo version, prepared in Bergamo by Imberti, which he shared with Manfred Mohr at the Giro, engaged in uphill tests.

5 Felice Besenzoni è stato uno dei primi piloti ad investire sulle possibilità della Ferrari 308 in Gruppo 4; nel 1977 era al Giro d'Italia in coppia con Luciano dal Ben.

Felice Besenzoni was one of the first drivers to invest in the possibilities of the Ferrari 308 in Group 4; in 1977 he was in the Giro d'Italia paired with Luciano dal Ben.

6 Presenza immancabile a una gara a Monza, Vittorio Brambilla osserva assieme a Sandro Munari il vano motore della Stratos Turbo. Vittorio correrà con poca fortuna due edizioni del Giro, su una Ligier JS-2 e su una Alfetta GTV.

Unmissable presence at a race in Monza, Vittorio Brambilla observes together with Sandro Munari the engine compartment of the Stratos Turbo. Vittorio will race two editions of the Giro with little luck, on a Ligier JS-2 and an Alfetta GTV.

ALFA ROMEO 33
Giro d'Italia

La categoria Gr.5 del Giro d'Italia permetteva la realizzazione di prototipi senza un minimo di produzione, ma con il solo vincolo di derivare la vettura da un modello di serie. Autodelta si è lanciata così al progetto della 33TT/3 "Giro d'Italia", una versione speciale della 33 Sport che correva il Mondiale Marche con carrozzeria chiusa, il telaio tubolare della 33TT/12 e una "veste" in vetroresina quasi uguale a quella della 33TT/12 con un tetto in alluminio, necessario per rispettare le regole del Gr.5. Il team guidato da Carlo Chiti scelse come motore il V8 della Alfa Romeo Montréal, debitamente elaborato. Il telaio aveva una numerazione legata alle Alfa 33 stradali degli anni Sessanta, anche se non c'era nessun legame con quel modello realizzato in serie limitata, ma è stato comunque omologato. Una delle differenze con la 33TT/12 era il passo accorciato, permesso dal nuovo motore più compatto. Proprio il motore ha impedito alla 33 una facile vittoria contro il parco partenti di vere GT, opposte a quella che era a tutti gli effetti una Sport omologata come GT. Andruet / Cartotto sono risultati vincitori nelle prime prove speciali, poi il motore ha iniziato a non marciare più a otto cilindri, per poi rompersi definitivamente. Questo è stato il solo impiego agonistico di questa vettura unica, che poi è divenuta un ambìto oggetto per collezionisti.

The Group 5 category of the Giro d'Italia allowed the creation of prototypes without a minimum of production, but with the only constraint of deriving the car from a production model. Autodelta thus launched the project of the 33TT/3 "Giro d'Italia", a special version of the 33 Sport that ran the World Championship with closed bodywork, the tubular frame of the 33TT/12 and a fiberglass bodywork almost identical to that of the 33TT/12 but with an aluminum roof, necessary to respect the rules of Group 5. The team led by Carlo Chiti chose the Alfa Romeo Montréal V8, duly tuned, as its engine. The chassis obtained a numbering linked to the road Alfa 33s of the 1960s, even if it had no connection with that model produced in a limited series, but was nevertheless homologated; one of the differences with the 33TT/12 was the shortened wheelbase, allowed by the new, more compact engine. Precisely the engine prevented the 33 from an easy victory against the starters of real GTs, opposed to what was in effect a Sport homologated as a GT. Andruet / Cartotto were winners in the first special stages, then the engine started running at more than 6 cylinders, and then finally broke down. This was the only racing use of this unique car, which later became a coveted object for collectors.

1   In difficoltà all'ingresso della Junior, la Stratos di "Geo" / Fabiani, mentre passa la Alpine di Alibrandi / Nardini: entrambe saranno costrette al ritiro nel 1978.
Having difficulty entering the Junior, the Stratos of "Geo" / Fabiani, while the Alpine of Alibrandi / Nardini passes, both will be forced to retire in 1978.

2   Giorgio Pianta, sulla Stratos che condivideva con Alén / Kivimäki, precede le Stratos di Perazio / Bagna / Scaramuzzi, quella di Alberti / Albertazzi e la Porsche 911 Gruppo 5 di Berruto / Pons. La vettura di Alén nel 1978 era una Stratos Gruppo 5 con motore 4 valvole da rally, con alcune parti che non potevano essere omologate nel Gruppo 4, e un peso di soli 820 chilogrammi.
Giorgio Pianta, on the Stratos that it shared with Alén / Kivimäki, precedes the Stratos of Perazio / Bagna / Scaramuzzi, the other Stratos of Alberti / Albertazzi and the Porsche 911 Group 5 of Berruto / Pons. Alén's car in 1978 was a Stratos Group 5 with 4 valve rally engine with some parts that could not be homologated in Group 4, weighing only 820 kg.

3   La speciale Lancia Beta Montecarlo Gruppo 5 accorciata per Villeneuve /Röhrl / Geistdörfer, sviluppata specificatamente per il Giro d'Italia 1979.
The shortened Lancia Beta Montecarlo Group 5 special for Villeneuve / Röhrl /Geistdörfer, developed specifically for the 1979 Giro d'Italia.

4   Un eccezionale risultato al Giro d'Italia 1979 per la Fiat Ritmo, che grazie alla guida di Attilio Bettega ed Enzo De Vito, coadiuvati da Maurizio Perissinot, ha ottenuto il secondo posto assoluto.
An exceptional result at the 1979 Giro d'Italia for the Fiat Ritmo, which thanks to the drive of Attilio Bettega and Enzo De Vito, assisted by Maurizio Perissinot, obtained the second place overall.

5   La Porsche 935 di Moretti / Schön / Radaelli era spinta da un motore biturbo, molto più trattabile della versione monoturbo; riuscì ad essere non troppo attardata nelle prove speciali da rally e in salita, mentre era irresistibile in pista e ha conquistato la vittoria nell'edizione più celebrata del Giro d'Italia.
The Porsche 935 of Moretti / Schön / Radaelli was powered by a twin-turbo engine; much more manageable than the single-turbo version, it managed not to be too late in the special rally and uphill stages, while it was irresistible on the track and won the most celebrated edition of the Giro d'Italia.

1 Certamente l'equipaggio più celebrato del 1979 è stato quello composto da Riccardo Patrese e Gilles Villeneuve, spettacolari alla guida della Lancia Beta Montecarlo, ma costretti al ritiro.
Certainly the most celebrated crew of 1979 was the one made up of Riccardo Patrese and Gilles Villeneuve, spectacular at driving the Lancia Beta Montecarlo, but forced to retire.

2 Le Alfa 75 Turbo ufficiali presenti alle edizioni 1988 e 1989 erano preparate secondo il regolamento IMSA, ammesso al Giro d'Italia. Venivano quindi classificate come vetture GT nonostante la carrozzeria berlina a quattro posti.
The works Alfa 75 Turbos present at the 1988 and 1989 editions were prepared according to the IMSA regulations, admitted to the Giro d'Italia. They were therefore classified as GT cars despite the 4-seater sedan bodywork.

3 La Kia Venga alimentata a GPL non può certo essere definita una GT, ma l'utilitaria coreana ha avuto una sua classe in una corsa di Gran Turismo e ha offerto divertimento a costo ragionevole a vari piloti che hanno contribuito ad aumentare il parco concorrenti del 2011.
The LPG-powered Kia Venga certainly can't be called a GT, but the Korean subcompact had a class of its own in a GT race and offered fun at a reasonable cost to various drivers who helped to increase the number of competitors in the 2011.

3 Tra le poche auto al via del Giro Automobilistico d'Italia 2011, la Gallardo di Maurizio Forato, vincitrice a Monza, e la Cayman GT4 di Maurizio Pitorri, Andrea Gagliardini e Mara Bernardini, alla fine risultati vincitori assoluti.
Among the few cars at the start of the 2011 Giro d'Italia, the Gallardo of Maurizio Forato, winner at Monza, and the Cayman GT4 of Maurizio Pitorri, Andrea Gagliardini and Mara Bernardini, then absolute winners.

GIRO D'ITALIA

1974 10 giri / laps, pista Junior / Junior track, 19 ottobre / October
Divisione per Raggruppamento (in neretto il pilota che ha corso)
Division by Groups (in bold the driver who raced)

1° **Jean-Claude Andruet** / "Biche"	Lancia Stratos - Lancia Marlboro
2° **Ruggero Parpinelli** / Roberto Grassetto	De Tomaso Pantera
3° **Martino Finotto** / Luigi Colzani	Ford Escort
4° **Carlo Facetti** / Sergio Maiga	Alfa Romeo GTV - Autodelta

1975 20 giri / laps, pista Junior / Junior track, 13 ottobre / October
Divisione per Raggruppamento (in neretto il pilota che ha corso)
Division by Groups (in bold the driver who raced)

1° **Carlo Facetti** / Angelo Garzoglio	Lancia Stratos – Lancia Marlboro
2° **Charlotte Verney** / Anne Pasquier	Porsche 911 RSR
3° **Walter Donà** / Martino Finotto	Ford Escort

1976 20 giri / laps, pista Junior / Junior track, 17 ottobre / October
Divisione per Raggruppamento (in neretto il pilota che ha corso)
Division by Groups (in bold the driver who raced)

1° **Carlo Facetti** / Piero Sodano	Lancia Stratos – Lancia Marlboro
2° **Cosimo Turizio** / Ciro Nappi	Fiat 131 Abarth
3° **Spartaco Dini** / Mario Radicella	Alfa Romeo Alfetta Coupé
4° **Franco Selvatici** / Giorgio Martelli	Opel Commodore GS/E

1977 20 giri / laps, pista Junior / Junior track, 13 giugno / June
Divisione per Raggruppamento (in neretto il pilota che ha corso)
Division by Groups (in bold the driver who raced)

1° **Martino Finotto** / Manfred Mohr	Porsche 935
2° **Giambruno Del Fante** / Luigi De Angelis	Lancia Stratos
3° **Franco Berruto** / Mattia Fusar Bassini	Porsche 911 Carrera

1978 20 giri / laps, pista Junior / Junior track, 14 ottobre / October
Divisione per Raggruppamento (in neretto il pilota che ha corso)
Division by Groups (in bold the driver who raced)

1° **Carlo Facetti** / Massimo De Antoni	Porsche 935
2° **Guglielmo Manini** / Sergio Calzolari	Fiat 131 Abarth
3° **"Spiffero"** / "Elmer"	De Tomaso Pantera
4° **Jody Scheckter** / Maurizio Verini / Mario Mannucci	Fiat Ritmo 75 Abarth

1979 20 giri / laps, pista Junior / Junior track, 25 ottobre / October
Divisione per Raggruppamento (in neretto il pilota che ha corso)
Division by Groups (in bold the driver who raced)

1° **Giampiero Moretti** / Giorgio Schön / Emilio Radaelli	Porsche 935
2° **Felice Besenzoni** / Luciano Dal Ben / Andrea Ghidini	Ferrari 308 GTB
3° **Filippini** / Manuele Cecconi / Daniele Collini	Lancia Stratos

1980 20 giri / laps, pista Junior / Junior track, 6 novembre / November
Divisione per Raggruppamento (in neretto il pilota che ha corso)
Division by Groups (in bold the driver who raced)

1° **"Toby"** / Brindesi	Opel Kadett GTE
2° **Riccardo Patrese** / Markku Alén / Ilkka Kivimäki	Lancia Beta Montecarlo

1988 10 giri / laps, pista Stradale / Road track, 19 novembre / November
Nicola Larini / Dario Cerrato / Massimo Cerri	Alfa 75 IMSA

1989 10 giri / laps, pista Stradale / Road track, 19 novembre / November
Giorgio Francia / Dario Cerrato / Massimo Cerri	Alfa 75 IMSA

2011 10 giri / laps, pista Stradale / Road track, 27 ottobre / October
Assoluta - Overall **Antonio Forato** / Riccardo Bianco	Lamborghini Gallardo
Kia Venga Cup **Paolo Strabello** / Mauro Grassi	Kia Venga

Gruppi 3 4 5 e il gruppo B
Group 3 4 5 and Group B

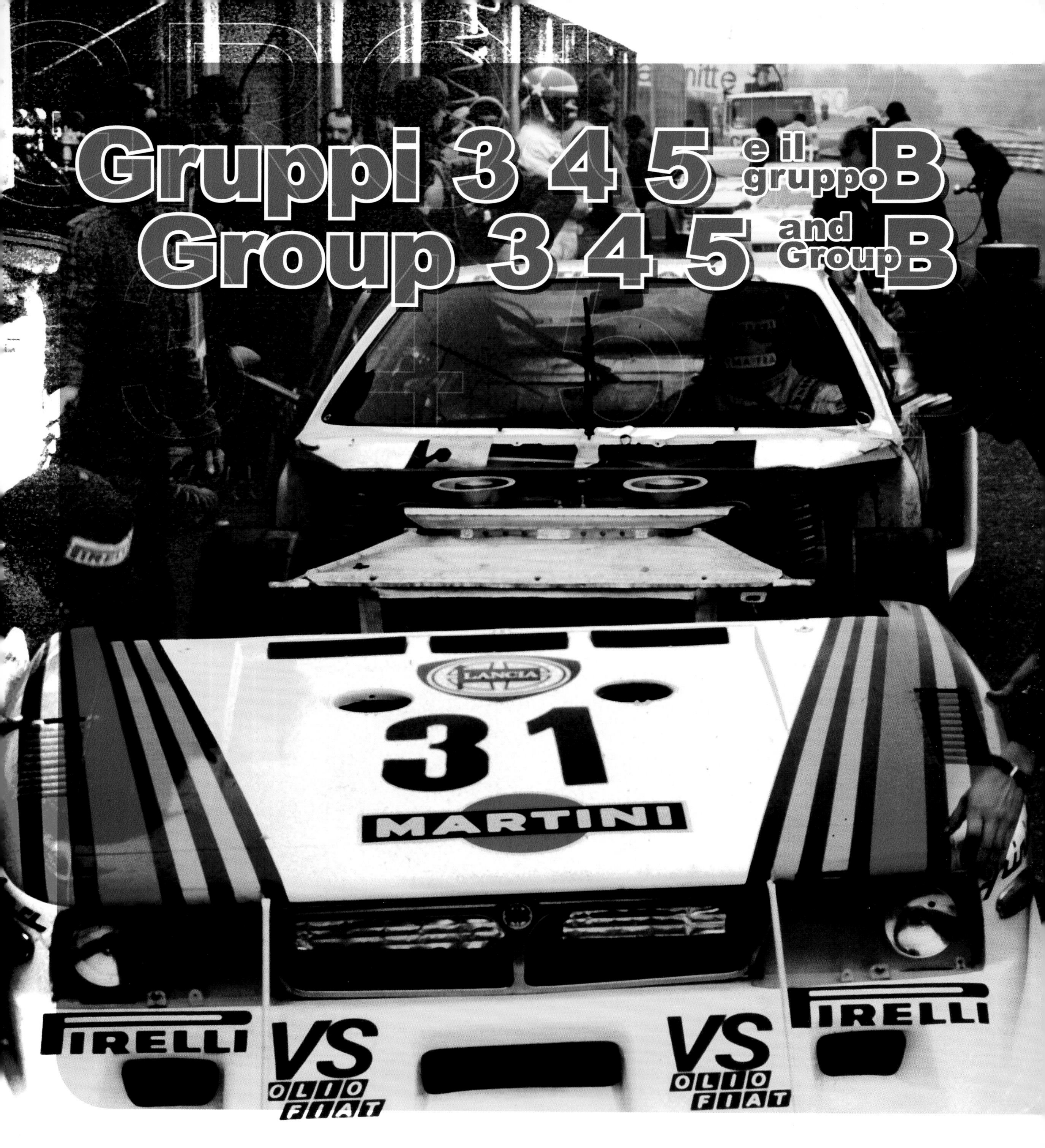

Il regolamento

Il Gr.5 è entrato in vigore nel 1976, su richiesta di Costruttori tedeschi, che volevano un regolamento più liberale di quello permesso dal Gr.4, per realizzare vetture spettacolari con amplissime possibilità di modifiche. Si poteva partire da automobili di normale produzione già omologate per i Gruppi da 1 a 4 della FIA, consentendo estese modifiche alla carrozzeria, che doveva limitarsi a ricordare la forma originaria, da qui il nome Silhouette con cui tali vetture sono divenute famose. Il regolamento non imponeva limiti alla modifica dei parafanghi, che era completamente libera e, da un'interpretazione del regolamento sulla mancanza di limiti all'altezza anteriore, Porsche ha realizzato la nuova 935 eliminando le protuberanze dei fari e fornendo un'aerodinamica nettamente migliore. Una delle poche restrizioni era di conservare cofano, tetto e forma delle porte come sulla vettura di serie, lasciando libero il loro materiale. Egualmente liberi erano gli sbalzi del telaio, per cui le vetture più sofisticate hanno mantenuto la parte centrale di serie con aggiunta di telai tubolari nelle parti anteriore e posteriore. Il motore e il cambio erano liberi, dovendosi conservare posizione e basamento originali; c'è stata quindi una grande profusione di potentissimi motori turbo, modifiche consistenti alla cilindrata e non solo nel senso di aumento. Così, a partire dal 1980, il Campionato Mondiale ha avuto due divisioni, fino a 2 litri e oltre 2 litri, quindi si sono viste varie auto come Porsche 935, Lancia Beta Montecarlo, Ford Capri e BMW 320, realizzate anche con motori di 1,4 litri di cilindrata per rientrare nella classe fino a 2 litri, dato il coefficiente di 1,4 per i motori con compressore. La formula ha avuto un certo successo, riuscendo a creare auto velocissime e sicuramente spettacolari, ma i cui costi altissimi hanno portato ad una rarefazione delle vetture una volta ritiratesi le case ufficiali. Dopo il 1982 tale categoria è stata esclusa dal Mondiale, sostituita dal nuovo Gr.B.

Il Gr.B sostituiva i gruppi 3, 4 e 5; e aveva moltissime libertà di elaborazione ma comunque minori a quelle del Gr.5; per ottenere l'omologazione erano necessarie duecento autovetture del modello di base ed era possibile omologare delle "evoluzioni" realizzando venti esemplari identici. Il Gr.B ha riscosso molto interesse nei rally, dove molti Costruttori hanno realizzato alcune delle auto più spettacolari della categoria, mentre in pista venne offuscato dal grande successo del Gruppo C, le nuove Sport che vennero realizzate da molti Costruttori. Alcune vetture Gr.4 sono state riomologate in Gr.B, assieme a qualche Gr.5 tra le meno esasperate, e praticamente l'unica vettura nuova sviluppata per il Gr.B da pista è stata la Porsche 930. Il Gr.B è stato abolito nel 1986 dalle gare di Campionato Mondiale, sopravvivendo nel solo Rallycross Europeo.

Sopra, una gara di Campionato Italiano Silhouette; sotto "Victor", complimentato da Ottorino Maffezzoli dopo la vittoria nel GT oltre 3000 alla Intereuropa 1979.
Above, an Italian Silhouette Championship race; below "Victor", complimented by Ottorino Maffezzoli after winning over 3000 GT at Intereuropa 1979.

The Regulation

Group 5 entered into force in 1976, at the request of German manufacturers, who wanted a more liberal regulation than what was allowed by Group 4, to create spectacular cars with very wide possibilities of modifications.

It was possible to start with normal production cars already homologated for FIA Groups 1 to 4, allowing extensive modifications to the bodywork, which had to be limited to remembering the original shape, hence the name Silhouette with which these cars became famous. The regulation did not impose limits on the modification of the fenders, which was completely free, and from an interpretation of the regulation on the lack of limits to the front height, Porsche created the new 935 by eliminating the protuberances of the headlights, providing significantly better aerodynamics. One of the few restrictions was to keep the bonnet, roof and door shape as on the production car, leaving freedom of materials. Equally free were the overhangs of the chassis, so the more sophisticated cars kept the central part of the body, with the addition of tubular frames in the front and rear parts. The engine and gearbox were free, having to keep their original position and base; there was therefore a great profusion of very powerful turbo engines, substantial changes to the displacement and not only in the sense of increase: starting from 1980 the World Championship had two divisions up to two liters and over two liters, there were therefore various cars such as Porsche 935 , Lancia Beta Montecarlo, Ford Capri and BMW 320, which were also made with engines of 1.4 liters of displacement to fall into the class up to two liters, given the coefficient of 1.4 for engines with compressor. The formula achieved some success and managed to create very fast and certainly spectacular cars, but the very high costs led to a rarefaction of the cars, once the official manufacturers withdrew. After 1982 this category was excluded from the World Championship, replaced by the new Group B.

Group B replaced groups 3, 4 and 5; it had a lot of freedom of processing but still less than those of Group 5; 200 cars of the basic model were required to obtain homologation and it was possible to homologate "evolutions" by making 20 identical models. Group B attracted a lot of interest in the rally, where it attracted many manufacturers who made some of the most spectacular cars in the category, while on the track it was overshadowed by the great success of Group C, the new Sports that were made by many manufacturers. Some Group 4 cars were re-homologated in Group B, together with some of the less exasperated Group 5, practically the only new car developed for Group B on the track was the Porsche 930. Group B was abolished in 1986 from World Championship races, surviving only in European Rallycross.

Dal 1977 non si è più disputato il Campionato Europeo GT e la Coppa Intereuropa ha proseguito per alcuni anni come semplice gara di Campionato Italiano, perdendo progressivamente importanza e anche il palcoscenico del circuito stradale, finendo con alcune edizioni ristrette alla pista Junior. La riduzione dei partecipanti con vetture di Gr.3 e Gr.4 ha portato prima alla sparizione delle GT vicine alla serie, poi ad accorpare le Gr.4 con le Gr.2, per avere degli schieramenti sufficientemente corposi. Molto più promettente sembrava il nuovo Gr.5, le famose Silhouette, che anche in Italia hanno portato alla realizzazione di vetture vistose dal punto di vista estetico, anche

Gli anni della decadenza

se spesso decisamente meno veloci delle Gr.2 e Gr.4 da cui derivavano. Diverso è il caso delle Silhouette realizzate direttamente dai costruttori: in Italia giunsero varie Porsche 935 di eccellente preparazione e soprattutto le Lancia Beta Montecarlo, automobili velocissime e con l'affidabilità ottenuta dalle partecipazioni al Mondiale Endurance. Mancava comunque un campionato specifico, con GT divise in Gr.4 e Gr.5, a competere con vetture Gr.2 di prestazioni non troppo diverse. Erano anni in cui il Mondiale Endurance, con la 1000 Chilometri di Monza, portava sempre in pista la presenza di GT di alto livello, perpetrando lo spettacolo di una Gran Turismo di massime prestazioni.

From 1977 the European GT championship was no longer held. Coppa Intereuropa continued for some years as an Italian Championship race, gradually losing importance and so some editions were relegated to the Junior circuit. The reduction in the number of participants with Group 3 and Group 4 cars led first to the disappearance of the GTs close to the series, then to the merging of Group 4 with Group 2, in order to have a sufficient line-up. The new Group 5 appeared more promising, the famous Silhouettes also in Italy led to the creation of showy cars from an aesthetic point of view, although often not much faster than the Group 2 and Group

The years of decay

4 from which they derived. The case of the Silhouettes made directly by the manufacturers is different. Various Porsche 935s with excellent preparation arrived in Italy and above all the Lancia Beta Montecarlo were very fast cars with the reliability obtained from participating in the World Endurance Championship. However, a specific championship was missing, with GTs divided into Groups 4 and Groups 5, competing with Group 2 cars with not too different performances. The Endurance World Championship, with the 1000 Chilometers of Monza, always brought the participation of high-level GTs, continuing the show of top-performing Gran Turismo.

1 Tra le tante Porsche portate in gara da Giampiero Moretti c'è la 934, seguita da Tamauto – qui alla Coppa Intereuropa del 1977 – dove è risultato primo nel Gruppo 4 e secondo assoluto dietro la Porsche 935 di Martino Finotto.
Among the many Porsches brought to the race by Giampiero Moretti is the 934, tuned by Tamauto – here at the Intereuropa Cup in 1977 – where he was first in Group 4 and second overall behind Martino Finotto's Porsche 935.

2 A partire dal 1977 la Coppa Intereuropa era valida come gara aperta al Gruppo 4 e al nuovo Gruppo 5, introdotto nel 1976 e meglio conosciuto come Silhouette. La Stratos di Vintaloro è costretta al ritiro in prima variante.
Starting in 1977, the Intereuropa Cup was valid as a race open to Group 4 and the new Group 5, introduced in 1976 and better known as Silhouette. The Stratos of Vintaloro is forced to retire in the first variant.

1 Non c'erano solo Porsche tra le GT di maggiore cilindrata; assai competitiva era anche la De Tomaso Pantera: Piergiorgio Furlanetto, che correva come "Kabibo", alla Intereuropa 1979.
There were not only Porsches among the larger-displacement GTs; the De Tomaso Pantera were also very competitive: here Piergiorgio Furlanetto, who ran as "Kabibo", at Intereuropa 1979.

2 Nel 1977 Porsche allestì una speciale versione della 935 con un motore turbo di soli 1,4 litri, con un peso di appena 735 kg e una potenza di 370 CV. Presto chiamata "Baby 935" la vettura ufficiale non corse mai a Monza, dove invece fu presente una versione di "Baby 935" realizzata da Gottifredi per Carlo Rebai, fedele cliente Porsche.
1977 Porsche set up a special version of the 935 with a turbo engine of only 1.4 liters, with a weight of only 735 kg and a power of 370 hp. Soon called "Baby 935", the official car never raced in Monza, where instead there was a version of "Baby 935" realized by Gottifredi for Carlo Rebai, a faithful Porsche customer.

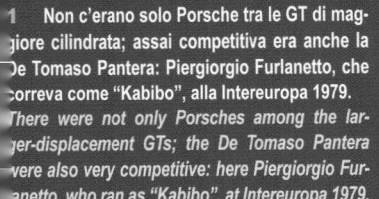

3 Le corse monomarca erano ancora una novità a fine anni Settanta, con la Coppa Renault 5 attiva dal 1975; nel 1979 è apparsa una serie spettacolare, dove la vettura non era un'utilitaria, ma la supercar M1 della BMW. Jochen Neerpasch ha ideato la serie PROduction CARs, divenuta nota come ProCar, che correva come anteprima dei gran premi europei di Formula 1, con alcuni piloti del Mondiale, assieme a specialisti delle ruote coperte. I cinque più veloci in Formula 1 avevano in dotazione le BMW M1 preparate dalla Motorsport, mentre almeno venti privati si alternavano sulle altre auto, preparate come Gr.4 e assemblate da Osella e Project Four. A Monza la ProCar si è vista solo nel 1979, mentre l'anno dopo la gara, come il Mondiale, si è corsa ad Imola. Nell'immagine, Teo Fabi davanti a Lafosse, Winkelhock, Hezemans e Manhalter.

Single-make racing was still a novelty at the end of the 1970s, with the Renault 5 Cup active since 1975; in 1979 a spectacular series appeared, where the car was not a subcompact, but BMW's M1 supercar. Jochen Neerpasch conceived the PROduction CARs series, which became known as ProCar, which ran as a preview of the European Formula 1 Grand Prix, with Formula 1 drivers, together with covered wheel specialists. The five fastest in Formula 1 were equipped with BMW M1s prepared by Motorsport, while at least 20 private individuals took turns on the other cars, prepared as Group 4 and assembled by Osella and Project Four. In Monza the ProCar ran only in 1979, the 1980 edition was always held in conjunction with the Italian Grand Prix, which however was held in Imola that year. In the picture, Teo Fabi ahead of Lafosse, Winkelhock, Hezemans and Manhalter.

4 Hans Joachim Stuck, sulla bianconera vettura privata del Team Cassani, è stato l'eroe di Monza, dopo solo tre giri si è portato in testa superando Clay Regazzoni e finendo per vincere con venti secondi di vantaggio su Niki Lauda. A fine campionato il figlio d'arte tedesco è risultato miglior pilota privato, ottenendo una M1 stradale come premio.
Hans Joachim Stuck, in the black and white private car of the Cassani Team, was the hero of Monza, after only 3 laps he took the lead overtaking Clay Regazzoni and ending up winning with a 20-second advantage over Niki Lauda. At the end of the championship, the German son of art was the best private driver, obtaining a road M1 as a prize.

5 La corsa di Monza, ultima della stagione 1979, decideva il Campionato. Lauda, Regazzoni e Stuck si giocavano il titolo; le prime file vedevano Jones, Regazzoni, Lauda, Piquet, Andretti e Stuck. Grazie alla seconda posizione Lauda si aggiudicò il titolo e la BMW M1 stradale messa in palio.
The Monza race, the last of the 1979 season, decided the Championship. Lauda, Regazzoni and Stuck were fighting for the title; the front rows saw Jones, Regazzoni, Lauda, Piquet, Andretti and Stuck. Nicky Lauda with the second position won the title and the road BMW M1 up for grabs.

1 Jürgen Barth sostituisce Henri Pescarolo sulla Porsche 935-77A della Sportwagen alla 1000 Chilometri del 1980, dove termineranno secondi assoluti e primi nel Gruppo 5.
Jürgen Barth replaces Henri Pescarolo in the Sportwagen Porsche 935-77A at the 1980 1000 Km, where they will finish second overall and first in Group 5.

2 Martino Finotto, al volante della Lancia Beta Montecarlo curata da Facetti, vettura imbattibile nella classe fino a 2 litri del Campionato Italiano Silhouette; qui è alla Coppa Carri 1980.
Martino Finotto, at the wheel of the Lancia Beta Montecarlo cared by Facetti, was unbeatable in the up to 2-liter class of the Silhouette Italian Championship; here is at the 1980 Coppa Carri.

3 Negli anni in cui le corse italiane per GT erano una rarità, i Campionati svizzeri giunsero sempre a Monza con interessanti schieramenti di belle auto, guidate da professionisti e abili gentlemen; gli svizzeri portarono per molto tempo una piacevole atmosfera lontana dal super professionismo che avrebbe pervaso tutto il Motorsport un decennio dopo.
In the years when Italian GT racing was a rarity, the Swiss Championships always brought interesting lines of beautiful cars to Monza, driven by professionals and skilled gentlemen; the Swiss for a long time brought a pleasant atmosphere far from the super professionalism that would pervade all Motorsport a decade later.

4 Ferrari realizzò varie 512BB LM per clienti privati: una venne usata da Fabrizio Violati, qui dietro la sua auto nel vecchio paddock di Monza. Fabrizio era un appassionato collezionista e pilota di varie vetture del Cavallino che usò con successo anche nel Mondiale Marche.
Ferrari made several 512BB LMs for private customers: one was used by Fabrizio Violati, here behind his car in the old Monza paddock. Fabrizio was a passionate collector and driver of various Ferraris, which he also used successfully in the World Championship for Makes.

5 Giorno di gloria per una GT alla 1000 Chilometri di Monza del 1981: la 935 K3 di Edgar Dören e Jurgen Lässig ottiene la vittoria assoluta, davanti a molte Sport competitive; quella che è stata la maggiore evoluzione della 911 basica, prova la sua adattabilità anche in una bagnatissima edizione della gara monzese.
Glory day for a GT at the 1000 Km of Monza in 1981: the 935 K3 of Edgar Dören and Jurgen Lässig obtained the overall victory, in front of many competitive Sports; what was the major evolution of the basic 911, proves its adaptability even in a very wet edition of the 1000 Km.

6 La BMW M1 non corse solo nel Campionato ProCar ma ebbe una carriera lunga e di successo anche nel Campionato tedesco e nel Mondiale Endurance, sia in versione aspirata che turbo. Una versione aspirata era la bellissima Eggenberger per Calderari / Vanoli alla 1000 Chilometri di Monza del 1982.
The BMW M1 not only raced in the ProCar Championship, but had a long and successful career also in the German Championship and in the World Endurance Championship, both in aspirated and turbocharged versions. An aspirated version was the beautiful Eggenberger for Calderari/Vanoli at the 1000 Km of Monza in 1982.

Ferrari 308 CarMa

La versione Gruppo 5 della Ferrari 308 è stata realizzata privatamente da Carlo Facetti, egualmente abile sia come pilota che come sviluppatore ed elaboratore di vetture. Facetti aveva già esperienza con la preparazione di 308 Gruppo 4 e l'unico esemplare per il Gruppo 5 è stato realizzato partendo da una delle prime 308 costruite, più leggere in virtù della carrozzeria in fibra rispetto alle successive GTB in acciaio. Nello sviluppo del motore, Facetti ha potuto sfruttare le esperienze nella realizzazione delle testate delle Lancia Stratos Turbo realizzate in precedenza e ha accoppiato il V8 a due turbocompressori che fornivano una potenza tra i 750 e gli 850 cavalli, potendo raggiungere fino a 1000 durante le qualifiche. La carrozzeria è stata alleggerita ed allargata, con una lunga coda che alloggiava un alettone, che per regolamento non doveva essere visibile nella vista frontale. Dopo una breve messa a punto, la 308 CarMa è stata inviata a Daytona per la 24 Ore del 1981. Il debutto è stato spettacolare, con il giro più veloce e la prima ora nelle prime due posizioni, davanti alle tante Porsche 935 che tradizionalmente dominavano il Mondiale Silhouette. Il ritiro è stato causato da un collettore di alimentazione crepato, ma l'eccezionale velocità della 308 era stata dimostrata; restava da affinare l'affidabilità, un impegno che si è dimostrato probabilmente troppo grande per la piccola organizzazione di Facetti. Alla successiva 1000 Chilometri di Monza Facetti e Martino Finotto si sono qualificati in pole position, ma la vettura non ha potuto partire per la rottura del distributore di iniezione. Prestazioni velocissime sono state registrate in altre gare del Mondiale, ma la 308 continuava a collezionare ritiri. In quella che è probabilmente l'unica corsa completata, una gara di campionato italiano Gruppo 5 nel 1981, Finotto chiuse facile vincitore. Da quel momento la 308 non è stata più utilizzata in gara.

The Group 5 version of the Ferrari 308 was realized privately by Carlo Facetti, equally capable as a driver and as a developer and builder of cars. Facetti already had experience with the preparation of 308 Group 4 and the only model for Group 5 was built starting from one of the first 308s built, lighter by virtue of the fiber body than the later steel GTBs. In the development of the engine, Facetti was able to take advantage of the experiences in the realization of the heads of the Lancia Stratos Turbo, previously made and coupled the V8 with two turbochargers that provided a power between 750 and 850 hp, being able to reach up to 1000 hp. during qualifying. The bodywork was lightened and widened, with a long tail that housed a wing, which by regulation should not have been visible in the front view. After a brief tuning, the 308 CarMa was sent to Daytona for the 1981 24 Hours. The debut was spectacular, with the fastest lap and the first hour in the first two positions, ahead of the many Porsche 935s that traditionally dominated the Silhouette World Championship. Retirement was caused by a cracked fuel manifold, but the 308's exceptional speed had been demonstrated, reliability remained to be honed, a commitment that probably proved too big for Facetti's small organization. At the next 1000 Chilometers of Monza Facetti / Finotto qualified in pole position, but the car could not start due to a broken injection distributor. Very fast performances were recorded in other races of the World Championship, but the 308 continued to collect retirements. In what is probably the only race completed, an Italian Group 5 championship race in 1981, Martino Finotto was an easy winner. It was no longer used in racing.

1

1 Sempre su tre ruote, a volte su due, la Porsche 934 di Luigi Colzani e Carlo Rebai alla 1000 Chilometri del 1983.
Always on three wheels, sometimes on two, the Porsche 934 of Luigi Colzani and Carlo Rebai at the 1000 Km of 1983.

2 La 935 K3 modello 1979 realizzata da Kremer per Rolf Stommelen e Ted Field alla 1000 Chilometri del 1982, dove vinceranno il Gruppo 5 terminando secondi assoluti.
The 935 K3 model 1979 built by Kremer for Rolf Stommelen and Ted Field at 1000 Km in 1982, where they will win Group 5 finishing second overall.

3 Uno dei più fedeli piloti di De Tomaso Pantera è stato Marco Curti, in arte "Spiffero", qui alla Coppa Carri 1982.
One of the most faithful drivers of De Tomaso Pantera was Marco Curti, aka "Spiffero", here at the 1982 Carri Cup.

2

3

45

Nel 1992 venne messo a calendario il Gran Criterium Supercar GT, che non si fregiava ancora del titolo di Campionato Italiano, ma è stato assai importante perché finalmente tornava ad esistere in Italia una serie specifica per le vetture GT, non più ridotte a completare gli schieramenti assieme a vetture Turismo e Sport. Il leit motiv era lo stesso che avrebbe sancito il successo dei vari Campionati per vetture Gran Turismo che si sarebbero aperti negli anni successivi: una serie indirizzata a piloti privati, dove correvano spesso assieme a super professionisti, andando ad attrarre anche Case ufficiali, interessate a sviluppare le vetture GT da vendere nelle varie serie nazionali e internazionali. Ferrari e Porsche erano presenti a quella prima edizione e, così come lo sarebbero state nei decenni successivi, erano le colonne portanti dei Campionati GT.

Visto il successo della prima edizione, già dal 1993 la serie saliva al ruolo di titolo nazionale, con il nome di Campionato Italiano Supercar GT, poi dal 1994 chiamato Supercar GT Italia, gratificato dalla partecipazione di vere supercar come Jaguar XJ220, Ferrari F40 e Porsche 911 Turbo. Dal 1995 e nei due anni seguenti si è corso con la denominazione di Coppa GT Special. Poi è stata la volta del GT Italian Challenge tra il 1998 e il 1999 e del GT Millennium Cup la stagione seguente. I Campionati 2001 e 2002 sono poi stati denominati Supercars Series, mentre l'attuale Campionato Italiano Gran Turismo è iniziato nel 2003, con la suddivisione nelle tre classi GT, N-GT e GT2. Due anni dopo il GT tricolore ha assunto la denominazione di Campionato Italiano GT Sara (dal nome dello sponsor assicurativo) e ha proposto una nuova divisione delle classi: GT1, GT2 e GT3

La classe GT1 in breve termine è diventata troppo professionale e costosa, aperta a vetture affascinanti ma inevitabilmente poco

Rinasce il Campionato Italiano GT

In 1992 the Gran Criterium Supercar GT was scheduled, it did not yet boast the title of an Italian Championship, but it was very important, as finally a specific series for GT cars returned to exist in Italy, no longer reduced to complete the line-ups with Touring and Sports cars. The leitmotif was the same that would have sanctioned the success of the various Championships for Gran Turismo cars to be started in the following years: a series aimed at private drivers, where they often raced together with super professionals, also attracting official manufacturers, interested in develop GT cars for sale in the various national and international series. Ferrari and Porsche were present at that first edition, as they would have been in the following decades, pillars of the GT Championships.

Given the success of the first edition, since 1993 the championship rose to the role of Italian title, with the name of Italian Supercar GT Championship, then from 1994 was called Supercar GT Italia, gratified by the participation of real supercars such as Jaguar XJ220, Ferrari F40 and Porsche 911 Turbo. From 1995 to 1997 it was raced under the name of Special GT Cup. Then it was the turn of the GT Italian Challenge between 1998 and 1999 and the GT Millennium Cup, in the year 2000. The 2001 and 2002 championships were called Supercars Series. The current Italian GT Championship began in 2003, with the division into the three classes GT, N-GT and GT2; since 2005, the Italian GT got the name of Italian GT Sara Championship (from the name of the insurance sponsor) and has proposed a new class name: GT1, GT2 and GT3.

The GT1 class became too professional and expensive in the short term, open to fascinating cars, but inevitably few in numbers, and was therefore eliminated starting from 2007, as well as the less sophisticated GT2, which remained on the calendar until 2013, paving the way for what has become the premier class of GT, the GT3

The rebirth of Italian GT Championship

numerose, e quindi è stata eliminata a partire dal 2007, così come la meno sofisticata GT2, rimasta a calendario fino al 2013, aprendo la strada a quella che è divenuta classe regina del GT, la GT3 e poi alla GT4. In pratica, un tentativo di riportare le GT alle origini, con vetture ridotte nella preparazione rispetto a quelle di serie. Si sono avuti quindi per un periodo quattro campioni per stagione, rispettivamente uno per categoria; la cosa è stata successivamente modificata con l'istituzione della categoria GT Cup, che raccoglieva le vetture provenienti dai Campionati monomarca di Ferrari, Lamborghini e Porsche. Seguendo l'evoluzione delle iscrizioni e delle vetture, il formato del Campionato Italiano si è adeguato di conseguenza: dal 2016 sono state istituite le nuove categorie Super GT3, GT3, Super GT Cup e GT Cup. Le Super GT3 riguardavano le vetture GT3 con recente omologazione, mentre la categoria Super GT Cup era riservata esclusivamente alle Lamborghini Huracán Super Trofeo. Infine, dal 2017 è stata creata in classe Super GT3 un'ulteriore categoria, riservata ai piloti professionisti, la GT3 PRO.

and then the GT4, an attempt to bring the GT back to its origins, with cars reduced in preparation than compared to production cars. There were therefore 4 champions per season for a period, respectively one per category; this was subsequently modified, with the establishment of the GT Cup category, which brought together the cars from the Ferrari, Lamborghini and Porsche single-brand championships. Following the evolution of registrations and cars, the format of the Italian Championship has adapted accordingly: from 2016 the new Super GT3s and GT3 categories were established. Super GT Cup and GT Cup; the SuperGT3s concerned the GT3 cars with recent homologation, while the Super GT Cup category was reserved exclusively for Lamborghini Huracán Super Trofeo; from 2017, another category was created in the Super GT3 class, reserved for professional drivers, the GT3 PRO.

1   Fin dalle prime edizioni, il Campionato Italiano forniva un parco vetture di assoluto livello.
From the very first editions, the Italian Championship provided a top-level assortment of cars.

2   Un gruppo compatto si avventa in prima variante. Con Ferrari, Lamborghini, Porsche e Aston Martin, sono presenti i marchi più iconici delle GT.
A compact group rushes into the first variant, with Ferrari, Lamborghini, Porsche and Aston Martin, the most iconic GT brands are present.

3   Dal 2007 le Assicurazioni Sara iniziarono un periodo di sponsorizzazione del Campionato Italiano, creando i Sara Racing Weekend.
From 2007 Sara insurance companies began a sponsorship period of the Italian Championship, creating the Sara Racing Weekends.

4   Inizia un'altra sessione di qualifiche con le più belle auto del panorama delle Gran Turismo.
Another qualifying session begins with the most beautiful cars on the GT scene.

1   Rory Parasiliti è stato il primo Campione italiano del rinato Campionato GT.
Rory Parasiliti was the first Italian Champion of the reborn GT Championship.

2   Il regolamento nel 1992 non prevedeva ancora le GT3, ma versioni molto più vicine alle auto di produzione. Michelotto realizzò alcune Ferrari F40 GT con modifiche paragonabili a quelle di un Gr.N, che non hanno avuto problemi a rivelarsi più veloci della concorrenza delle varie Porsche. In questa immagine le auto di Luca Sartori e Stefano Bucci.
The regulation in 1992 did not yet provide for GT3s, but versions much closer to production cars; Michelotto made some Ferrari F40 GTs with modifications comparable to those of a Group N, which had no problem proving to be faster than the competition from the various Porsches; here the cars of Luca Sartori and Stefano Bucci.

3   Guglielmo Dolfi era presente alla gara del 1992 con una Ferrari 348TB e anche con una F40.
Guglielmo Dolfi drove a Ferrari 348TB, but was also present at the 1992 race with an F40.

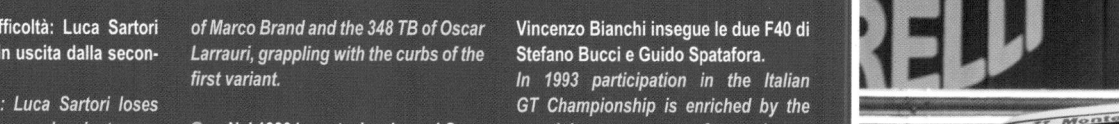

4

5

1993

4 Ferrari in difficoltà: Luca Sartori perde la sua F40 in uscita dalla seconda variante.
Ferrari in trouble: Luca Sartori loses his F40 out of the second variant.

5 Nel 1993 la sponsorizzazione di Monteshell coinvolse le Ferrari del Jolly Club, la F40 di Marco Brand e la 348 TB di Oscar Larrauri, qui alle prese con i cordoli della prima variante.
In 1993 the sponsorship of Monteshell involved the Jolly Club Ferrari, the F40

of Marco Brand and the 348 TB of Oscar Larrauri, grappling with the curbs of the first variant.

6 Nel 1993 la partecipazione al Campionato Italiano GT si arricchisce della prestigiosa presenza di due Jaguar XJ220, facendo rivivere sfide entrate nella storia delle corse GT. Le vetture erano preparate dalla Tom Walkinshaw Racing e schierate dalla Top Run, primo team al mondo a portare in corsa la supercar inglese. Nell'immagine

Vincenzo Bianchi insegue le due F40 di Stefano Bucci e Guido Spatafora.
In 1993 participation in the Italian GT Championship is enriched by the prestigious presence of two Jaguar XJ220s, reviving challenges that have entered the history of GT racing. The cars were prepared by Tom Walkinshaw Racing and lined up by Top Run, the first team in the world to field the English supercar. Vincenzo Bianchi chases the two F40s of Stefano Bucci and Guido Spatafora.

6

1994 > 1995

1 Nel 1994 il Jolly Club ha ricevuto la sponso-rizzazione da parte di Totip per le Ferrari F40 di Luca D'Amore, Oscar Larrauri e Vittorio Colombo. Eccole in prima variante davanti alla Porsche 911 di Giorgio Rebai. Le F40 correvano in GT1 mentre la 911 in GT2.
In 1994 Jolly Club received sponsorship from To-tip for the F40s of Luca D'Amore, Oscar Larrauri and Vittorio Colombo, in the first variant in front of Giorgio Rebai's Porsche 911. The F40s raced in GT1, the 911 in GT2.

2 Federico D'Amore e Oscar Larrauri condivi-devano una della Ferrari F40 del Jolly Club.
Federico D'Amore and Oscar Larrauri shared one of the Jolly Club Ferrari F40s.

3 La Robert Sikkens Racing aveva affidato una 993 GT2 ad Angelo Zadra che, nonostante la denominazione, era iscritta nella classe GT1.
Robert Sikkens Racing had entrusted a 993 GT2 to Angelo Zadra; despite the name, the car was registered in the GT1 class.

4 Loris Kessel, al volante di una Ferrari 360 Modena del proprio team, ha vinto la classe N-GT nel 2004 sia in gara1 che in gara2.
Loris Kessel, at the wheel of his team's Ferrari 360 Modena, won the N-GT class in 2004 in both race 1 and race 2.

5 Facchetti / Riolo sulla Porsche 996 GT3 della Autorlando infilano la Maserati di Strano / Piacentini in seconda variante.
Facchetti / Riolo in the Autorlando Porsche 996 GT3 slip into Maserati di Strano / Piacentini in the second variant.

6 Un'altra auto che ha avuto buon successo nel GT è la Chrysler Viper. La Megadrive ha vinto gara2 a Monza grazie a Gabriele Matteuzzi e Pier-giuseppe Perazzini.
Another car that has been very successful in the GT is the Chrysler Viper; the Megadrive won race 2 in Monza racing with Gabriele Matteuzzi and Piergiuseppe Perazzini.

7 Angelo Lancellotti fece correre nel 2004 la Lister Storm. In coppia con Stefano Zonca han-no vinto in gara1 a Monza e sono finiti secondi a Vallelunga ma, per la stagione successiva, ha preferito passare alla Ferrari 550 della Scuderia Italia.
Angelo Lancellotti raced a Lister Storm in 2004; racing alongside Stefano Zonca he was the win-ner in race 1 at Monza and second in Vallelunga, but for the following season he preferred to swi-tch to the Ferrari 550 of Scuderia Italia.

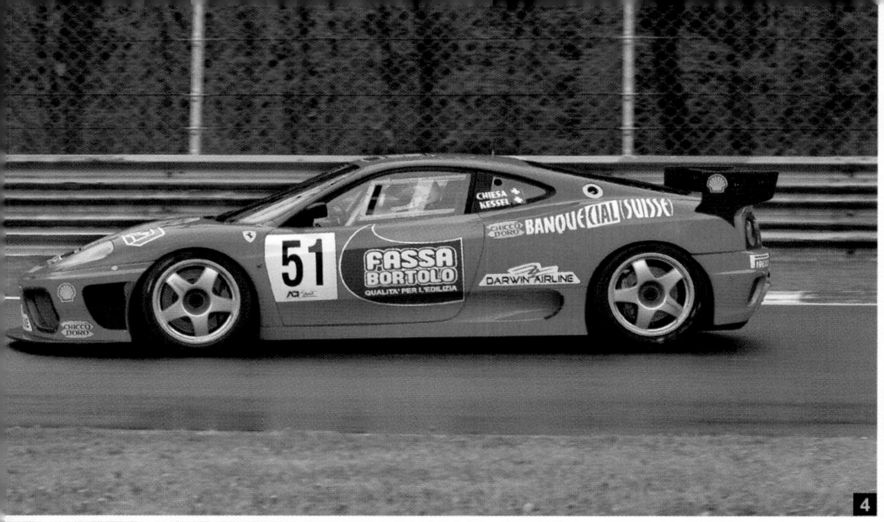
51
FASSA BORTOLO
QUALITA' PER L'EDILIZIA
BANQUE CIAL SUISSE
DARWIN AIRLINE
CHIESA
KESSEL

4

PIRELLI
58
OMCN
Autorlando-sport
CORTES
206

5

C.EL.M
SALICE
mondialcavi
BANDRIDGE
MEGADRIVE
1
STM Group
G.E.S.A.
Automatic Dorando
GRUPPOARGENTA
PLIVA Pharma
FRABO ADESIVI SPA
mondial plastic
BOX

6

7

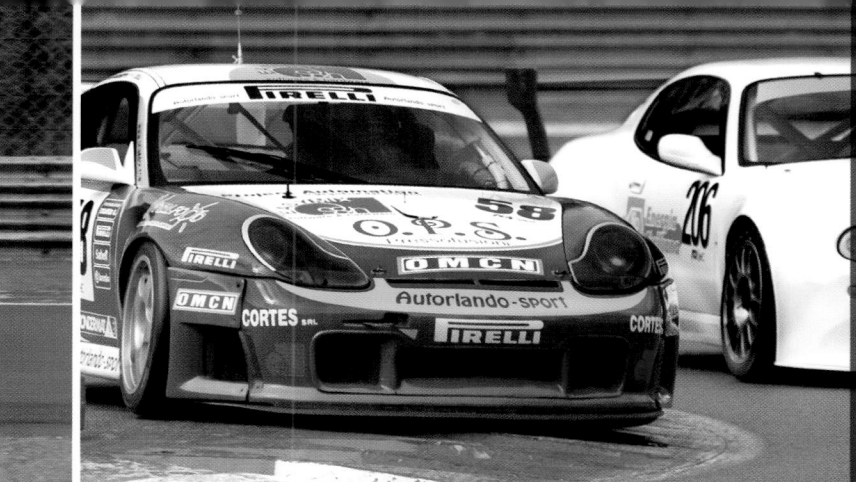

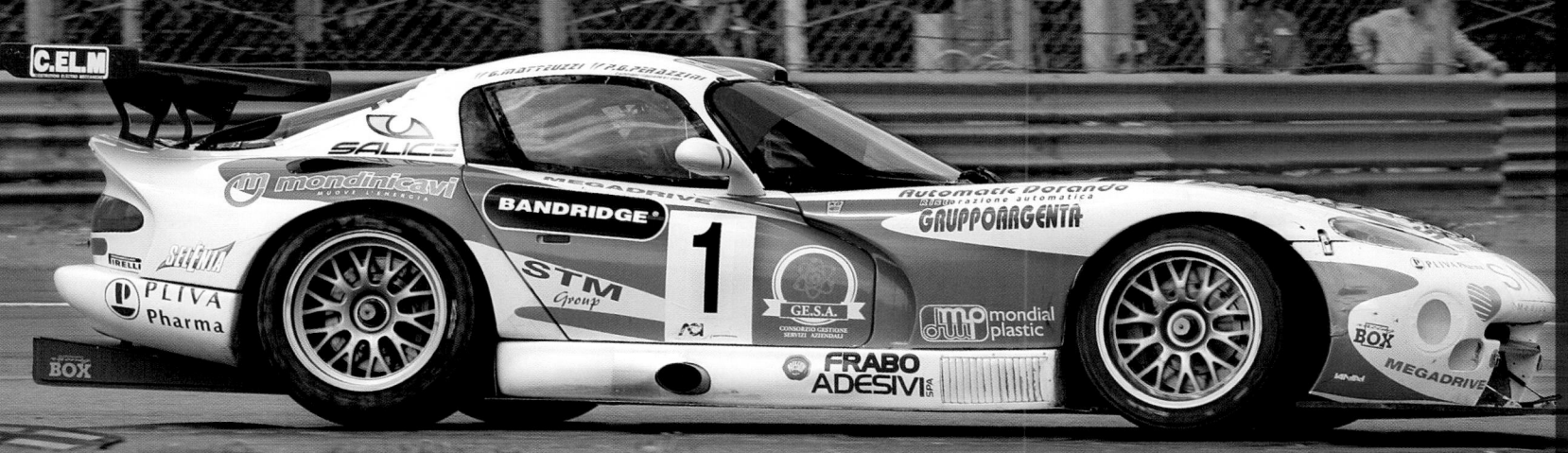

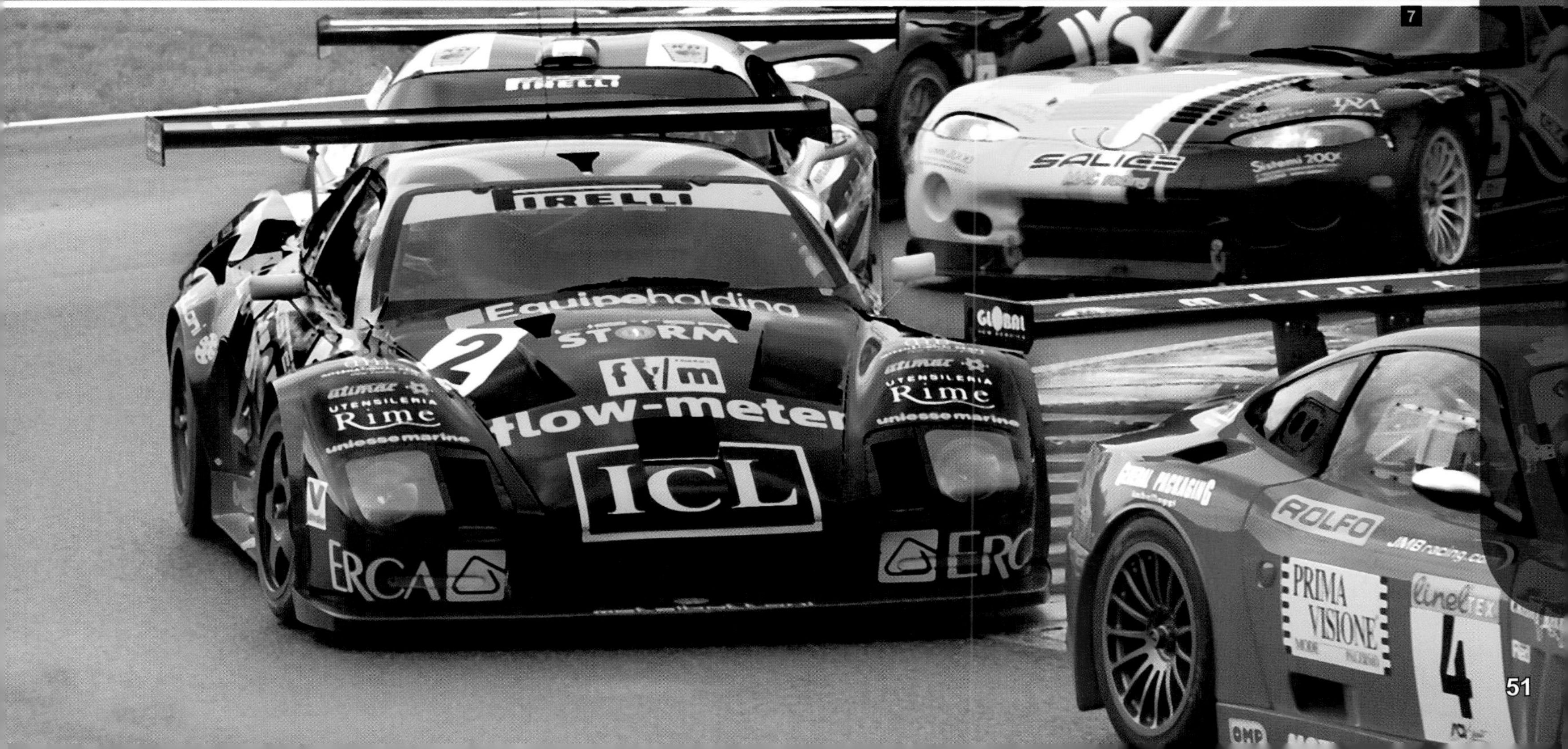
PIRELLI
Equipeholding
STORM
2
flow-meter
UTENSILERIA Rime
unioesse marine
ICL
ERCA
SALICE
ROLFO
PRIMA VISIONE
4

1

2005

1 Al via di gara1 la Ferrari 550 di Malucelli / Ramos è in pole position, seguita dalla Maserati MC12 di Matteuzzi / Perazzini e dalla Lamborghini Murciélago di Morbidelli / Gabellini. Al traguardo finirà vincitrice la MC12 della Megadrive.

At the start of race 1, the Ferrari 550 of Malucelli / Ramos is in pole position, followed by the Maserati MC12 of Matteuzzi / Perazzini and the Lamborghini Murciélago of Morbidelli / Gabellini; the Megadrive MC 12 will be the winner.

2 La BMS Scuderia Italia faceva correre nel 2005 due Ferrari 550 preparate dalla Prodrive che seguite parzialmente dal team inglese. Ecco al cambio pilota quella di Matteo Malucelli e Miguel Ramos.

In 2005, BMS Scuderia Italia used two Ferrari 550s prepared by Prodrive and partially followed by the English team, Matteo Malucelli and Miguel Ramos are at the driver change.

3 Un'auto insolita nel campionato italiano era la Saleen S7 di Ettore Bonaldi e Davide Mastracci, decima in gara1.

An unusual car in the Italian championship was the Saleen S7 of Ettore Bonaldi and Davide Mastracci, tenth in race 1.

4 Le GT2, come la Porsche 996 GT3, avevano una loro classifica separata. Con la vettura di Ebimotors Luca Riccitelli e Massimo Pigoli si sono imposti in entrambe le gare monzesi.

The GT2s, like the Porsche 996 GT3, had their own separate classification, with the Ebimotors car Luca Riccitelli and Massimo Pigoli won in both Monza races.

3 **4**

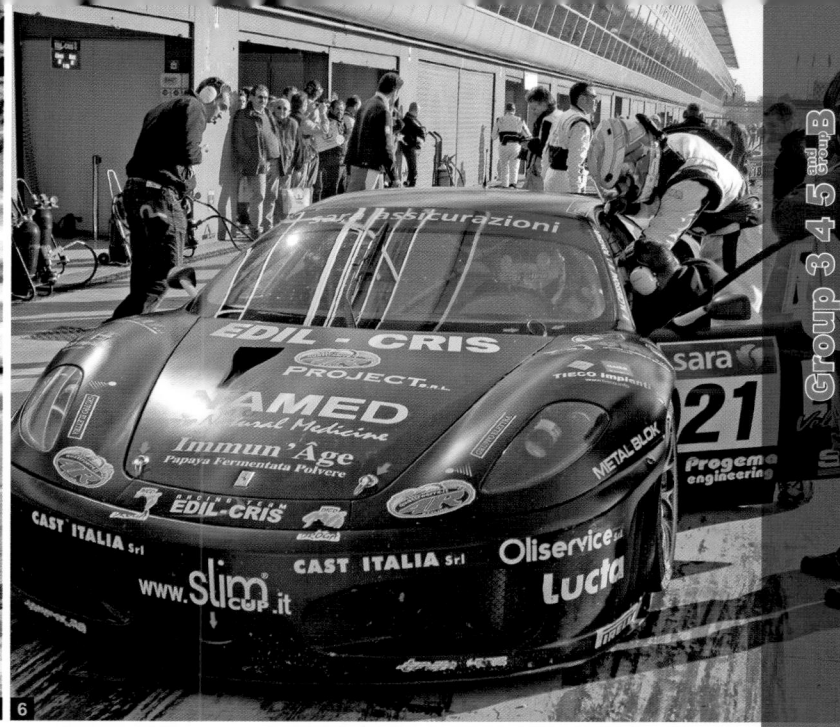

5 Per tenere il passo dei primi Saverio Castellaneta butta la 911 GT3 dell'Autorlando con questa grinta in prima variante.
To keep up with the leaders, Saverio Castellaneta throws Orlando's 911 GT3 with this grit in variant.

6 Nella sua evoluzione, il Campionato Italiano GT ha avuto sia corse sprint con un solo pilota e mini endurance, con le seconde che offrivano lo spettacolo del cambio piloti. Ecco la Ferrari 430 dell'Edil Cris Team condotta da Bontempelli / Cressoni, controllata dal commissario dei box che osserva il rispetto del tempo minimo di sosta.
In its evolution, the Italian GT Championship had both sprint races with only one driver and mini endurance, which offered the spectacle of driver changes, here the Ferrari 430 of the Edil Cris Team driven by Bontempelli / Cressoni, controlled by the pit commissioner who observe compliance with the minimum stop time.

7 Porsche nel 2007 mandò a correre nell'Italiano GT il suo pilota ufficiale Richard Lietz, tre volte vincitore di classe a Le Mans e Campione GTE Pro nel FIA World Endurance Championship. A Monza farà sua la sua corsa in coppia con Gianluca Roda, sulla 911 GT3 dell'Autorlando.
In 2007 Porsche sent the works driver Richard Lietz, three-time class winner at Le Mans and GTE Pro champion in the FIA World Endurance Championship, to race the Italian GT; in Monza he will win his race paired with Gianluca Roda, in the 911 GT3 of Autorlando.

8 Nessuno molla in ingresso di variante e in testacoda finiscono le Ferrari 430 di Alessi / Orts e Plati / Tenchini.
Nobody leaves the pace at the entrance of the variant and the Ferrari 430 of Alessi / Orts and Plati / Tenchini end up in a spin.

2007

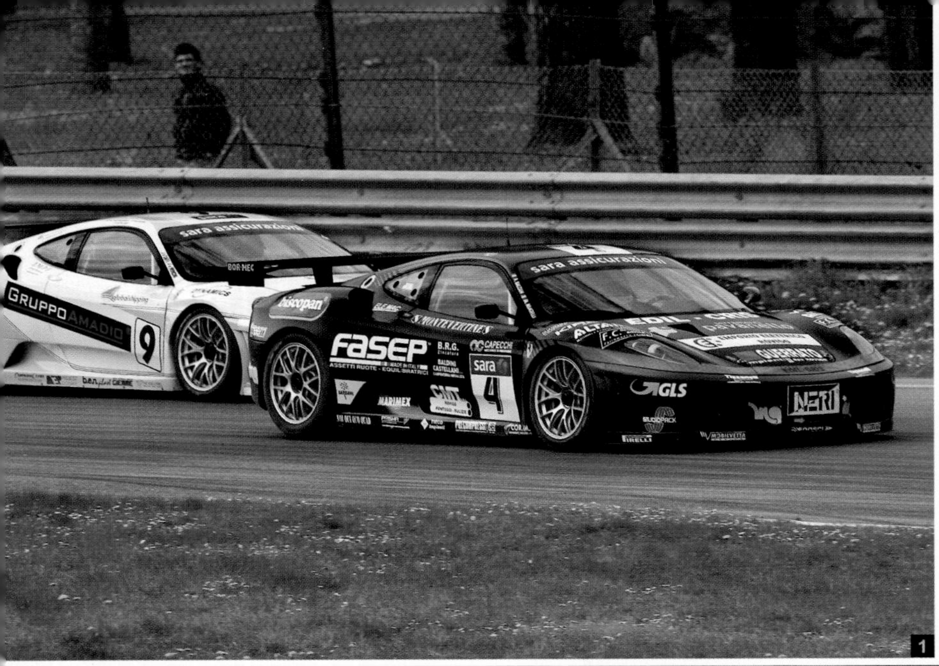
sara assicurazioni
GRUPPO AMADIO
9
FASEP
4
GLS
MARIMEX
PIRELLI

1

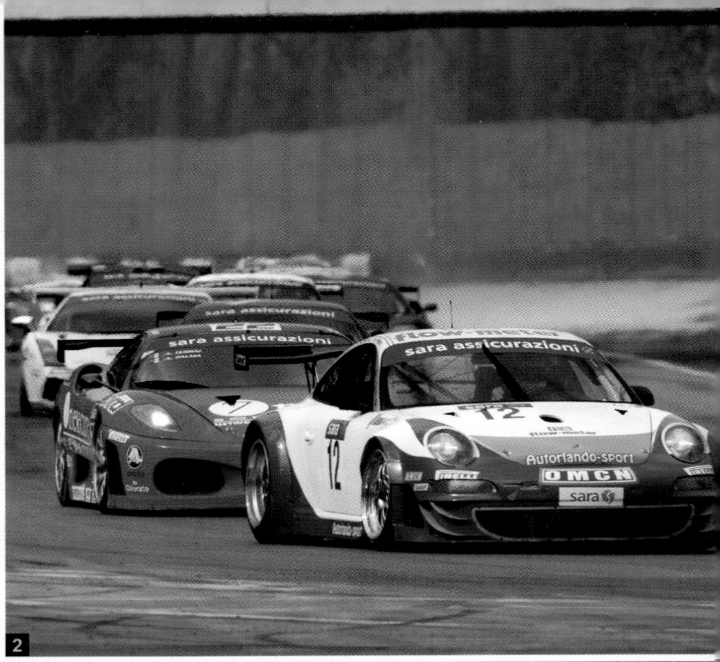
sara assicurazioni
12
Autorlando-sport
OMCN
sara

2

3

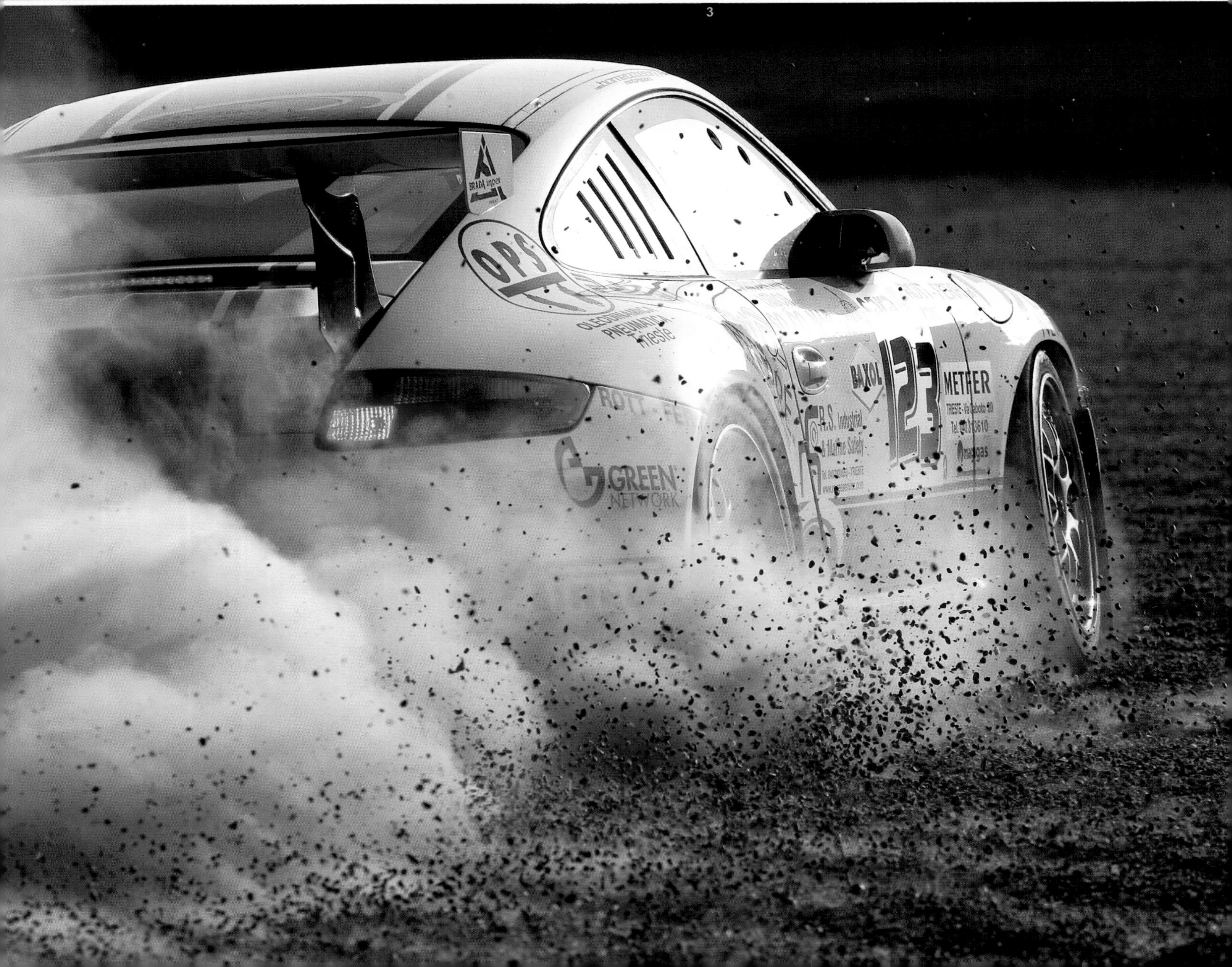
OPS
OLEODINAMICA PNEUMATICA Trieste
ROTT-FER
GREEN NETWORK
BAXOL
123
METFER

1 Alla staccata della prima variante, la Ferrari 430 della Edil Cris di Massimilano Mugelli precede la vettura della Villorba Corse di Alessandro Caffi.
At the braking point of the first variant, the Ferrari 430 of the Edil Cris of Massimilano Mugelli precedes the car of the Villorba Corse of Alessandro Caffi.

2 Nel 2008 per l'Autorlando correva un altro pilota ufficiale Porsche, David Arnold Lance, che in coppia con Francisco Cruz Martins ha ottenuto un quarto e sesto posto nelle due gare del weekend monzese.
In 2008 another Porsche factory driver, David Arnold Lance, raced for Autorlando, who paired with Francisco Cruz Martins obtained a fourth and sixth place in the two races of the Monza weekend.

3 Uscita di pista per la Porsche di Borrett / Maranelli, quando in Parabolica c'era ancora la via di fuga in sabbia.
Borrett / Maranelli off track, when there was still the escape route in sand in Parabolica.

4 Kemenater / Tedoldi, su Ferrari 430 GTC iscritta dalla Scuderia Playteam Sarafree.
Kemenater / Tedoldi, in a Ferrari 430 GTC registered by Scuderia Playteam Sarafree.

5 Anche in prima variante, difficoltà per Borrett / Maranelli.
Even in the first variant, difficulties for Borrett / Maranelli.

6 Staccata a ruote più che bloccate per Richard Lietz al via di gara2 dietro alla Ferrari 430 di Andrea Montermini.
Braking with wheels more than blocked for Richard Lietz at the start of race 2, behind Andrea Montermini's Ferrari 430.

2010

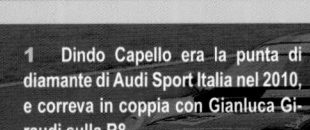

1   Dindo Capello era la punta di diamante di Audi Sport Italia nel 2010, e correva in coppia con Gianluca Giraudi sulla R8.
Dindo Capello was the spearhead of Audi Sport Italia in 2010, he raced with Gianluca Giraudi on the R8.

2   Al limite, nell'erba, la 997 GT3Cup di Alessandro Baccani e Alberto Bellini infila la Ferrrrari 430 di Cerati / Amaduzzi.
At the limit, in the grass, the 997 GT3Cup of Alessandro Baccani and Alberto Bellini slips the Ferrari 430 of Cerati / Amaduzzi.

3   Trentasei auto al via nel 2010 a Monza per un Campionato italiano assai interessante. Qui Montermini / Moncini precedono Capello / Giraudi.
36 cars at the start in 2010 in Monza for a very interesting Italian Championship; Montermini / Moncini precede Capello / Giraudi.

4	Le R8 di Audi Sport Italia in testa al via di gara1, con Capello / Sonvico e Albuquerque / Bonanomi. La vittoria andrà invece alla Lamborghini Gallardo LP600 di Kox / Amos.
Audi Sport Italia's R8s leading the way in race 1, with Capello / Sonvico and Albuquerque / Bonanomi; the victory will instead go to the Lamborghini Gallardo LP600 of Kox / Amos.

5	Un fedelissimo di Porsche, "Victor", in gara assieme al figlio Giovanni Coggiola, insegue una delle Ginetta che correvano nel loro Trofeo. Padre e figlio saranno Campioni italiani GT2 sia nel 2011 che nel 2012.
A very faithful Porsche driver, "Victor", together with his son Giovanni Coggiola, chases one of the Ginettas who ran in their trophy. Father and son will be Italian GT2 champions in both 2011 and 2012.

6	Amato Ferrari è una delle personalità più significative del panorama italiano delle GT. Già pilota in Formula Fiat Abarth, Alfa Boxer e Formula 3, chiusa la carriera di pilota nel 1994 fondò Challenge Team, facendo correre Peugeot 106 e poi Alfa 155D2 nel Campionato Italiano Turismo. Nel 1996 divenne direttore sportivo dell'Euroteam, che faceva correre le Ferrari nel BPR. A Piacenza nel 2002 mise in piedi l'AF Corse, legandosi a Maserati e gestendo le vetture del relativo monomarca per tre stagioni, per poi schierare delle MC12. Dopo la cancellazione del FIA GT2 AF iniziò a partecipare al GT Open, vincendo il titolo assoluto del 2010 con Kaffer / Barba. Nella crescita continua ottenne una vittoria di classe a Le Mans del 2012 e il Campionato mondiale Piloti GT con Pier Guidi / Ledogar. Oramai divenuta punto di riferimento tecnico per lo sviluppo delle GT Ferrari da corsa, AF Corse è stata scelta da Maranello per sviluppare la Hypercar con cui la casa modenese correrà ufficialmente nel World Endurance Series dal 2023, a coronamento di una irresistibile crescita nel mondo delle GT del Cavallino.
Amato Ferrari is one of the most significant personalities on the Italian GT scene; formerly a driver in Formula Fiat Abarth, Alfa Boxer and Formula 3, he ended his career as a driver in 1994 and founded the Challenge Team, running Peugeot 106 and then Alfa 155D2 in the Italian Touring Championship. In 1996 he became sporting director of Euroteam, which made Ferrari race in the BPR. In Piacenza in 2002 he founded AF Corse, joining with Maserati, managing the cars of the Maserati single-make for three seasons and then the MC12. After the cancellation of the FIA GT2 AF he began to participate in the GT Open, winning the 2010 absolute title with Kaffer / Beard. In continuous growth he obtained class victory at Le Mans in 2012 and the GT Drivers World Championship with Pier Guidi / Ledogar. Now a technical reference point for the development of Ferrari GT racing cars, AF Corse has been chosen by Ferrari to develop the Hypercar with which Ferrari will officially race in the World Endurance Series from 2023, crowning an irresistible growth in the world of the Prancing Horse.

7	Un brivido per Radaelli / Gai alla seconda di Lesmo non ferma la loro corsa verso la vittoria in GT2.
A thrill for Radaelli / Gai at Lesmo does not stop their race to victory in GT2.

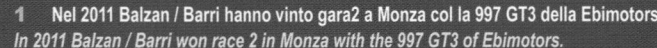

1   Nel 2011 Balzan / Barri hanno vinto gara2 a Monza col la 997 GT3 della Ebimotors.
In 2011 Balzan / Barri won race 2 in Monza with the 997 GT3 of Ebimotors.

2   La perdita del fascione posteriore in un tamponamento permette di osservare la meccanica della Lamborghini Gallardo della Imperiale Racing.
The loss of the rear bumper in a rear-end collision allows you to observe the mechanics of the Lamborghini Gallardo from Imperiale Racing.

3   Una Gallardo della Imperiale era guidata da Giorgio Sanna, dapprima collaudatore e poi pilota Lamborghini, responsabile del coinvolgimento sempre maggiore nel Motorsport per la casa emiliana, fino a divenirne responsabile della divisione sportiva.
A Gallardo of the Imperiale was driven by Giorgio Sanna, first a test driver and then a Lamborghini driver, responsible for the increasing involvement in motorsport for the Emilian manufacturer, until he became head of the sports division.

4   Un'uscita sempre difficile dall'Ascari tradisce Stefano Comandini sulla BMW Z4 della Roal.
An always difficult exit from the Ascari betrayed Stefano Comandini in the BMW Z4 of Roal.

5   Nel 2013 Audi Sport Italia schierava il giovane svedese Johan Kristoffersson, uno dei piloti svedesi di maggior successo di tutti i tempi e un raro caso di pilota assai eclettico. Johan è stato quattro volte Campione del mondo Rallycross, due volte Campione scandinavo Turismo e tre della Porsche Carrera Cup Scandinavia. A Monza Kristofferson si è imposto in gara2 in coppia con Alex Frassineti.
In 2013 Audi Sport Italia lined up the young Swedish Johan Kristoffersson, one of the most successful Swedish drivers of all time and a rare case of a very eclectic driver. Johan was a four-time rallycross world champion, a two-time Scandinavian touring champion and a three-time Porsche Carrera Cup Scandinavian champion. In Monza Kristofferson won in race 2 paired with Alex Frassineti.

6   Al via di gara1 la Ferrari 458 di Venturi / Maino precede la Porsche 997 di Postiglione / Lucchini.
At the start of race 1, the Ferrari 458 of Venturi / Maino precedes the Porsche 997 of Postiglione / Lucchini.

7   Le due Lamborghini Huracán della Imperiale di Sanna / Barri e Amici / Zaugg in sabbia in prima variante dopo un contatto con la Ferrari 458 di Lancieri / Pezzutti.
The two Lamborghini Huracáns of Imperiale of Sanna / Barri and Amici / Zaugg in sand in the first variant after a contact with the Ferrari 458 of Lancieri / Pezzutti.

5

1 Sulla Gallardo della Eurotech si alternano nel 2014 Daniel Mancinelli e Steven Goldstein.
In 2014, Daniel Mancinelli and Steven Goldstein took turns on the Eurotech Gallardo.

2 Nel 2014 alcune brillanti prestazioni della Chevrolet Camaro della Solaris Motorsport; Francesco Sini e Thomas Enge vincono gara2 a Monza.
In 2014 some brilliant performances of the Chevrolet Camaro of Solaris Motorsport; Francesco Sini and Thomas Enge win race 2 in Monza.

3 Enrico Borghi ha fondato l'Ebimotors nel 1988 ed in breve è divenuto un'importante struttura a supporto di Porsche in Italia, correndo il FIA GT e ottenendo cinque vittorie consecutive dal 2008 al 2012 nella Carrera Club Italia. Nel 2017 ha iniziato a far correre le Lamborghini Huracán alla 24 Ore di Daytona e in altre gare americane, poi alla Le Mans Series, dove ha vinto il titolo GT3 con Fabio Babini ed Emanuele Busnelli. Nel 2018 si è unito alla Proton, correndo sia l'ELMS che la 24 Ore di Le Mans.
Enrico Borghi founded Ebimotors in 1988 and soon became an important structure in support of Porsche in Italy, racing the FIA GT and obtaining 5 consecutive victories from 2008 to 2012 in the Carrera Club Italia. In 2017 he started racing the Lamborghini Huracáns at the 24H of Daytona and in American races, then at the Le Mans Series, where he won the GT3 title with Fabio Babini and Emanuele Busnelli. In 2018 he joined Proton, racing the ELMS and the 24 Hours of Le Mans.

4 Un gran motore a otto cilindri dalla bellissima voce roca, montato sulla BMW Z4 della Roal.
A nice, hoarse sounding 8-cylinder engine, fitted to the BMW Z4 of Roal.

5 Una coppia di piloti di successo per Audi Sport Italia, Emanuele Zonzini e Dindo Capello.
A pair of successful drivers for Audi Sport Italia, Emanuele Zonzini and Dindo Capello.

6 Una Ferrari 458 GT3 per Beretta / Frassineti e una 458 Challenge per "Gadri" / Caccia.
A Ferrari 458 GT3 for Beretta / Frassineti and a 458 Challenge for "Gadri" / Caccia.

Jaguar XJ220

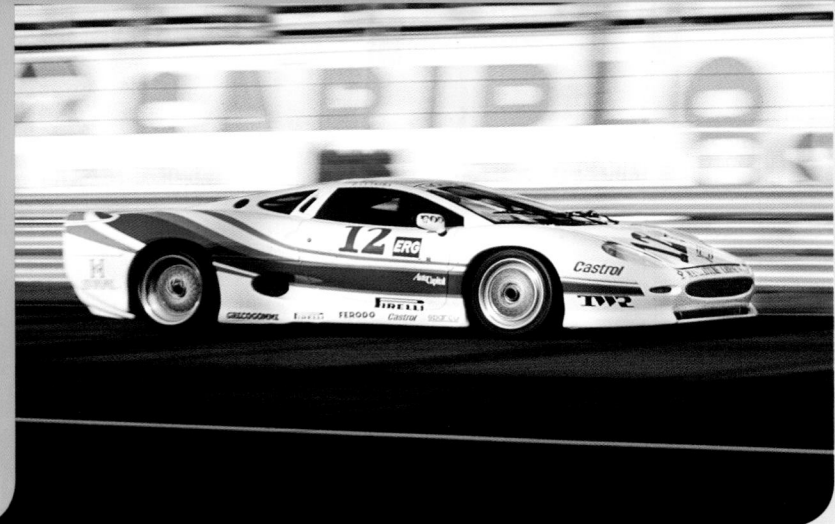

Jaguar ha iniziato a sviluppare una supercar secondo le specifiche del Gr.B a partire dagli anni Ottanta, con l'obiettivo di migliorare le prestazioni di vetture stradali quali Ferrari F40 e Porsche 959, nonché da servire da base per la realizzazione di una GT vincente nelle corse. La XJ220, prima supercar di Jaguar, è risultato spettacolare nella versione prototipale presentata al Salone di Birmingham, con un motore V12 da 6200 cc, trazione integrale e un telaio in alluminio incollato. Successivamente esigenze di produzione, e un calo di interesse causato da una fase di recessione, hanno portato all'abolizione della trazione integrale e alla sostituzione del motore V12 con il V3 biturbo da 3500 cc derivato dalla Metro 6R4. Una joint venture tra Jaguar Cars e la Tom Walkinshaw Racing (TWR) è stata creata per sviluppare un programma corsaiolo per la XJ220. Primo obiettivo era la partecipazione alla 24 Ore di Le Mans, sperando di rivivere i successi degli anni Cinquanta con il marchio del giaguaro. La maggior parte dei pannelli in alluminio sono stati sostituiti con elementi simili in fibra di carbonio, il motore completamente elaborato erogava adesso 680 cavalli ed è stata aggiunta una grande ala posteriore. Tre auto sono state inviate a Le Mans nel 1993 e David Brabham, John Nielsen e David Coulthard hanno poi vinto la loro classe, per essere poi squalificati per mancanza dei catalizzatori richiesti dal regolamento. A parte il Campionato inglese GT, dove le XJ200 hanno preso il via fino al 1998, uno dei pochi team che hanno utilizzato la supercar Jaguar è stata la Top Run che ha impiegato due esemplari nel Campionato Italiano 1993, con Vincenzo Bianchi che ha conquistato un secondo posto proprio nella gara di Monza.

Jaguar began developing a supercar according to Group B specifications in the 1980s, with the aim of improving the performance of road cars such as the Ferrari F40 and Porsche 959, as well as serving as the basis for the creation of a winning racing GT. in racing. The XJ220, Jaguar's first supercar, was spectacular in the prototype version presented at the Birmingham Motor Show, with a 6200cc V12 engine, all-wheel drive and a bonded aluminum frame. Subsequently production needs and a decline in interest caused by a recession, led to the abolition of all-wheel drive and the replacement of the V12 engine with the 3500 cc twin-turbo V3 derived from the Metro 6R4. A joint venture between Jaguar Cars and Tom Walkinshaw Racing (TWR) was created to develop a racing program for the XJ220. The first objective was to participate in the 24 Hours of Le Mans, hoping to relive the successes of the 1950s with the Jaguar brand. Most of the aluminum panels were replaced with similar carbon fiber elements, the fully tuned engine was now delivering 680 hp and a large rear wing was added. Three cars were sent to Le Mans in 1993 and David Brabham, John Nielsen and David Coulthard were winners in their class, but were disqualified for lack of the catalyzators required by the regulation. Apart from the English GT championship, where the XJ200s ran until 1998, one of the few teams that took the Jaguar Supercar to racing was Top Run, which used two specimens in the 1993 Italian Championship, with Vincenzo Bianchi managing to score a second place in the Monza race.

2016

1 Piero Necchi, tre volte Campione italiano kart e poi brillante pilota in Formula 3 e Formula 2, è tornato a correre in GT nel 2012 con una Ferrari 430. Nel 2016 era con la Lamborghini Huracán della GDL, che qui sta portando in zona premiazione dopo aver vinto la GT Cup in gara2. Suo coequipier era Gianluca De Lorenzi, titolare della stessa GDL.
Piero Necchi, three times Italian kart champion and then brilliant driver in Formula 3 and Formula 2, returned to racing in GT in 2012 with a Ferrari 430. In 2016 he was with the GDL Huracán, which he is bringing here to the awards ceremony after having won the DGT Cup in race 2. His coequipier was Gianluca De Lorenzi, owner of GDL.

2 Piloti Audi Sport Italia nel 2016 erano Marco Mapelli e Felipe Albuquerque.
Audi Sport Italia drivers in 2016 were Marco Mapelli and Felipe Albuquerque.

3 In Ascari si inseguono le Lamborghini Huracán di Agostini / Di Folco e la Ferrari 488 di Venturi / Gai.
Inside Ascari curve the Lamborghini Huracán of Agostini / Di Folco and Ferrari 488 of Venturi / Gai chase each other.

4 Gomme montate poco prima di un via bagnato per la Huracán di Agostini / Di Folco.
Tires mounted just before a wet race for Agostini / Di Folco's Huracán.

2017

1　Escursione in sabbia all'Ascari per la Ferrari 488 della AF Corse condotta dal giapponese Motoaki Ishikawa, mentre sfila la Corvette di Colajanni / Del Castello.
Sand excursion in Ascari for the AF Corse Ferrari 488 driven by the Japanese Motoaki Ishikawa, while the Corvette of Colajanni / Del Castello parades troublefree.

2　Due secondi posti a Monza per Tréluyer / Ghirelli.
Two second places at Monza for Tréluyer / Ghirelli.

3　Benoit Tréluyer, tre volte vincitore a Le Mans con l'Audi LMP1, è venuto a dar man forte agli equipaggi di Audi Sport Italia, qui con il compagno Vittorio Ghirelli.
Benoit Tréluyer, 3 time winner at Le Mans with the Audi LMP1, came to give strength to the Audi Sport Italia crews, with his teammate Vittorio Ghirelli.

4　Tre Lamborghini della Vincenzo Sospiri Racing nelle prime file in uno schieramento del 2017 che vede ben nove Huracán nelle prime dieci posizioni. Sono guidate dagli equipaggi Vainio / Tujula, Liang / Ortiz, Cazzaniga / D'Amico. A fine stagione Vaino / Tujula vinceranno il titolo italiano.
Three Lamborghini from Vincenzo Sospiri Racing in the front rows in a 2017 grid with 9 Huracáns in the first 5 rows, are led by Vainio / Tujula, Liang / Ortiz, Cazzaniga / D'Amico. Vaino / Tujula will become Italian champions at the end of the 2017 season.

5 6

7 8

9

5 La grinta di Jacques Villeneuve, con l'iconico numero 27.
The determination of Jacques Villeneuve, with the iconic number 27.

6 Fra gli ex piloti di Formula 1 nel Campionato Italiano GT c'era Giancarlo Fisichella, ingaggiato dalla Scuderia romana Baldini 27; in coppia con Stefano Gai ha ottenuto la pole position per entrambe le gare, concludendole in quarta posizione.
Among the former Formula 1 drivers in the Italian GT Championship was Giancarlo Fisichella, hired by the Roman Scuderia Baldini 27; paired with Stefano Gai he obtained pole position for both races, finishing both races in fourth position.

7 Un Campione del mondo nell'Italiano GT: nel 2019 la Scuderia Baldini 27 schiera Jacques Villeneuve su una Ferrari 488 Evo, in equipaggio con Giancarlo Fisichella e Stefano Gai. In una gara con continui cambi tra asciutto e bagnato, saranno costretti al ritiro.
A world champion in the Italian GT: in 2019 Scuderia Baldini 27 fielded Jacques Villeneuve in a Ferrari 488 Evo, teamed with Giancarlo Fisichella and Stefano Gai. In a race with continuous changes between dry and wet, they will be forced to retire.

8 Le larghe gomme delle GT3 e la velocità sul rettilineo creano imponenti nubi dietro le vetture.
The GT3's wide tires and straight-line speeds create massive clouds behind the cars.

9 Si schiera la Ferrari 488 Evo della Easy Race. In gara1 Veglia / Crestani termineranno secondi.
The Ferrari 488 Evo of the Easy Race is lined up. In race 1 Veglia / Crestani will finish second.

2020

1 La gara del 2020 si è svolta a porte chiuse a causa della pandemia, in un autodromo insolitamente deserto, frequentato solo dagli addetti ai lavori.
The 2020 race took place behind closed doors due to the pandemic, in an unusually deserted racetrack, frequented only by professionals.

2 Nemoto / Tujula, con la Huracán della Vincenzo Sospiri Racing, precedono la Huracán dell'Imperiale Racing di Galbiati / Venturini e l'Audi R8 di Drudi / Agostini.
Nemoto / Tujula, with the Huracán of Vincenzo Sospiri Racing, precede the Huracán of the Imperiale Racing of Galbiati / Venturini and the Audi R8 of Drudi / Agostini.

3 Festeggiano con la mascherina di rigore Alessio Rovera e Giorgio Roda, vincitori in gara2 a Monza e del Campionato Italiano Gran Turismo Endurance 2020 assieme ad Antonio Fuoco, con la Ferrari della AF Corse.
Alessio Rovera and Giorgio Roda, winners of race 2 at Monza and of the 2020 Italian Gran Turismo Endurance Championship together with Antonio Fuoco, with the AF Corse Ferrari celebrate with the penalty mask.

1

2

2021

1 Non sono molto comuni gli attacchi all'ingresso dell'Ascari e, con una manovra decisa, Cassarà / De Giacomi costringono Stefano Pezzucchi sui cordoli.
Attacks at the entrance to the Ascari are not very common, with a decisive Cassarà / De Giacomi maneuver forcing Stefano Pezzucchi onto the curbs.

2 In piena velocità una Cayman 718 dell'Ebimotors combatte nella classe GT4 contro BMW M4, Mercedes AMG e Ginetta; la classe delle GT di più limitata preparazione ha ottenuto un discreto successo.
At full speed, an Ebimotors Cayman 718 fights in the GT4 class against BMW M4, Mercedes AMG and Ginetta; the GT class of more limited preparation achieved some success.

3 Luca Segù e l'israeliano Baruch Bar guidano le GT3 nella gara sprint di aprile; con la Mercedes AMG GT3 vinceranno gara2.
Luca Segù and the Israeli Baruch Bar drive the GT3s in the sprint race in April; with the Mercedes AMG GT3 they will win race 2.

4 I dispositivi di dissuasione non bastano a contenere il gruppo alla partenza, Schreiner / Hudspeth rientrano in pista dopo lo slalom tra dossi e barriere di plastica nelle confuse fasi di partenza.
The deterrent devices are not enough to contain the group at the start, Schreiner / Hudspeth return to the post after the slalom between the bumps and plastic barriers in the confusing starting phases.

5 La Ceccato Racing, guidata dal team principal Luigi Slongo e dal team manager Roberto Ravaglia, partecipa al Campionato Italiano con la BMW M6 per il romano Stefano Comandini, che nel 2021 festeggia i suoi ventisei anni di corse, e il diciottenne tedesco Marius Zug.
Ceccato Racing, led by team principal Luigi Slongo and team manager Roberto Ravaglia, participates in the Italian Championship with the BMW M6 with the Roman Stefano Comandini, who in 2021 celebrates his 26 years of racing and the eighteen year old German Marius Zug.

1 Meccanici della Bonaldi Motorsport fanno gli ultimi controlli prima di liberare la Huracán Supertrofeo dell'olandese Daan Pijl e dell'italiano Fabio Vairani. Le qualifiche sono quindi iniziate.

Bonaldi Motorsport mechanics make the final checks before freeing the Huracán Supertrofeo of the Dutch Daan Pijl and the Italian Fabio Vairani. Qualifying has begun.

2 Mattia Drudi, Lorenzo Ferrari e Riccardo Agostini a Monza hanno conquistato vittoria nel Campionato Italiano Gran Turismo Endurance 2021 e nella stessa prova monzese, al volante dell'Audi R8 LMS. Hanno preceduto Di Folco / Amici / Middleton con l'Huracán dell'Imperiale Racing e Gai / Zampieri al volante della Ferrari 488 GT3 della Scuderia Baldini 27.

Mattia Drudi, Lorenzo Ferrari and Riccardo Agostini at Monza took victory in the 2021 Italian GT Endurance Championship and in the Monza race, at the wheel of the Audi R8 LMS. They preceded Di Folco / Amici / Middleton (Huracán of Imperiale Racing) and Gai / Zampieri (Ferrari 488 GT3 of Scuderia Baldini 27).

3 Il box di AF Corse con le Ferrari 488 GT3 Evo per l'equipaggio italo-finlandese di Simon Mann e Toni Vilander, e per l'equipaggio tedesco-singaporiano di Carrie Schreiner e Sean Hudspeth.

The AF Corse box with the Ferrari 488 GT3 Evo for the Italian-Finnish crew of Simon Mann and Toni Vilander and for the German-Singaporean crew of Carrie Schreiner and Sean Hudspeth.

CAMPIONATO ITALIANO

1979 25 marzo / March

Gr.5	"Victor"	Porsche 935
GT +3.0	Odoardo Govoni	De Tomaso Pantera
GT	Alberti	Lancia Stratos
GT 2.0	Guglielmo Manini	Fiat 131 Abarth
GT 1.6	Sergio Rombolotti	Alpine Renault A110

1979 7 ottobre / October

Gr.5	"Victor"	Porsche 935
GT 1.6	Sergio Rombolotti	Alpine Renault A110

1981 24 maggio / May

Gr.5 +3.0	"Victor"	Porsche 935
Gr.5 3.0	Dona	BMW 320 Turbo
GT +2.5	"Spiffero"	De Tomaso Pantera
GT 2.5	Francesco Capuzzo	Lancia Stratos
GT 2.0	Piergiorgio Mussa	Fiat 131 Abarth

1982 4 aprile / April

Gr.4	"Victor"	Porsche 934

1000 CHILOMETRI DI MONZA

1980 27 aprile / April

Gr.5	Jurgen Barth / Henri Pescarolo	Porsche 935 – Sportwagen

1981 26 aprile / April

Gr.5	Edgar Doren / Jurgen Lassig / Gerhard Holup	Porsche 935 K3 – Weralit Racing Team
GT	Pierre-François Rousselot / François Servanin	BMW M1 – BMW Zol Auto
GTX	Maurizio Flammini / Spartaco Dini / Fabrizio Violati	Ferrari 512 BB – Bellancauto

1982 18 aprile / April

Gr.5	Rolf Stommelen / Ted Field	Porsche 935 K3 – Porsche Kremer
GT	Jens Winthe r/ Lars-Viggo Jensen	BMW M1

1985 28 aprile / April

GTX	"Victor" / Aldo Bertuzzi / Gianni Giudici	Porsche 935

1986 20 aprile / April

GTX	"Victor" / Tony Palma	Porsche 935

GRAN CRITERIUM SUPERCAR GT

1992 15 marzo / March

Gara1	Rory Parasiliti	Ferrari F40 – Ferrari Club Italia
Gara2	Rory Parasiliti	Ferrari F40 – Ferrari Club Italia

CAMPIONATO ITALIANO SUPERCAR GT

1993 28 marzo / March

Gr.1	Marco Brand	Ferrari F40 – Jolly Club
Gr.2	Oscar Larrauri	Ferrari 348TB – Jolly Club
Gr.3	Peter Farrell	Mazda RX-7 – Promivesteam
Gr.4	Franco Bugané	Porsche 944

1994 20 marzo / March

Gara1 GT1	Luca Sartori	Ferrari F40 – Jolly Club
Gara1 GT2	Bruno Rebai	Porsche Carrera RSR
Gara1 GT3	Maurizio Monforte	Porsche Carrera Cup
Gara1 GT4	Franco Bugané	Porsche 944
Gara2 GT1	Oscar Larrauri	Ferrari F40 – Jolly Club
Gara2 GT2	Bruno Rebai	Porsche Carrera RSR
Gara2 GT3	Maurizio Monforte	Porsche Carrera Cup
Gara2 GT4	Francesco Ramacciotti	Nissan 3000 ZX - Bogani

COPPA GT SPECIAL

1996 Gran Criterium Supercar Gt 14 aprile / April

GT1	Angelo Zadra / Paolo Zadra	Porsche 911 Team Mirabella Mille Miglia
GT2	Alex Dazzan	Porsche Carrera RSR
GT3	Antonio De Castro / Fabio Babini	Porsche 911 Carrera RS
GT4	Gabriele Gottifredi	Porsche 914
GT5	Mario Benusiglio	Ferrari 348 GT Team San Marco

CHALLENGE PIRELLI GT

1999 27 marzo / March

GTM1	Massimo Frigerio / Maurizio Monforte	Porsche 911 GT2
GTM2	Paolo Rapetti / Massimo Cattori	Porsche 993 Supercup
GTM4	Renato Premoli	Porsche 911 Cup

1999 15 maggio / May

GTM1	Ruggero Grassi	Porsche 911
GTM2	Paolo Rapetti / Massimo Cattori	Porsche 993 Supercup
GTM4	Luca Cattaneo / Antonio De Castro	Porsche 911 Cup

1999 28 agosto / August

GTM1	Ruggero Grassi	Porsche 911 GT2
GTM2	Claudio Magnani	Porsche 993 Supercup
GTM4	Luca Cattaneo / Antonio De Castro	Porsche 911 Cup

GT MILLENIUM CUP

2000 27 maggio / May

GT1	Claudio Padovani / Renato Matropietro	Porsche 911
GT2	Alex Dazzan	Porsche Carrera RSR
GT3	"Romoletto"	Porsche 993
GT4	Sergio Bertoni / Guido Agazzotti	Porsche RS

SUPERCARS SERIE

2001 6 maggio / May

Gara1 GT2	Mario Spagnoli	Porsche 996 GT3-R
Gara1 GT3	Mario Benusiglio	Ferrari F355
Gara1 GT4	Saturno Bandiera	Porsche 911 Carrera RS
Gara2 GT2	Mario Spagnoli	Porsche 996 GT3-R
Gara2 GT3	Mario Benusiglio	Ferrari F355
Gara2 GT4	Saturno Bandiera	Porsche 911 Carrera RS

Classifiche Ranking

Gruppi 3 4 5 e il gruppo B

Group 3 4 5 and Group B

CAMPIONATO ITALIANO GRAN TURISMO

2003 8 giugno / June

Gara1 GT	Andrea Scafuro / Domenico Guagliardo	Chrysler Viper GTS-R
Gara1 N-GT	Luca Drudi / Stefano Gabellini	Porsche 911 GT3 – Newman Motorsport
Gara1 GT2	Roberto Sperati / Massimo Piacentini	Ferrari F355 GT – Lana Squadra Corse
Gara2 GT	Davide Mastracci / Raffaele Sangiuolo	Chrysler Viper GTS-R – DR Sport Equipe
Gara2 N-GT	Massimo Monti / Andrea Montermini	Ferrari 360 Modena – Mastercar
Gara2 GT2	Roberto Sperati / Massimo Piacentini	Ferrari F355 GT – Lana Squadra Corse

2004 18 aprile / April

Gara1 GT	Angelo Lancelotti / Stefano Zonca	Lister Storm
Gara1 N-GT	Loris Kessel / Andrea Chiesa	Ferrari 360 Modena – Kessel Racing
Gara1 GT2	Giovanni Sada / Mario Sala	Porsche 996 GT3 Cup – Autorlando Sport
Gara2 GT	Gabriele Matteuzzi / Piergiuseppe Perazzini	Chrysler Viper GTS-R – Megadrive
Gara2 N-GT	Loris Kessel / Andrea Chiesa	Ferrari 360 Modena – Kessel Racing
Gara2 GT2	Roberto Sperati / Massimo Piacentini	Ferrari F355 GT – Lana Squadra Corse

2005 12 giugno / June

GT1	Matteo Malucelli / Miguel Ramos	Ferrari 550 Maranello – BMS Scuderia Italia
GT2	Luca Riccitelli / Massimo Pigoli	Porsche 996 GT3 RSR – Ebimotors
GT3	Andrea Palma / Danilo Zampaloni	Maserati Light – AF Corse

2006 9 luglio / July

Gara1 GT1	Gianbattista Giannoccaro / Toni Vilander	Maserati MC12 – Playteam
Gara1 GT2	Damien Pasini / Maurizio Mediani	Ferrari F430 GTC – Victory Engineering)
Gara1 GT3	Marco Coldani / Ivan Capelli	Dodge Viper Competition – Racing Box
Gara2 GT1	Luca Cappellari / Piergiuseppe Perazzini	Maserati MC12 – Racing Box
Gara2 GT2	Damien Pasini / Maurizio Mediani	Ferrari F430 GTC – Victory Engineering
Gara2 GT3	Gabriele Matteuzzi / Alessio Salucci	Dodge Viper Competition – Racing Box

2007 21 ottobre / October

Gara1 GT2	Matteo Cressoni / Lorenzo Bontempelli	Ferrari F430 GTC – Edil Cris Team
Gara1 GT3A	Giovanni Berton / Giacomo Piccini	Lamborghini Gallardo GT3– Mik Corse
Gara1 GT3B	Jay Lee / Jean-François Dumoulin	Ferrari F430 GTC – R3 Motorsport
Gara1 GTC	Giorgio Bartocci	Porsche 997 GT3 Cup – Freno Tecnica RS
Gara2 GT2	Richard Lietz / Gianluca Roda	Porsche 997 RSR – Autorlando Sport
Gara2 GT3A	Giovanni Berton / Giacomo Piccini	Lamborghini Gallardo GT3– Mik Corse
Gara2 GT3B	Jay Lee / Jean-François Dumoulin	Ferrari F430 GTC – R3 Motorsport
Gara2 GTC	Arturo Merzario / Angelo Proietti	Porsche 997 GT3 Cup – Scuderia Star Service

2008 6 aprile / April

Gara1 GT2	Massimiliano Mugelli / Alessandro Balzan	Ferrari F430 GTC – Racing Team Edil Cris
Gara1 GT3	Cedric Sbirrazzuoli / Marzio Romano	Lamborghini Gallardo GT3– Mik Corse
Gara1 GTC	Aldo Cerruti / Mario Ferraris	Ferrari F430 Challenge – Aeffem
Gara1 GT4	"Yah-Man"	Porsche 996 GT3 – Autorlando Sport
Gara2 GT2	Alex Caffi / Emanuele Moncini	Ferrari F430 GTC – Scuderia Villorba Corse
Gara2 GT3	Raffaele Sangiuolo / Giuseppe De Pasquale	Dodge Viper Coupe – Scuderia La Torre
Gara2 GTC	Paolo Necchi / Giovanni Berton	Ferrari F430 Challenge – Mik Corse
Gara2 GT4	"Yah-Man"	Porsche 996 GT3 – Autorlando Sport

2009 18 ottobre / October

Gara1 GT2	Alberto Cerrai / Giuseppe Cirò	Ferrari F430 GTC – Advanced Engineering
Gara1 GT3	Dindo Capello / Filipe Albuquerque	Audi R8 LMS– Audi Sport Italia
Gara1 GTCup	Steven Goldstein / Gianfranco Bocellari	Ferrari F430 Cup – Kessel Racing
Gara2 GT2	Alberto Cerrai / Giuseppe Cirò	Ferrari F430 GTC – Advanced Engineering
Gara2 GT3	Stefano Livio / Lorenzo Bontempelli	Ferrari F430 GTC Scuderia – Kessel Racing
Gara2 GTCup	"Baronio" / Mario Ferraris	Ferrari F430 Cup – Aeffem

2010 24 ottobre / October

Gara1 GT2	Andrea Montermini / Emanuele Moncini	Ferrari F430 – Scuderia Villorba Corse
Gara1 GT3	Dindo Capello / Gianluca Giraudi	Audi R8 LMS– Audi Sport Italia
Gara1 GTCup	Giorgio Sanna / Davide Stancheris	Lamborghini Gallardo – Mik Corse
Gara2 GT2	Andrea Montermini / Emanuele Moncini	Ferrari F430 – Scuderia Villorba Corse
Gara2 GT3	Beniamino Caccia / Lorenzo Bontempelli	Ferrari F430 Scuderia – Kessel Racing
Gara2 GTCup	Michela Cerruti / Mario Ferraris	Ferrari F430 Cup – Aeffem

2011 16 ottobre / October

Gara1 GT2	Alberto Radaelli / Stefano Gai	Ferrari 458 Italia – AF Corse
Gara1 GT3	Peter Kox / Eugenio Amos	Lamborghini Gallardo LP600 – Reiter Eng.
Gara1 GT4	Luca Rangoni / Aldo Ponti	Ginetta G50 – Rangoni Motorsport
Gara1 GTCup	Stefano Livio / Andrea Piccini	Lamborghini Gallardo Cup– Mik Corse
Gara2 GT2	Alberto Radaelli / Stefano Gai	Ferrari 458 Italia – AF Corse
Gara2 GT3	Peter Kox / Eugenio Amos	Lamborghini Gallardo LP600 – Reiter Eng.
Gara2 GT4	Luca Rangoni / Aldo Ponti	Ginetta G50 – Rangoni Motorsport
Gara2 GTCup	Valentino Fornaroli / Rino Mastronardi	Porsche 997 GT3 Cup – GDL Racing

2012 21 ottobre / October

Gara1 GT2	Andrea Palma / Raffaele Gianmaria	Ferrari F430 – Black Team
Gara1 GT3	Alessandro Balzan / Giacomo Barri	Porsche 997 GT3 R – Ebimotors
Gara1 GTCup	Giorgio Sanna / Davide Stancheris	Lamborghini Gallardo – Imperiale Racing
Gara2 GT2	Andrea Palma / Raffaele Gianmaria	Ferrari F430 – Black Team
Gara2 GT3	Matteo Malucelli / Christian Passuti	Porsche 997 GT3 R – Antonelli Motorsport
Gara2 GTCup	Giorgio Sanna / Davide Stancheris	Lamborghini Gallardo – Imperiale Racing

2013 20 ottobre / October

Gara1 GT3	Vito Postiglione / Luigi Lucchini	Porsche 997 GT3 R – Ebimotors
Gara1 GTCup	Mirko Zanardini	Lamborghini Gallardo – Bonaldi Motorsport
Gara2 GT3	Johan Kristofferson / Alex Frassinetti	Audi R8 LMS – Audi Sport Italia
Gara2 GTCup	Mirko Zanardini	Lamborghini Gallardo – Bonaldi Motorsport

2014 1 giugno / June

Gara1 GT3	Stefano Costantini / Alex Frassinetti	Ferrari 458 Italia – Team Malucelli
Gara1 GTCup	Daniel Mancinelli / Stefan Goldstein	Ferrari 458 Cup – Eurotech
Gara2 GT3	Vincenzo Donativi / Andrea Gagliardini	Porsche 997 – Ebimotors
Gara2 GTCup	Sascha Tempesta / Simone Iacone	Lamborghini Gallardo Cup – Bonaldi Motorsport

2014 26 ottobre / October

Gara1 GT3	Stefano Costantini / Alex Frassinetti	Ferrari 458 Italia – Ombra Racing
Gara1 GTCup	Massimo Galbiati / Christian Passuti	Porsche 997 GT3 Cup – Autorlando Sport

Gara2 GT3 Francesco Sini / Tomas Enge
Chevrolet Camaro – Solaris Motorsport

Gara2 GTCup Daniel Mancinelli / Stefan Goldstein
Lamborghini Gallardo Cup – Autotech

2015 31 maggio / May

Gara1 GT3 Mirko Bortolotti / Alberto Viberti
Lamborghini Gallardo GT3 – Imperiale Racing

Gara1 GTCup Omar Galbiati / Ermanno Dionisio
Lamborghini Huracàn – Antonelli Motorsport

Gara2 GT3 Mirko Bortolotti / Alberto Viberti
Lamborghini Gallardo GT3 – Imperiale Racing

Gara2 GTCup Roberto Tanca / Adrian Zaugg
Lamborghini Huracàn – Raton Racing

2016 1 maggio / May

Gara1 S.GT3 Marco Mapelli / Filipe Albuquerque
Audi R8 LMS – Audi Sport Italia

Gara1 GT3 Luca Pastorelli / Nicola Pastorelli
Porsche 991 GT3 R – Kripton Motorsport

Gara1 GT4 Claudio Giudice
Ginetta G50 – Scuderia Giudici

Gara2 S.GT3 Mirko Venturi / Stefano Gai
Ferrari 488 – Black Bull Swisse Racing

Gara2 GT3 Ferdinando Monfardini / Ronnie Valori
Lamborghini Gallardo – Cars Engineering

Gara2 GT4 Claudio Giudice
Ginetta G50 – Scuderia Giudici

2017 18 giugno / June

Gara1 S.GT3 Matteo Malucelli / Eddie Cheever III
Ferrari 488 – Scuderia Baldini 27

Gara1 GT3 Davide Di Benedetto / Michele Merendino
Audi R8 LMS – Audi Sport Italia

Gara1 GT4 Luca Magnoni
Ginetta G55 – Nova Race

Gara2 S.GT3 Stefano Gai
Ferrari 488 – Black Bull Swisse Racing

Gara2 GT3 Davide Di Benedetto / Michele Merendino
Audi R8 LMS – Audi Sport Italia

Gara2 GT4 Nicola Neri
Porsche Cayman GT4 – Neri

2018 7 ottobre / October

Gara1 GT3 Baruch Bar / Mattia Drudi
Audi R8 LMS – Audi Sport Italia

Gara1 GT3L Luca Magnoni / Alessandro Marchetti
Audi R8 LMS Ultra – Nova Race

Gara2 GT3 Daniel Zampieri / Giacomo Altoè
Lamborghini Huracàn – Antonelli Motorsport

Gara2 GT3L Matteo Davenia
Ferrari 458 Italia – AF Corse

2019 GT Endurance 7 aprile / April

GT3 Stefano Comandini / Erik Johansson /
Jesse Krohn
BMW M6 GT3 – BMW Team Italia

GT4 Luca Magnoni / Aleksander Schjerpen
Ginetta G55 – Nova Race Events

GT Light Gianpiero Cristoni / Mattia Michelotto /
Luca Demarchi
Lamborghini Huracàn – Antonelli Motorsport

2019 GT Sprint 20 ottobre / October

Gara1 GT3AM Kenji Abe / Christian Colombo
Ferrari 488 GT3 – AF Corse

Gara1 GT3PA Simon Mann / Matteo Cressoni
Ferrari 488 GT3 – AF Corse

Gara1 GT3 Lorenzo Veglia / Fabrizio Crestani
Ferrari 488 Evo – Easy Race

Gara1 GT4 Giuseppe Ghezzi / Joel Camathias
Porsche 718 Cayman GT4 – Autorlando Sport

Gara2 GT3AM Kenji Abe / Christian Colombo
Ferrari 488 GT3 – AF Corse

Gara2 GT3PA Antonio Fuoco / Sean Hudspeth
Ferrari 488 GT3 – AF Corse

Gara2 GT3 Riccardo Agostini / Alessio Rovera
Mercedes AMG GT3 –
Antonelli Motorsport

Gara2 GT4 Gianluigi Piccioli
Porsche 718 Cayman GT4 – Ebimotors

2020 GT Sprint 18 ottobre / October

Gara1 GT3 Pro Stefano Comandini / Marius Zug
BMW M6 GT3 – BMW Team Italia

Gara1 GT3 Pro-Am Daniele Di Amato / Alessandro Vezzoni
Ferrari 488 GT3 – RS Racing

Gara1 GT4 Pro-Am Luca Segù / Francesco De Luca
Mercedes AMG GT4 – Nova Race Events

Gara2 GT3 Pro Giorgio Roda / Alessio Rovera
Ferrari 488 GT3 – AF Corse

Gara2 GT3 Pro-Am Simon Mann / Matteo Cressoni
Ferrari 488 GT3 – AF Corse

Gara2 GT4 Pro-Am Francesco Guerra / Simone Riccitelli
BMW M4 GT4 – BMW Team Italia

2020 GT Endurance 8 novembre / November

GT3 Pro Alessio Rovera / Antonio Fuoco /
Giorgio Roda
Ferrari 488 GT3 – AF Corse

GT3 Am Sean Hudsperth / Mattia Michelotto /
Matteo Greco
Ferrari 488 GT3 – Easy Race

GT4 Pro Paolo Gnemmi / Riccardo Pera /
Sabino De Castro
Porsche 718 Cayman – Ebimotors

2021 GT Sprint 2 maggio / May

Gara1 GT3 Pro Matteo Greco / Fabrizio Crestani
Ferrari 488 Evo – Easy Race

Gara1 GT3 Pro-Am Alberto Lippi / Luca Filippi
Ferrari 488 Evo – RAM Autoracing

Gara1 GT4 Pro-Am Mattia Di Giusto / Fabio Babini
Porsche 718 Cayman – Ebimotors

Gara2 GT3 Pro Riccardo Agostini / Lorenzo Ferrari
Audi R8 LMS – Audi Sport Italia

Gara2 GT3 Pro-Am Luca Segù / Baruch Bar
Mercedes AMG GT3 –
AKM Motorsport

Gara2 GT4 Pro-Am Mattia Di Giusto / Fabio Babini
Porsche 718 Cayman – Ebimotors

2021 GT Endurance 31 ottobre / October

GT3 Pro Mattia Drudi / Lorenzo Ferrari /
Riccardo Agostini
Audi R8 LMS – Audi Sport Italia

GT3 Pro Am Simon Mann / Toni Vilander
Ferrari 488 Evo – AF Corse

GT3 Am Luca Magnoni / Erwin Zanotti
Honda NSX – Nova Race

GT4 Am Nicola Neri / Giuseppe Fascicolo /
Alfred Nilsson
BMW M4 – Ceccato Racing

BPR
e and FIA GT

Il regolamento

A differenza del regolamento del Campionato Mondiale Endurance, che vedeva la partecipazione di vetture da corsa appositamente costruite, la serie BPR utilizzava vetture di produzione, con vari livelli di preparazione. I Costruttori erano tenuti a realizzare una certa quantità di automobili in vendita al pubblico, per ottenere poi l'omologazione nella classe in cui volevano partecipare.

La FIA definisce un'auto GT come "un'automobile aperta o chiusa che non ha più di una porta per lato e avente un minimo di due posti situati uno su ciascun lato della linea mediana longitudinale della vettura; questi due posti devono essere attraversati dallo stesso piano trasversale. Questa vettura deve essere in grado di essere utilizzata perfettamente legalmente su strada aperta e adattata per correre su circuiti o percorsi chiusi".

Inizialmente furono normate quattro classi (GT1, la più importante, GT2, GT3 e GT4), poi ridotte alle sole due classi GT1 e GT2 nel 1996. La GT1 consentiva lo sviluppo di vetture estreme a partire da serie molto limitate di venticinque vetture stradali, con estese modifiche aerodinamiche e liberalizzazione sull'uso dei materiali. Salendo di classe, sulle auto erano ammesse modifiche sempre più profonde, compreso l'uso di materiali diversi dall'originale e di parti appositamente costruite. Le squadre potevano schierare due o tre piloti per auto, con ogni conducente tenuto a guidare un tempo minimo stabilito.

A partire dalla stagione 2006, la FIA introdusse una nuova classe GT3, con auto inizialmente più vicine alla produzione delle controparti in GT2 e GT1, con le specifiche iniziali che riguardavano l'installazione dei dispositivi di sicurezza (roll-bar, serbatoio di sicurezza, impianto antincendio) e permettevano di spogliare l'interno. Nel corso degli anni, e con la sparizione delle GT1 e GT2, la GT3 è divenuta la classe regina delle corse GT, ricevendo quindi sempre più richieste di omologazioni di particolari speciali, dispositivi aerodinamici e modifiche a gomme e sospensioni, arrivando a sviluppare prestazioni migliori di quelle delle GT2. Tutte le auto hanno prestazioni bilanciate tramite il Balance of Performance, che agisce su pesi, limitatori dell'aria di ammissione, pneumatici e pressioni di sovralimentazione diversi, al punto che alcune GT3 hanno motori meno performanti di quelli delle vetture di serie da cui derivano.

Tutte le prove del Campionato FIA GT erano gare di durata, su una distanza minima di cinquecento chilometri, con un massimo di tre ore, ad eccezione della 24 Ore di Spa, divenuta rapidamente corsa regina della serie. Ci fu poi una modifica alle regole del Campionato FIA GT nel 2007; per esigenze televisive, tutte le gare dovevano durare al massimo due ore con la sola eccezione della classica gara di Spa.

La F40 di Jean-Marc Gounon, Eric Bernard e Paul Belmondo partiva dalla pole position nel 1996, ma fu costretta al ritiro per problemi elettrici.

The F40 of Jean-Marc Gounon, Eric Bernard and Paul Belmondo started from pole position in 1996, but was forced to retire due to electrical problems.

The Regulation

U nlike the regulations of the World Endurance Championship, which saw the participation of specially built racing cars, the BPR series used production cars, with various levels of preparation. Manufacturers were required to have made a certain amount of cars for sale to the public, to obtain homologation in the class in which they wanted to participate.

The FIA defines a GT car as "an open or closed car that has no more than one door on each side and has a minimum of two seats located one on each side of the longitudinal centerline of the car; these two seats must be traversed by the same transverse plane. This car must be able to be legally used on open roads and adapted for racing on closed circuits or courses."

Initially four classes were standardized (GT1, the most important, GT2, GT3 and GT4), then reduced to just the two GT1 and GT2 classes in 1996. The GT1 allowed the development of extreme cars starting from very limited series of 25 road cars, with extensive aerodynamic changes and liberalization on the use of materials. Going up in class, more and more profound modifications were allowed on the cars, including the use of materials other than the original and specially built parts. Teams could field two or three drivers per car, with each driver required to drive a set minimum time.

Starting from the 2006 season, the FIA introduced a new GT3 class, with cars initially closer to production than their GT2 and GT1 counterparts, with initial specifications involving the installation of safety devices (roll cage, safety tank, fire extinguishing system) and allowed the interior to be stripped. Over the years, and with the disappearance of the GT1 and GT2, the GT3 has become the premier class of GT racing, thus receiving more and more requests for homologation of special parts, aerodynamic devices and modifications to tires and suspensions, leading to the development of better performance than those of the GT2. All cars have leveled performance through the "Balance of Performance", which acts on different weights, air inlet limiters, tires and boost pressures, to the point that some GT3 engines have less performing engines than those of production cars from which arise.

All the races in the FIA GT Championship were endurance races, over a minimum distance of 500 km, with a maximum of three hours, with the exception of the 24 Hours of Spa, which quickly became the queen race of the series. There was a change to the FIA GT Championship rules in 2007; for television needs, all the races that had to last a maximum of 2 hours with the exception of the 24 Hours of Spa.

GT1 e GT2

Dopo la fine della categoria GT1 originale nel 1999, che aveva portato alla realizzazione di "quasi prototipi", il Campionato FIA GT è stato ristrutturato, in modo che la classe GT2 originale fosse elevata alla classe superiore del Campionato, venendo classificata come GT, mentre la nuova classe N-GT è diventata la classe inferiore del Campionato. Nel 2005 entrambe le classi sono state rinominate rispettivamente GT1 e GT2. La Maserati MC12 è risultata la vettura dominante di questa classe, ottenendo quattro titoli consecutivi dal 2006. La GT2 era stata creata inizialmente per accogliere tutte le vetture GT, con un livello medio di preparazione, che erano state surclassate dalle nuove GT1, divenendo un contenitore per tantissime Porsche 911 e Ferrari 430, ma l'evoluzione del regolamento ha fatto avanzare il livello anche qui, portando ad un incremento di costi che ha fatto migrare molti team verso il nuovo GT3. A partire dal 2010 la categoria è stata abolita.

GT3

La categoria GT3 attuale era stata creata nel 2005 dalla SRO come terzo livello delle corse Gran Turismo, al di sotto del gruppo GT1. Nel 2006 è stato istituito il Campionato Europeo FIA GT3; da allora la GT3 si è espansa fino a divenire di fatto la categoria principale delle GT, in virtù della grande partecipazione di Costruttori e team privati. Oltre trenta Costruttori diversi hanno realizzato nel frattempo vetture per la classe GT3. La categoria GT3 consente di omologare un'ampia gamma di auto, senza limiti di cilindrata e motore, tipi di costruzione del telaio o disposizione degli organi meccanici. Le GT3 devono essere basate su modelli di auto stradali prodotti in serie e sono limitate dal Balance of Performance per avere un peso compreso tra i 1.200 e 1.300 chilogrammi, e una potenza compresa tra cinquecento e seicento cavalli, ed è ammesso il controllo della trazione. La GT3 ha avuto una difusione mondiale, venendo usata in tantissime serie, anche se con qualche variazione alle concessioni regionali. Le auto del Gruppo GT3 possono essere costruite direttamente dal produttore, come Ferrari, Porsche o Audi, o essere realizzate da squadre corse su richiesta del Costruttore, come le Ford GT prodotte da Matech Concepts e le Aston Martin realizzate dalla Prodrive.

GT4

Anche la GT4 venne creata dalla Stéphane Ratel Organization (SRO), raggruppando le vetture di minore livello di preparazione, più vicine alla serie, bilanciate nelle prestazioni da un apposito Balance of Performance. Come per la GT3, possono essere omologate sia da Costruttori, sia da team che le sviluppano sotto il controllo di un Costruttore. Per ridurre i costi, una volta che un modello è stato omologato, non sono ammesse evoluzioni, eliminando i costi di sviluppo continui per i team. La serie ha avuto una buona partecipazione, con auto che si sono rivelate poco meno prestazionali delle GT3, anche se sicuramente meno spettacolari.

La locandina del 2005 anticipava il leit motiv del confronto tra le Maserati MC12 e le Ferrari 550, che poi monopolizzeranno le prime sei posizioni di classifica.

The 2005 poster anticipated the leitmotif of the confrontation between the Maserati MC12s and the Ferrari 550s, which will then monopolize the top six positions.

GT1 and GT2

After the end of the original GT1 category in 1999, which had led to the creation of "quasi-prototypes", the FIA GT Championship was restructured, so that the original GT2 class was elevated to the top class of the championship, becoming classified as GT while the new N-GT class became the lower class of the championship. In 2005, both classes were renamed GT1 and GT2 respectively. The Maserati MC12 was the dominant car of this era, obtaining 4 consecutive titles since 2006. The GT2 was initially created to accommodate all the GT cars, of medium level of preparation, which had been outclassed by the new GT1, becoming a container of many Porsche 911 and Ferrari 430, but the evolution of the regulations raised the level here too, leading to an increase in costs, which caused many teams to migrate to the new GT3. As of 2010, the category was abolished.

GT3

The current GT3 category was created in 2005 by the SRO as the third tier of Gran Tursimo racing, below the GT1 group. In 2006 the FIA GT3 European Championship was established; since then, the GT3 has expanded to become the de facto main GT category, thanks to the large participation of constructors and private teams. Over 30 different manufacturers have in the meantime built cars for the GT3 class. The GT3 category allows to homologate a wide range of car types, without limits of displacement and engine, types of frame construction or arrangement of mechanical parts. GT3s must be based on mass-produced road car models and are limited by the Balance of Performance to have a weight between 1200 kg and 1300 kg and power output between 500 hp and 600 hp. Traction control is allowed. The GT3 received a worldwide adoption, being used in many series, albeit with some variations to the regional concessions. GT3 group cars can be built directly by the manufacturer, such as Ferrari, Porsche or Audi, or be built by racing teams at the request of the manufacturer, such as Ford GT built by Matech Concepts and Aston Martins built by Prodrive.

GT4

GT4 was also created by the Stéphane Ratel Organization (SRO), grouping the cars with a lower level of preparation, closest to the production, leveled in performance by a special Balance of Performance. As for the GT3, they can be approved by both manufacturers and teams that develop them under the control of a manufacturer. To reduce costs, once a model has been homologated, no upgrades are allowed, eliminating ongoing development costs for teams. The series received a good participation, with cars that turned out to be slightly less performing than the GT3s, although certainly less spectacular.

I tre creatori della serie BPR: Jürgen Barth, Patrick Peter, e Stéphane Ratel.
The three founders of BPR: Jürgen Barth, Patrick Peter, and Stéphane Ratel.

La Venturi 400 ha un posto importante nella storia delle GT, perché con questa vettura Stéphane Ratel iniziò a creare il Gentlemen Drivers Trophy, da cui sarebbe partita la rinascita delle corse per GT. L'auto era spinta da una motore V6 biturbo di 2975 cc di cilindrata, che erogava una potenza di 408 cavalli.
The Venturi 400 has an important place in GT history, because with this car Stéphane Ratel began to create the Gentlemen Drivers Trophy, from which the rebirth of GT racing would start. It was powered by a 2975 ccV6 Turbo, which delivered a power of 408 hp.

La maggior parte delle più prestigiose GT sono in pista nel FIA GT 2008: Maserati, Corvette, Saleen, Porsche, Ferrari, Lamborghini e Aston Martin.
Most of the most prestigous GT take part to the FIA GT in 2008: Maserati, Corvette, Saleen Porsche, Ferrari, Lamborghini and Aston Martin.

La serie che più fu strumentale per riportare le corse GT ad alto livello mondiale nacque nel 1994 dall'unione di Jürgen Barth, Patrick Peter, e Stéphane Ratel. La BPR iniziò come un'organizzazione gestita da privati e rivolta inizialmente proprio a privati desiderosi di correre con le loro auto GT, ma in breve tempo attirò l'attenzione di grandi team e Costruttori, fino a divenire il motore per una rinascita delle corse GT a livello mondiale. Con la fine del Campionato Mondiale Endurance per le Gruppo C nel 1992, non c'era più una serie internazionale per vetture Sport o GT, che infatti sopravvissero solo un paio d'anni a Le Mans.

Per colmare questo vuoto e accontentare *gentlemen* desiderosi di correre con vetture di alte prestazioni, Ratel dal 1992 iniziò ad organizzare il Gentlemen Drivers Trophy, dove le vetture francesi Venturi 400GTR venivano preparate e portate sulle piste, senza nessuna altra attività richiesta ai piloti, che dovevano limitarsi a guidare e pagare il conto. La serie ebbe un successo immediato, raccogliendo oltre cinquanta partecipazioni. La prima edizione si svolse su circuiti francesi, ma dal 1993 la serie si espanse in Europa e Ratel iniziò a lavorare per portare le Venturi alla 24 Ore di Le Mans, dove era stata ricreata la classe per le GT. Questa attrasse varie Porsche, Jaguar e Lotus alla classica gara di durata e Ratel decise di provare ad organizzare una gara per GT come contorno al Venturi Drivers Trophy, dove parteciparono anche un paio di Ferrari F40.

Era il momento per dar vita a qualcosa di più grande del Venturi Drivers Trophy e all'organizzazione si aggiunse Peter, che stava cercando di far rivivere la corsa di durata sull'autodromo di Monthléry, con la sua celebre curva sopraelevata. Anche Barth, ingegnere e dirigente Porsche, oltre che vincitore come pilota della 24 Ore di Le Mans, si associò, desideroso di creare un regolamento che favorisse la vendita di altre 911 da corsa.

BPR e FIA GT
Il Campionato

The series that was most instrumental in bringing GT racing back to a high world level was born in 1994 from the union of Jürgen Barth, Patrick Peter, and Stéphane Ratel. BPR began as a privately run organization aimed at individuals initially eager to race their GT cars, but quickly attracted the attention of large teams and manufacturers, eventually becoming the stymulus for a revival of worldwide GT racing. With the end of the World Endurance Championship for Group C in 1992, there was no longer an international series for sports cars or GTs, which only survived a couple of years at Le Mans. To fill this void and satisfy gentlemen eager to race with high performance cars, Stéphane Ratel from 1992 began organizing the Gentlemen Drivers Trophy, where French Venturi 400GTR cars were prepared and taken to the tracks, without any other activity required of the drivers, who had to just drive and sign the bill. The series was an instant success, garnering over 50 entries. The first edition took place on French circuits, but by 1993 the series expanded into Europe and Ratel began working to bring the Venturi to the 24 Hours of Le Mans, where the GT class had been recreated. This attracted various Porsches, Jaguars and Lotus to the classic endurance race and Ratel decided to try to organize a GT race as a side dish to the Venturi Drivers Trophy, where a pair of Ferrari F40s also participated.

It was time to organize something bigger than the Venturi Drivers Trophy and the organization was joined by Patrick Peter, who was looking to revive the endurance race on the Monthléry circuit, with its famous banked corner. Jürgen Barth, engineer and Porsche executive, winner as a driver of the 24 Hours of Le Mans, also joined, eager to create a regulation that would favor the sale of other racing Porsche 911s. The acronym BPR was created with the initials of their surnames and an international series was launched starting in 1994.

BPR e FIA GT
The Championship

Con le iniziali dei loro cognomi venne creato l'acronimo BPR e lanciata una serie internazionale a partire dal 1994. Era aperta inizialmente ad una classe unica, ma poi venne regolamentata dalle quattro classi definite dal regolamento FIA di GT1, GT2, GT3 e GT4. Marcos e Aston Martin furono tra i primi Costruttori ad aderire alla nuova serie, presto raggiunti da McLaren, che con la F1 GTR, seguita da vari team di altissimo livello, alzò immediatamente l'asticella della competitività tra le vetture top. Così non erano più sufficienti una Ferrari F40 o una Porsche 911 preparate sommariamente per essere competitivi; il Campionato del 1995, dopo solo un anno dalla nascita, stava già diventando una serie professionale, sempre rivolta ai privati, ma che richiedeva team di livello mondiale e vetture preparate al top per essere vincenti nella classifica assoluta. Nella serie continuavano ad essere presenti numerosi *gentlemen* benestanti con tante Porsche 911, ma la parte professionale del Campionato cominciò ad essere popolata di Chevrolet Corvette, Dodge Viper e da team di altissimo livello come Larbre, Oreca e Bigazzi, con un

costante aumento di spettacolarità della serie. L'organizzazione si rese subito conto di questo aumento di professionalità, e quindi di costi, creando la divisione GT2 per consentire alle auto meno potenti e meno costose di poter competere, se non per la vittoria assoluta, almeno per una vittoria di classe. Con il tempo, però, Dodge riuscì ad omologare le sue velocissime Viper V10 in GT2, e il livello venne alzato anche per quella classe, aprendo la porta alle nuove GT3, meno sofisticate e più controllate nelle prestazioni per evitare il dominio di un singolo marchio.

Le GT1 nel frattempo stavano evolvendo sempre più verso la forma di Prototipi; Porsche aveva introdotto la 911 GT1, che nel corso della sua evoluzione somigliava sempre più ad una Gruppo C, con tanti particolari derivati dalla 962C e Mercedes realizzò la CLK-GTR a motore centrale, che era in grado di generare una *downforce* addirittura superiore a quella delle stesse Gruppo C. Le GT1 a questo livello di evoluzione vennero tenute fuori dal BPR, per non tradire l'idea originaria di serie rivolta non solo a super professionisti,

It was initially open to a single class, but was then regulated by the 4 classes defined by the FIA regulations of GT1, GT2, GT3 and GT4. Marcos and Aston Martin were among the first manufacturers to join the new series, soon joined by McLaren, who with the F1 GTR followed by various top-level teams immediately raised the bar of competitiveness among the top cars: a fastly prepared F40 or a 911 could no longer be competitive; the 1995 championship after only a year was already becoming a professional series, always aimed at individuals, but which required world-class teams and top-prepared cars to be victorious in the overall standings. Many wealthy gentlemen continued to be present in the series with many Porsche 911s, but the professional part of the championship began to be populated by Chevrolet Corvette, Dodge Viper and by top-level teams such as Larbre, Oreca and Bigazzi, with a constant increase in spectacularity. The organization quickly realized this increase in professionalism, and therefore, in costs, creating the GT2 division to allow less powerful and less expensive cars the chance to compete, if not for

overall victory, at least for a class victory. Over time, however, Dodge was able to homologate its very fast Viper V10 in and the level was raised for that class as well, opening the door to the new GT3s, less sophisticated and more controlled in performance to avoid the domination of a single brand. The GT1s meanwhile were evolving more and more towards the form of prototypes; Porsche had introduced the 911 GT1, which in the course of its evolution increasingly resembled a Group C, with many details derived from the 962C and Mercedes built the mid-engined CLK-GTR, which was able to generate a downforce even higher than that of Group C. The GT1s at this level of evolution were kept out of the BPR, so as not to betray the original idea of a series aimed not only at super professionals, but the BPR series ended with the 1996 season, when the FIA took control of the BPR Global GT Series, standardizing the length of the race to 500 km instead of the usual four hours, liberalizing the technical rules and leaving commercial exploitation to Stéphane Ratel, while Patrick Peter had left the association.

ma la serie BPR ebbe termine con la stagione 1996 quando la FIA prese il controllo della BPR Global GT Series, standardizzando la lunghezza della corsa a cinquecento chilometri invece che alle solite quattro ore, liberalizzando le regole tecniche e lasciando lo sfruttamento commerciale a Ratel, mentre Peter era uscito dall'associazione.

Il regolamento del nuovo Campionato FIA GT prevedeva ora la realizzazione di omologazioni speciali, che portarono alla costruzione di "quasi prototipi" realizzati in serie molto limitate di venticinque auto. Per i piloti privati venne creata la divisione N-GT, un antesignana della GT4, con livelli di preparazioni molto limitati, simili a quelli del Gruppo N per le vetture turismo. La classe GT1 in breve venne popolata da vere supercar come la Maserati MC12 e la Saleen S7. Con l'avvento delle nuove Porsche GT1 e Maserati MC12, anche McLaren fu costretta a omologare parti speciali per la sua F1 GTR, che aveva perso la leadership nella serie, creando un altro "quasi prototipo"; lo stesso si poteva dire per Nissan e Toyota, pure attratte dalla nuova serie di livello mondiale.

Per tentare di equilibrare le prestazioni a fronte di una situazione che stava scappando di mano, snaturando il concetto di vetture GT, la FIA introdusse il Balance of Performance, mettendo limiti al peso, all'alimentazione, alle dimensioni del serbatoio e alla pressione di sovralimentazione, al fine di tentare di equilibrare le prestazioni. In breve, tale concetto si è esteso a tutte le classi e se da una parte ha impedito al Costruttore delle vetture più performanti di avere il riconoscimento di vincere la maggior parte delle gare, dall'altra ha contribuito a realizzare classi molto equilibrate con un alto livello di spettacolarità che è stato alla base del duraturo successo delle GT. Dopo la stagione 2009, la categoria GT1 divenne un Campionato mondiale, ma nel 2012 la serie venne limitata alle sole GT3, visto che non si presentavano nuovi Costruttori interessati alla GT1, mentre era abbondante la partecipazione di GT3. A partire dal 2011 il Campionato principale di riferimento per le GT divenne la nuova serie Blancpain Endurance, che non era più un Campionato FIA, ma una serie privata.

The regulations of the new FIA GT Championship now provided for the creation of "special homologations", which led to the construction of quasi-prototypes made in very limited series of 25 cars. The N-GT division was created for private drivers, a forerunner of the GT4, with very limited preparation levels, similar to those of Group N for touring cars. The GT1 class was soon populated by real supercars such as the Maserati MC12 and the Saleen S7. With the advent of the new Porsche GT1 and Maserati MC12, even McLaren was forced to homologate special parts for its F1 GTR, which had lost its leadership in the series, creating another "quasi-prototype"; the same could be said for Nissan and Toyota, also attracted by the new world-class series. In an attempt to balance performance in the face of a situation that was getting out of hand, distorting the concept of GT cars, the FIA introduced the concept of "Balance of Performance", putting limits on weight, fuel, tank size and boost pressure in order to attempt to balance performance. In short, this concept has extended to all classes and if on the one hand it has prevented the manufacturer of the best performing cars from having the recognition of winning most of the races, on the other hand it has contributed to creating very balanced classes with a high level of showmanship that has been the basis of the GT's lasting success. After the 2009 season, the GT1 category became a world championship, but in 2012 the series was limited to GT3 only, as there were no new manufacturers interested in the GT1, while GT3 participation was abundant. Starting from 2011 the main GT championship of reference became the new Blancpain Endurance series, which was no longer an FIA championship, but a private series.

Karl Wendlinger è uno dei piloti che una volta terminata la carriera in Formula 1 ha continuato a correre ad alto livello con le Gran Turismo; al FIA GT del 2007, sull'Aston Martin DBR 9 del Jetalliance Racing partiva in pole position con mezzo secondo di vantaggio sulle Maserati MC12 di Christian Montanari e Alessandro Pier Guidi; alla fine ha ottenuto la vittoria, alternandosi al volante con Ryan Sharp.

Karl Wendlinger is one of the drivers who once finished his career in Formula 1 continued to race at a high level with Gran Turismo; at the 2007 FIA GT, in the Jetalliance Racing Aston Martin DBR 9 he started from pole position with half a second advantage over Christian Montanari and Alessandro Pier Guidi's Maserati MC12s; he eventually took the win, alternating behind the wheel with Ryan Sharp.

1995 > 1996

1 La Ferrari F40 del Ferrari Club Italia condotta da Anders Olofsson e Luciano Della Noce partiva dalla pole position al BPR del 1995 e si classificò al terzo posto assoluto, prima tra le Ferrari.
The Ferrari F40 of the Ferrari Club Italia driven by Anders Olofsson and Luciano Della Noce started from pole position at the 1995 BPR and finished third overall, first among Ferraris.

2 Vincitori della gara del 1995 a Monza e Campioni del BPR nello stesso anno furono John Nielsen e Thomas Bscher, sulla McLaren F1 GTR della West Competition. Una volta chiusa la carriera di pilota nel 2002 Thomas è diventato presidente della Bugatti Automobile e responsabile della creazione della supercar Veyron.
Winners of the 1995 Monza race and BPR Champions in the same year were John Nielsen and Thomas Bscher, in the West Competition McLaren F1 GTR. After his racing career ended in 2002, Thomas became president of Bugatti Automobile and was responsible for the creation of the Veyron supercar.

3 La McLaren del Franck Muller Watch di Jean Denis Delétraz, Fabien Giroix e Didier Cottaz, seconda assoluta nel 1996 a Monza.
The McLaren of the Franck Muller Watch of Jean Denis Delétraz, Fabien Giroix and Didier Cottaz, second overall in 1996 at Monza.

4 Jan Lammers riuscì a completare solo sei giri nel BPR 1996 in coppia con Perry McCarthy su una Lotus Esprit.
Jan Lammers only completed 6 laps in the 1996 BPR paired with Perry McCarthy in a Lotus Esprit.

Gordon Murray, creatore della splendida McLaren F1 GTR.
Gordon Murray, creator of the fine McLaren F1 GTR.

Alla partenza del BPR 1996 le Ferrari F40 tengono testa alle McLaren F1.
At the start of 1996 BPR the Ferrari F40 lead the McLaren F1.

1 La vettura dell'Harrods Racing di Andy Wallace e Olivier Grouillard, in difficoltà in Ascari con la sospensione anteriore aperta; sarà poi costretta al ritiro per colpa della frizione.
The Harrods Racing car of Andy Wallace and Olivier Grouillard, struggling in Ascari with the front suspension open; it will then be forced to retire due to the clutch.

2 Un equipaggio di valore assoluto nel 1996, Clay Regazzoni, Henri Pescarolo e Fulvio Maria Ballabio, sulla 911 Biturbo della Fresinger Motorsport, costretti al ritiro dopo soli sette giri.
A crew of absolute value in 1996, Clay Regazzoni, Henri Pescarolo and Fulvio Maria Ballabio, in the 911 Biturbo of Fresinger Motorsport, forced to retire after only 7 laps.

3 Il danese John Nielsen e il tedesco Thomas Bscher, vincitori a Monza nel 1996 e campioni BPR 1995.
Danish John Nielsen and German Thomas Bscher, winners at Monza in 1996 and BPR champions in 1995.

4 Due grandi piloti, non solo nel campo delle GT, Jean-Pierre Jarier e Bob Wollek, entrambi sfortunati a Monza nel 1996 su due diverse Porsche 911 Biturbo, ma poi vincitori in coppia a Suzuka.
Two great drivers, not only in the GT field, Jean-Pierre Jarier and Bob Wollek, both unlucky at Monza in 1996 on two different Porsche 911 Biturbo, but then paired winners at Suzuka.

5

5 La Marcos Mantis era la terza vettura del Costruttore inglese a portare il nome di Mantis. La versione del 2004 era spinta da un V8 Ford di 4600 cc sovralimentato; nel 2007 partiva col miglior tempo nella classe GTS, ma fu costretta al ritiro in gara2, dopo aver chiuso al ventunesimo posto in gara1.
The Marcos Mantis was the third car of the British manufacturer to bear the Mantis name. The 2004 version was powered by a supercharged 4600cc Ford V8; in 2007 she started with the best time in the GTS class, but was forced to retire in race 2, after finishing in 21st place in Race 1.

6-7 Le Chrysler Viper della Oreca di Beretta / Wendlinger e Belloc / Donohue ottengono una doppietta nel FIA GT 1999.
The Chrysler Vipers of the Oreca driven by Beretta / Wendlinger and Belloc/Donohue achieve a double in the 1999 FIA GT.

8 Karl Wendingler, già pilota in Formula 1 con Leyton House e Sauber, ha avuto una carriera di successo nelle corse GT con Maserati, Aston Martin e Viper.
Karl Wendliner, former F1 driver on Leyton House and Sauber, enjoyed a successful career in GT racing with Maserati, Aston Martin and Viper.

6

7

8

1 Vincitori nel FIA GT dell'anno 2000 furono Hezemans / Hart sulla Viper GTS-R del Carsport Holland.
Winners in the FIA GT of the year 2000 were Hezemans / Hart in Carsport Holland's Viper GTS-R.

2 G-Force Pennzoil, un team abitualmente presente negli USA, ma assai insolito in Europa, con la 911 di Neugarten / Smith.
G-Force Pennzoil, a team usually present in the USA, but very unusual in Europe, on the 911 of Neugarten / Smith.

3 Bob Wollek, grande pilota di endurance, ottenne il secondo posto assoluto sulla 911 del Freisinger Motorsport assieme a Wolfgang Kaufmann.
Bob Wollek, great endurace driver, obtained the second place overall on the 911 of Freisinger Motorsport together with Wolfgang Kaufmann.

2

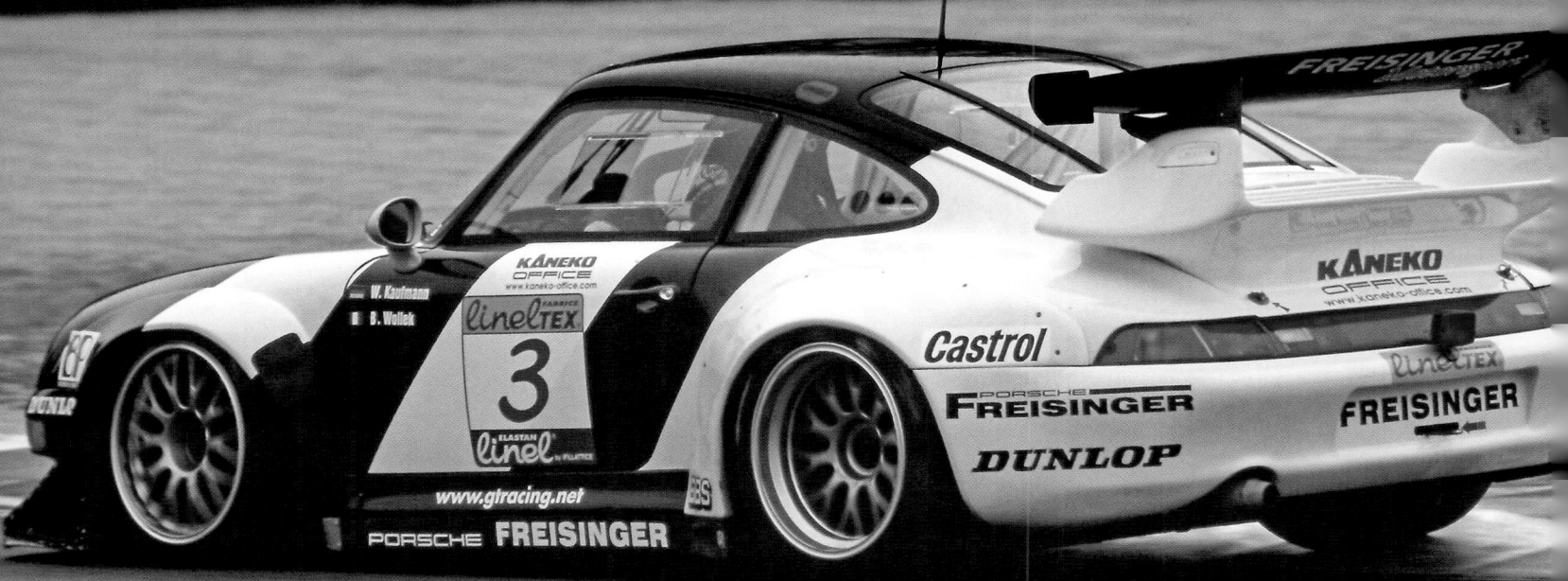

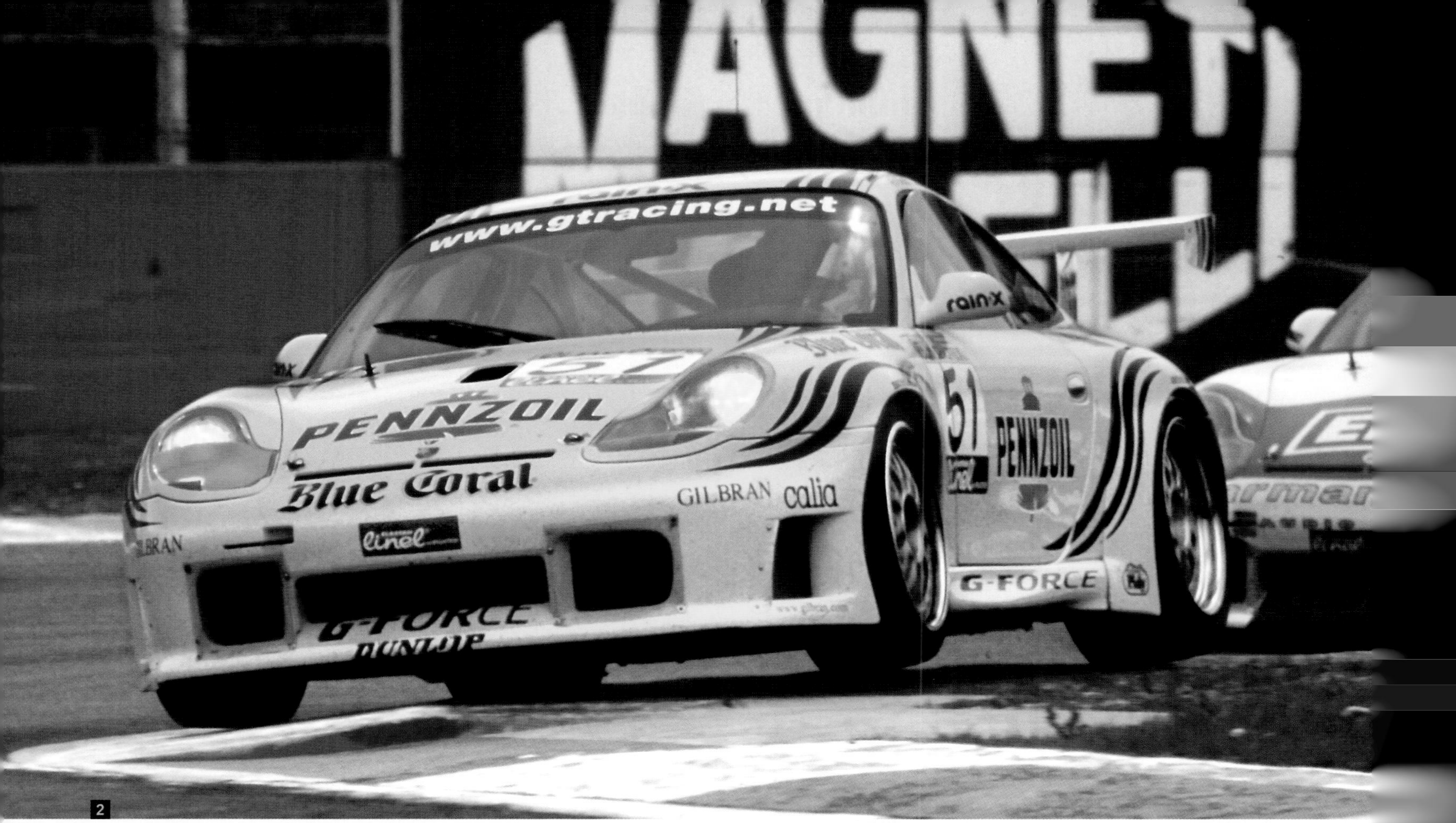
MAGNETI
www.gtracing.net
rain-x
51
PENNZOIL
Blue Coral
GILBRAN
calia
G-FORCE
DUNLOP

3

FREISINGER
KANEKO
OFFICE
www.kaneko-office.com
W. Kaufmann
B. Wollek
linel TEX
3
linel
Castrol
PORSCHE
FREISINGER
DUNLOP
www.gtracing.net
PORSCHE FREISINGER

1

2

1 Al primo giro del FIA GT del 2001, le Viper che avevano monopolizzato le prime due file sono già passate, la battaglia è tra le Porsche 911 di von Gartzen / Eichmann e Goueslard / Dumez, che affiancano la lister Storm di Campbell Walter / Coronel, seguita dalla Ferrari 550 di Blieninger / Duez; la Viper risulterà vincitrice.
On the first lap of the 2001 FIA GT, the Vipers that had monopolized the first two rows have already passed, the battle is between the Porsche 911s of von Gartzen / Eichmann and Goueslard / Dumez, alongside the lister Storm of Campbell Walter / Coronel, followed by Blieninger's Ferrari 550; the Viper won.

2 La Ferrari 550 Italtecnica del team Rafanelli per Günther Blieninger e Marc Duez nel 2000, quinta all'arrivo.
The Ferrari 550 Italtecnica of the Rafanelli team for Günther Blieninger and Marc Duez in 2000, fifth at the finish.

3-4 Tre diverse Ferrari presenti a partire dal 2002, le dodici cilindri 550 e 575 e le otto cilindri 360 Modena.
Three different Ferrari present since 2002, the 12-cylinder 550 and 575 and the 8-cylinder 360 Modena.

5 La Lister Storm GTS era una supercar inglese, fu costruita come auto stradale nel 1993 in soli quattro esemplari, quando la produzione venne bloccata per il prezzo eccessivo che ne rendeva impossibili le vendite.
The Lister Storm GTS was a British supercar, built as a road car in 1993 in only four units, when production was stopped due to the excessive price that made sales impossible.

6 L'americana Saleen S7 era una supercar realizzata artigianalmente tra il 2000 e il 2009, con telaio in estrusi di alluminio e carrozzeria in fibra di carbonio e motore otto cilindri Ford da 7 litri. La versione da corsa S7R è apparsa nel 2000 ed è stata impiegata nell'American ed Europen Le Mans Series, nonché nel FIA GT.
The American Saleen S7 was an handcrafted supercar, with an extruded aluminum frame and carbon fiber body and a 7-liter Ford 8 cylinder engine. The S7R racing version appeared in 2000 and was used in the American and Europen Le Mans Series, as well as in the FIA GT.

7 Una foto di gruppo per gli equipaggi del FIA GT.
Drivers pose for a group photo.

Ferrari F40 Le Mans

Le vettura realizzata per celebrare i quarant'anni di attività sportiva della Ferrari è stata un salto quantico nel settore perché, se vogliamo considerare il passaggio dal termine Gran Turismo a quello di supercar, è proprio con la F40 che è apparsa questa denominazione. Alla presentazione era l'auto più veloce in commercio, con una linea allo stesso tempo estrema e morbida, comunque spettacolare con l'enorme alettone posteriore. Nel 1988 a Michelotto venne assegnato il compito di realizzare una versione corsaiola della F40 stradale. La carrozzeria ha ricevuto poche modifiche, con uno splitter in fibra di carbonio, diffusori posteriori ed alettone regolabile, mentre i fari anteriori retrattili sono stati sostituiti da lampade fisse coperte da un frontale in perspex. La preparazione del V8 biturbo comprendeva una nuova centralina e gestione elettronica Weber Marelli, nonché nuovi turbocompressori e intercooler Behr. Il motore erogava 720 cavalli, ma agendo sulla sovralimentazione in qualifica, si poteva avvicinare ad 800. Le F40 LM vennero inizialmente usate nel Campionato IMSA 1989, dove per la gara iniziale a Laguna Seca Jean Alesi terminò al terzo posto. La stagione seguente Ferrari France ha schierato nuovamente una F40 LM in alcune prove del Campionato, conquistando in totale quattro podi. Una versione meno estrema, la F40GT, è stata realizzata per il Campionato Italiano 1992, dove ha vinto con Rory Parasiliti. Aveva alcune delle migliorie meccaniche della F40LM, ma manteneva la carrozzeria di serie come da regolamento. Michelotto ha costruito diciannove F40LM tra il 1989 e il 1994 e alcune di queste sono andate a correre la serie BPR dal 1994, risultando varie volte vincitrici e sempre tra le più veloci, ma con vari problemi di affidabilità. La prima F40 LM che ha teminato una 24 Ore di Le Mans è stata schierata dalla Pilot Aldix Racing per Ferté / Thévenin / Palau, sesta di classe, ma prima Ferrari a completare la maratona francese dopo molti anni.

The car built to celebrate Ferrari's 40 years of sporting activity was a quantum leap in the sector, if we want to consider the transition from the term Gran Turismo to the term supercar it is with the F40 that this denomination appeared. At the presentation it was the fastest car on the market, with a profile that is both tight and soft, yet spectacular with the huge rear wing. In 1988 Michelotto was assigned the task of creating a racing version of the already extreme road F40. The bodywork received few changes, with a carbon fiber splitter, rear diffusers and adjustable wing, while the retractable headlights were replaced by fixed lamps covered by a perspex front. The preparation of the V8 biturbo included new Weber Marelli ECU and electronic management, as well as new Behr turbochargers and intercoolers. The engine delivered 720 hp, but by acting on the supercharging in qualifying, it could approach 800 hp. The F40 LMs were initially used in the 1989 IMSA Championship, where Jean Alesi finished third for the initial race at Laguna Seca. The following season Ferrari France again fielded an F40 LM in some tests of the Championship, winning a total of 4 podiums. A less extreme version, the F40GT, was built for the 1992 Italian Championship, where it was the winner with Parasiliti; it received several of the mechanical improvements of the F40LM, but kept the standard bodywork as per regulation. Michelotto built 19 F40LM between 1989 and 1994 and some went to race the BPR series since 1994, resulting several times winners and always among the fastest, but with various reliability problems. The first F40LM that managed to finish a 24 Hours of Le Mans was the car fielded by Pilot Aldix Racing for Ferté / Thévenin / Palau, sixth in its class, but the first Ferrari to complete the 24 Hours after many years.

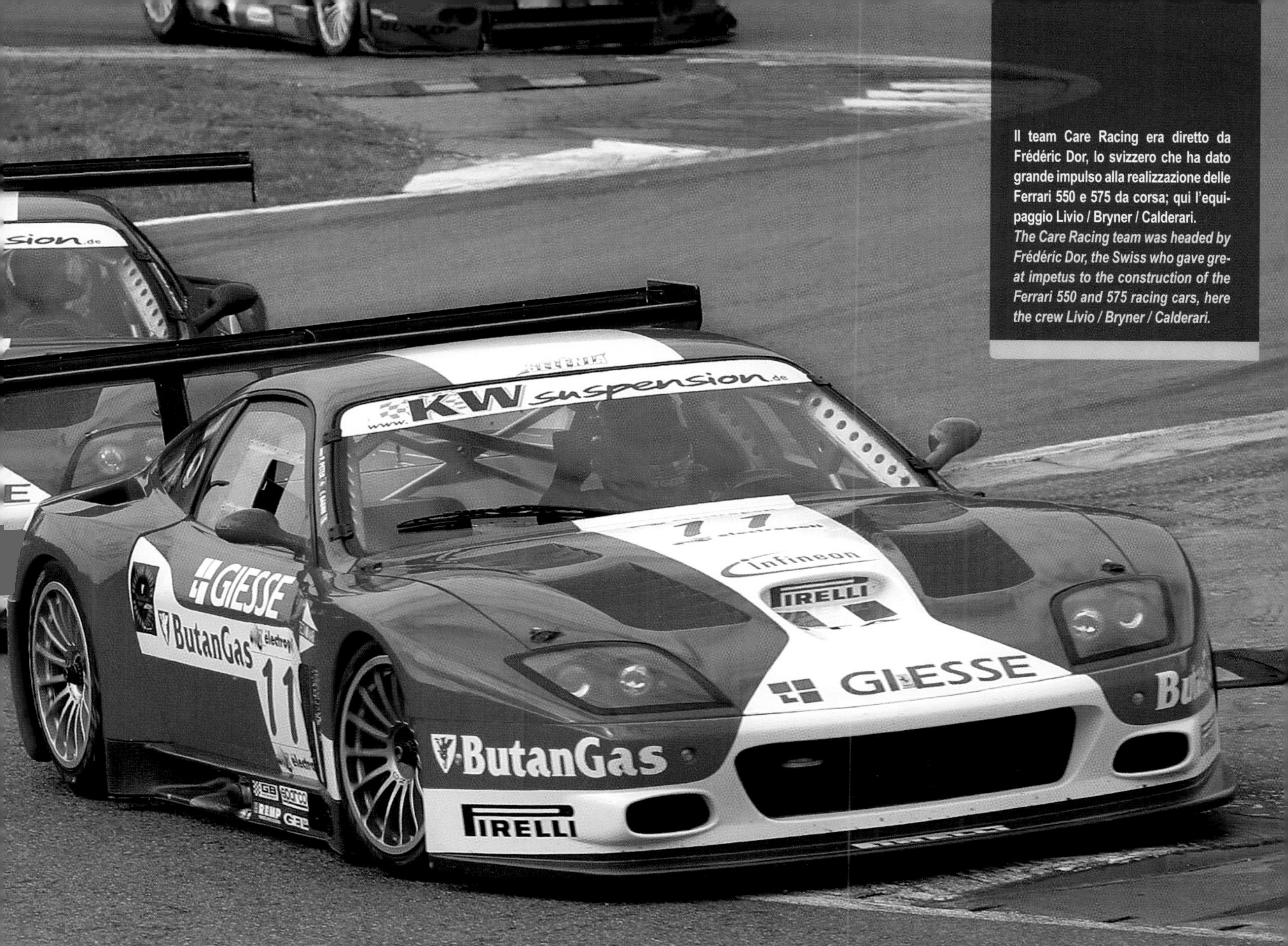

Il team Care Racing era diretto da Frédéric Dor, lo svizzero che ha dato grande impulso alla realizzazione delle Ferrari 550 e 575 da corsa; qui l'equipaggio Livio / Bryner / Calderari.
The Care Racing team was headed by Frédéric Dor, the Swiss who gave great impetus to the construction of the Ferrari 550 and 575 racing cars, here the crew Livio / Bryner / Calderari.

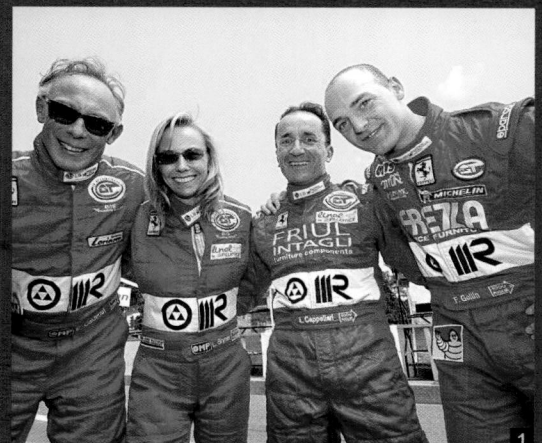

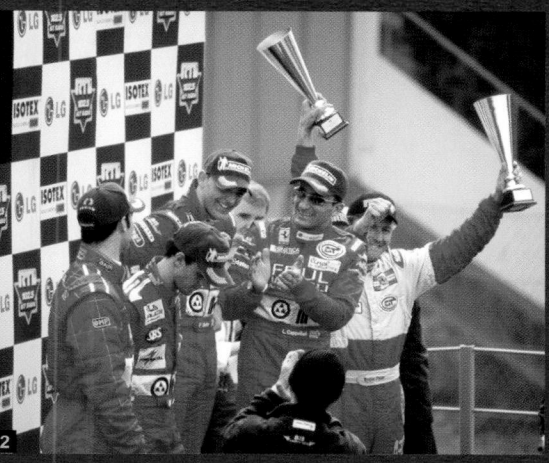

1 Gli equipaggi della Scuderia Italia: Enzo Calderari / Lilian Bryner e Luca Cappellari / Fabrizio Gollin.
Scuderia Italia crews: Enzo Calderari / Lilian Bryner and Luca Cappellari / Fabrizio Gollin.

2 La BMS Scuderia Italia ha ottenuto nel 2004 una doppietta con Gollin / Cappellari e Bobbi / Gardel.
The BMS Scuderia Italia obtained a double win in 2004 with Gollin / Cappellari and Bobbi / Gardel.

1

2

1 Momento di difficoltà per la Corvette del Phoenix Racing di Hezemans / Gollin.
Difficult moment for Hezemans / Gollin's Corvette of Phoenix Racing.

2 La Larbre Competition è stata vincitrice nel 2005 con la Ferrari 550 di Lamy / Gardel.
Larbre Competition was the winner in 2005 with the Lamy / Gardel Ferrari 550.

3 Reiter Engineering preparava vetture Lamborghini molto prima del coinvolgimento del costruttore nelle corse; ha iniziato facendo correre una Diablo nel 2000, poi dal 2003 ha modificato una Murciélago SV, con aiuto di Audi, rimuovendo la trazione integrale in accordo con i regolamenti FIA; ha ottenuto il maggior successo nel 2007 vincendo il FIA GT a Zhuhai con Bochout / Mucke, poi si è concentrato sulla nuova Gallardo.
Reiter Engineering was preparing Lamborghini cars long before the manufacturer's involvement with racing; he started by racing a Diablo in 2000, then from 2003 he modified a Murciélago SV, with help from Audi, removing the all-wheel drive in accordance with the FIA regulations; achieved the most success in 2007, winning the FIA GT in Zhuhai with Bochout / Mucke, then focused on the new Gallardo.

4 Pedro Lamy firma il registro come vincitore del BPR 2005 a Monza.
Pedro Lamy signs the register as winner of the 2005 BPR.

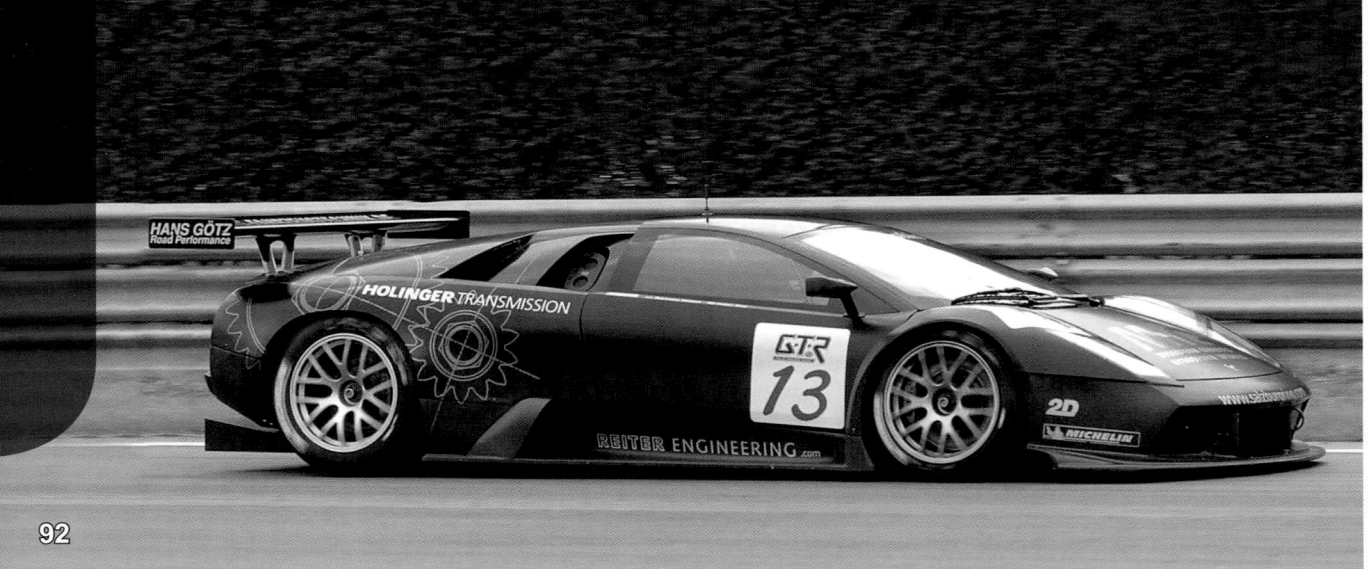

5 Un duello d'altri tempi, per due Case oramai accomunate: Maserati MC12 in battaglia con una Ferrari 575.
A duel of other times, for two houses now united: Maserati MC12 in battle with a Ferrari 575.

6 La 550 Prodrive di Enzo Calderari, Lilian Bryner e Steve Zacchia al rifornimento nel 2005.
The 550 Prodrive of Enzo Calderari, Lilian Bryner and Steve Zacchia refueling in 2005.

Le Maserati MC12 di Peter / Buncombe / Rusinov e Bartels / Scheider guidano il gruppo di ventisette auto al via del FIA GT nel 2005.
The Maserati MC12 driven by Peter / Buncombe / Rusinov and Bartels / Scheider lead a group of 27 cars at the FIA GT 2005.

1 Cambio equipaggio per Hezemans / Longin / Kumpen.
Crew change for Hezemans / Longin / Kumpen.

2 Thomas Biagi discute col responsabile Pirelli Mario Isola nel 2005.
Thomas Biagi discusses with Pirelli manager Mario Isola in 2005.

3 La Mosler MT900 iscritta da Shaun Balfe, che correva assieme a Jamie Derbyshire è riuscita ad ottenere una sponsorizzazione dalla Kia, con cui ha disputato tutto il FIA GT 2005.
The Mosler MT900 entered by Shaun Balfe, who raced with Jamie Derbyshire, managed to obtain a sponsorship from Kia, with whom he ran the 2005 FIA GT.

4 Lamy / Gardel sulla Ferrari 550 della Larbre.
Lamy / Gardel on the Larbre Ferrari 550.

Ferrari
CORVETTE
MOTUL
MICHELIN
Red Bull
linelTEX
JMBracing.com

2

Rolling Center
PIRELLI
Arai
VENETO BANCA
Telemedi

3

MOSLER
Spirit KIA
101
KIA
KIA MOTORS
DUNLOP
NEWARK GLASS
BALFE

4

MOTUL
11
BANCA UNIONE DI CREDITO
CARE RACING DEVELOPMENT
MICHELIN
MOTON

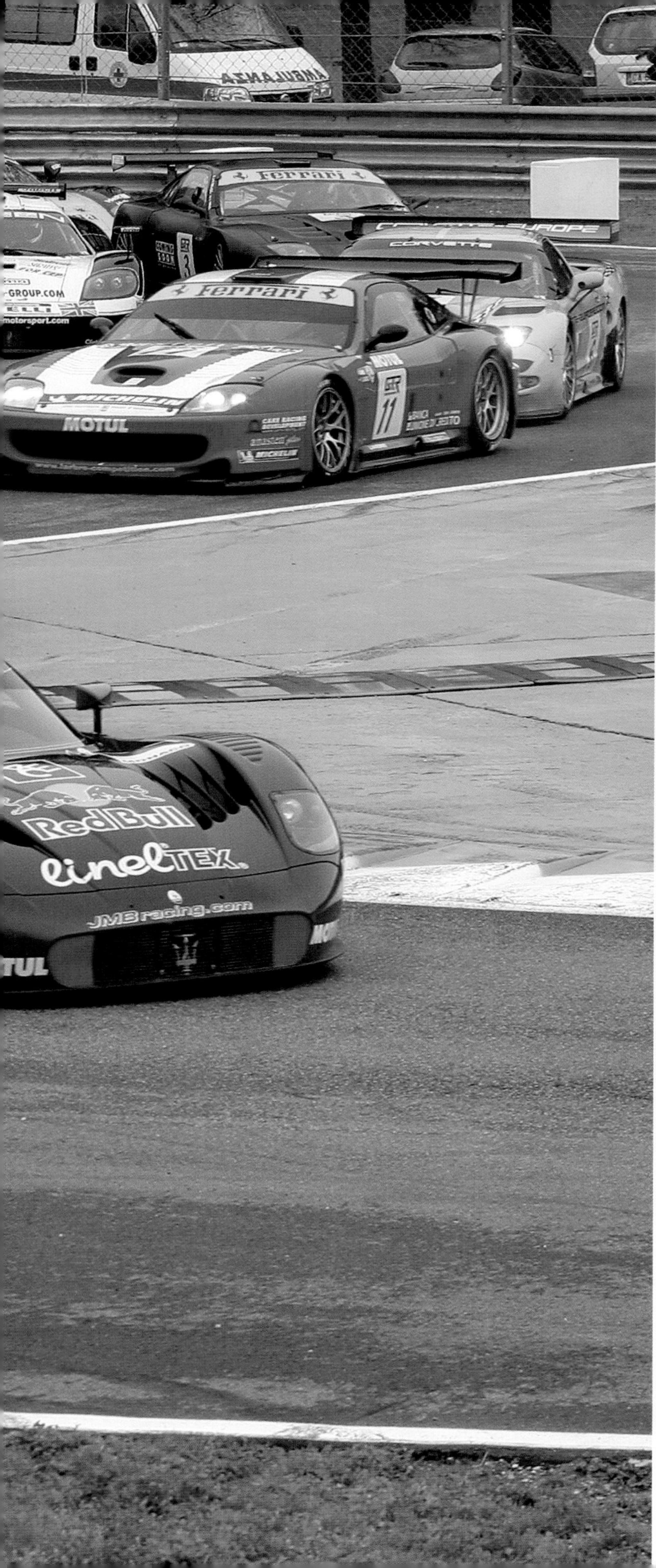

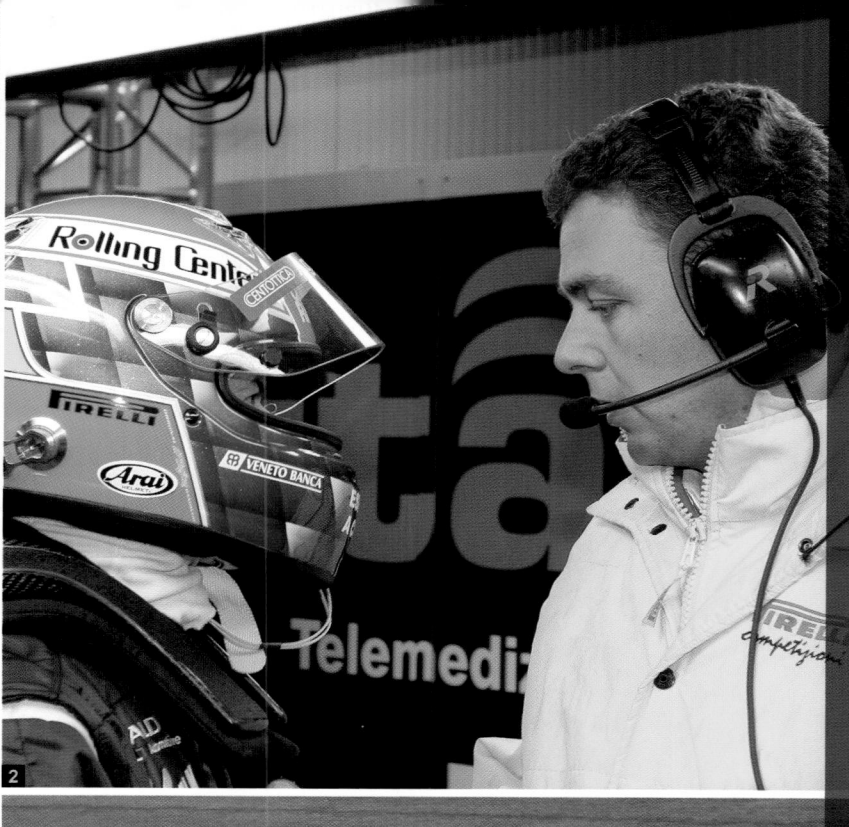

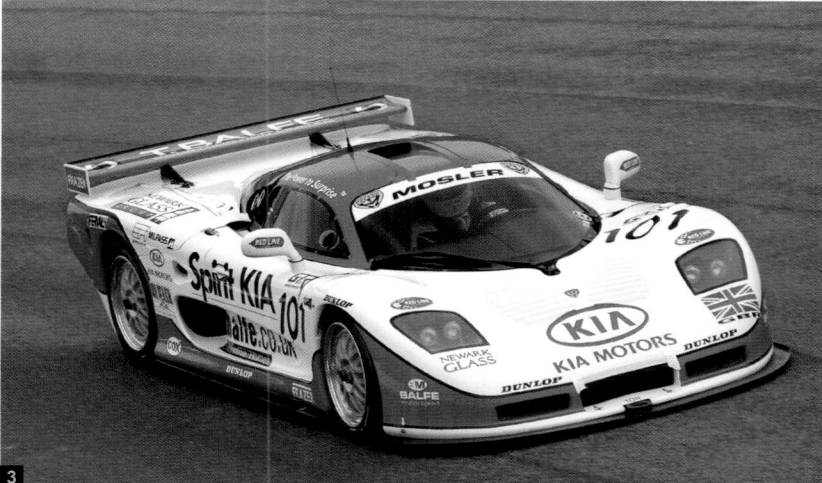

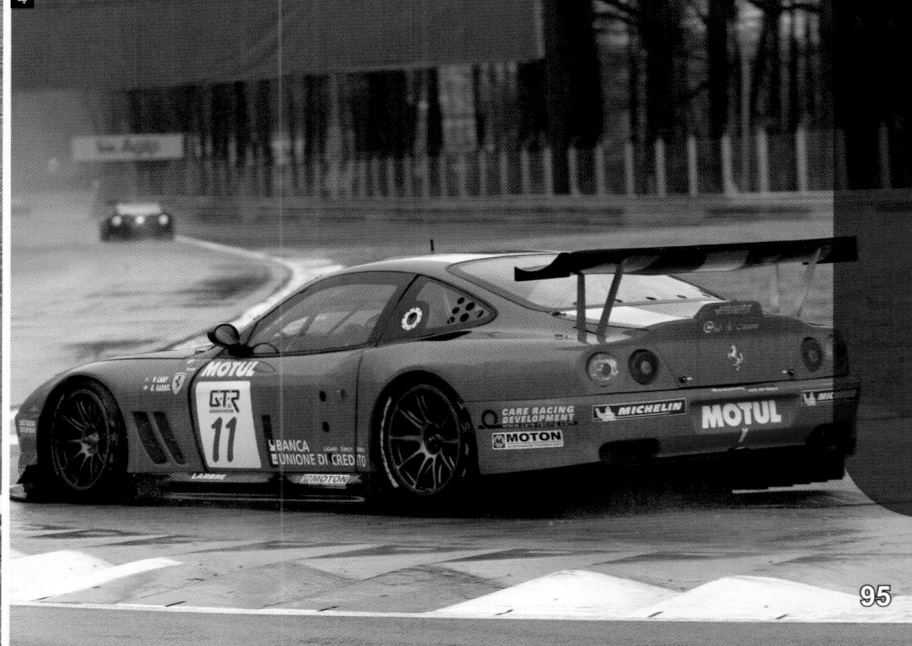

nel 2007 era sempre di primissimo piano, con Maserati, Aston Martin, Ferrari, Porsche, Corvette, Lamborghini e Chrysler Viper.
The field of competitors of the FIA GT in 2007 was always outstanding, with Maserati, Aston Martin, Ferrari, Porsche, Corvette, Lamborghini and Chrysler Viper.

2 Le Maserati MC12 GT1 erano una classe a parte sul piano delle prestazioni nel 2007, ma la vittoria a Monza è andata all'Aston Martin DBR 9 di Wendlinger / Sharp.
The Maserati MC12 GT1 were a class of their own in terms of performance in 2007, but the victory at Monza went to the Aston Martin DBR 9 of Wendlinger / Sharp.

3 La Viper GTS di Carcone / Stépec, quarta nella Citation Cup, un trofeo per piloti non professionisti che correvano con vetture GT1.
The Viper GTS of Carcone / Stépec, fourth in the Citation Cup, a trophy for non-professional drivers who raced with GT1 cars.

4 La Corvette C6-R di Hezemans / Delétraz, terzi al traguardo.
The Corvette C6-R of Hezemans / Delétraz, third at the finish.

5 All'uscita dell'Ascari si inseguono le Maserati MC12 della Scuderia Playteam Sarafree e del Vitaphone Racing Team.
The Maserati M1C2 of Scuderia Playteam Sarafree and the Vitaphone Racing Team are at chase after Ascari bend.

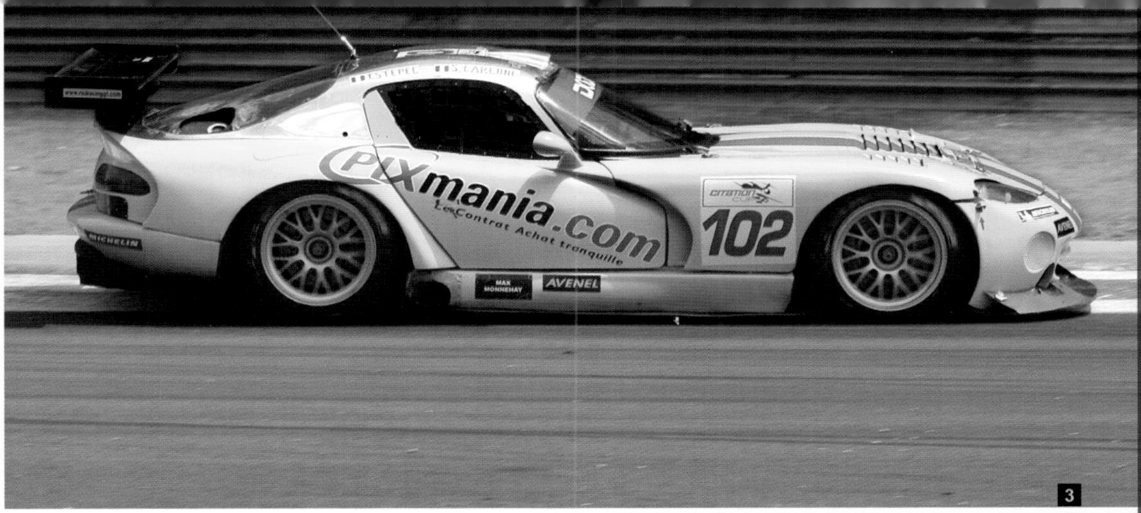

2007

1   Partenza del FIA GT 2007.
Start of FIA GT 2007.

2   Frenata al limite per Montanari /
Ramos.
*Braking at the limit for Montanari /
Ramos.*

3   Ortelli / Bruni, primi in GT2 con
la Ferrari F430 GTC di AF Corse.
*Ortelli / Bruni, first in GT2 with the AF
Corse Ferrari F430 GTC.*

1
2

1 Kumpen / Longin sono risultati i migliori tra le Saleen S7-R, con la quarta posizione assoluta.
Kumpen / Longin were the best among the Saleen S7-R, with the fourth position overall.

2 La Corvette C6.R dello Selleslagh Racing Team vince l'edizione 2008 del FIA GT con Maassen / Bouchut, battendo in volata per un decimo di secondo la Maserati MC12 di Ramos / Negrão.
The Corvette C6.R of the Selleslagh Racing Team won the 2008 edition of the FIA GT with Maassen / Bouchut, beating Ramos / Negrão's Maserati MC 12 by 1/10 of a second.

3 La Vertigo 5 è una GT artigianale del Costruttore belga Gillet, il cui titolare Tony era un pilota attivo nel GT2. Ha un telaio in fibra di carbonio e utilizza un otto cilindri Maserati da 4,2 litri a carter secco, abbinato ad un cambio sequenziale; il tutto è caratterizzato da un ridotto peso complessivo di 950 chilogrammi. Al FIA GT del 2008 era condotta da Bas Leinders e Renaud Kuppens.
The Vertigo.5 is a handcrafted GT from the Belgian manufacturer Gillet, whose owner Tony was an active driver in GT2. It has a carbon fiber chassis and uses a 4.2-liter Maserati eight-cylinder dry sump coupled to a sequential gearbox; the whole is characterized by a reduced overall weight of 950 kg. At the 2008 FIA GT it was driven by Bas Leinders and Renaud Kuppens.

4 Vitaphone è risultato il team di maggior successo con la Maserati MC12 GT1.
Vitaphone was the most successful team with the Maserati MC12 GT1.

Il podio al FIA GT 2007.
Podium at the FIA GT 2007.

BPR GLOBAL GT SERIES

1995 4 Ore 26 marzo / March
GT1   John Nielsen / Thomas Bscher
  McLaren F1 GTR – West Compétition
GT3   Franz Konrad / Bert Ploeg
  Porsche 993 – Konrad Motorsport
GT4   Napoleone Monti / Giuseppe Giovenzana / Massimo Morini
  Porsche 911 Supercup – R. Grassi

1996 4 Ore 24 marzo / March
GT1   John Nielsen / Thomas Bscher
  McLaren F1 GTR – West Compétition
GT2   Bruno Eichmann / Ralf Kelleners / Gerd Ruch
  Porsche 911 GT2 – Roock Racing

FIA GT

1999 500 Chilometri 11 aprile / April
GT   Olivier Beretta / Karl Wendingler
  Chrysler Viper GTS-R – Viper Team Oreca

2000 500 Chilometri 16 aprile / April
GT   Mike Hezemans / David Hart
  Chrysler Viper GTS-R – Carsport Holland
N-GT   Nigel Smith / Michel Neugarten
  Porsche 911 GT3-R – Pennzoil Quaker State G-Force

2001 500 Chilometri 31 marzo / March
GT   Jamie Campbell-Walter / Tom Coronel
  Lister Storm – Lister Storm Racing
N-GT   Johnny Cecotto / Philipp Peter
  Porsche 911 GT3-RS – Autorlando Sport

2003 500 Chilometri 19 ottobre / October
GT   Fabrizio Gollin / Luca Cappellari
  Ferrari 550 GTS Maranello – BMS Scuderia Italia
N-GT   Andrea Bertolini / Fabrizio De Simone
  Ferrari 360 Modena – JMB Racing

2004 500 Chilometri 28 marzo / March
GT   Fabrizio Gollin / Luca Cappellari
  Ferrari 550 GTS Maranello – BMS Scuderia Italia
N-GT   Emmanuel Collard / Stéphane Ortelli
  Porsche 911 GT3-RSR – Yukos Freisinger Motorsport

2005 500 Chilometri 10 aprile / April
GT1   Pedro Lamy / Gabriele Gardel
  Ferrari 550 GTS Maranello – Larbre Compétition
GT2   Marc Lieb / Mike Rockenfeller
  Porsche 911 GT3-RSR – GruppeM Racing

2007 2 Ore 24 giugno / June
GT1   Karl Wendingler / Ryan Sharp
  Aston Martin DBR9 – Jetalliance Racing
GT1C   Tom Cloet / Mauro Casadei
  Chevrolet Corvette C5-R – Selleslagh Racing Team
GT2   Gianmaria Bruni / Stéphane Ortelli
  Ferrari F430 – AF Corse Motorola
GT2C   Sébastien Carcone / Thierry Stepec
  Chrysler Viper GTS-R – Red Racing

2008 2 Ore 18 maggio / May
GT1   Christophe Bouchut / Xavier Maasen
  Chevrolet Corvette C6-R – Selleslagh Racing Team
GT1C   Alexander Talkanitsa / Wolfgang Kaufmann
  Chevrolet Corvette C5-R – AT Racing Renaurer Motosport
GT2   Emmanuel Collard / Richard Westbrook
  Porsche 997 GT3-RSR – Prospeed Competition
GT2C   Bas Leinders / Renaud Kuppens
  Gillet Vertigo – Belgian Racing

BLANCPAIN GT

Il regolamento Blancpain GT

Il Campionato Blancpain GT è riservato alle GT3 e applica il principio del Balance of Performance messo a punto dalla SRO. Le gare sprint sono composte da due corse di un'ora e vedono la partecipazione di due piloti che prendono parte a due distinte sessioni di qualifica; la griglia di Gara1 viene definita in base ai risultati della prima sessione di qualifica, mentre Gara2 è formata con i piloti che hanno partecipato alla seconda qualifica. In entrambe le gare c'è una finestra mandatoria di dieci minuti per il cambio pilota e l'eventuale sostituzione degli pneumatici.

Le gare di tre ore possono essere disputate da equipaggi di due o tre piloti, i quali prendono parte a tre distinte sessioni di qualifica e la griglia viene composta sul tempo medio dei piloti che hanno partecipato alle varie sessioni. Sono obbligatori due pit-stop completi dove devono essere sostituite le gomme e fatto rifornimento, con un tempo minimo imposto. L'unica gara di ventiquattro ore viene tradizionalmente tenuta a Spa-Francorchamps. In questo evento c'è una sessione supplementare di qualifica, denominata Top Qualifying, riservata alle venti migliori auto, che si giocano la posizione in griglia in questa sessione. Il Blancpain GT prevede titoli per i team e i piloti nelle categorie Silver, Pro-Am ed Am. Blancpain organizza come contorno al Blancpain GT la GT4 European Series, aperta ovviamente alle vetture GT4 e indirizzata esclusivamente a piloti non professionisti. Sono quindi più rigorosi i criteri di ammissione alla serie che come il Campionato principale si articola su due gare di un'ora, generalmente da svolgersi in giorni diversi; una differenza è che non è obbligatoria la partecipazione di due piloti mentre anche solo uno di loro può correre entrambe le gare.

The Regulation Blancpain GT

The Blancpain GT Championship is reserved for GT3s and applies the principle of Balance of Performance developed by the SRO. The sprint races consist of two one-hour races and see the participation of two drivers, who take part in two distinct qualifying sessions; the race 1 grid is defined on the basis of the results of the first qualifying session, while race 2 is formed with the drivers who participated in the second qualifying. In both races, there is a mandatory 10-minute window for driver change and possible tire replacement.

The 3-hour races can be undertaken by crews of two or three drivers, who take part in three distinct qualifying sessions. The grid is composed on the average time of the drivers who participated in the various sessions. Two complete pit stops are mandatory, where the tires must be replaced and refueled, with a minimum time set. The only 24-hour race is traditionally held in Spa Francorchamps. In this race, there is an additional qualifying session, called Top Qualifying, reserved for the 20 best cars, which compete for the position on the grid in this session. The Blancpain GT delivers titles for teams and drivers in the Silver, Pro-Am and Am categories. Blancpain is organizing the GT4 European Series as a side dish to the Blancpain GT, obviously open to GT4 cars and aimed exclusively at non-professional drivers.

The criteria for admission to the series are therefore more rigorous, which as the main championship consists of two one-hour races, generally to be held on different days; a difference is that the participation of two drivers is not compulsory, a single driver can run both races.

Battaglia a tre in prima variante, con l'Aston Martin Vantage di Frey / Maritz / Barth, la Ginetta G50 di Viglione / Limonta / Ferrari e la Lamborghini Gallardo di Medard / Arbegel.

Three-way battle in the first variant, with Frey / Maritz / Barth's Aston Martin Vantage, Viglione / Limonta / Ferrari's Ginetta G50 and Medard / Arbegel's Lamborghini Gallardo.

Il regolamento Fanatec World Challenge Europe

Il Campionato Fanatec World Challenge Europe è aperto alle classi GT2, GT3 e GT4 con corse e classifiche separate, applicando il Balance of Performance specifico messo a punto dalla SRO. Mentre le categorie GT3 e GT4 non hanno variazioni rispetto alle altre serie internazionali, la GT2 appare come una cosa nuova.

La GT2 venne definita dalla FIA già nel 1997 per fornire una categoria meno esasperata delle GT1 e più libera delle GT3; ebbe sempre poca applicazione a fronte del grandissimo numero di team impegnati nello sviluppo di vetture GT3 e così, nel 2010, la SRO chiese alla Federazione di abbandonare la categoria GT2 a fronte dei pochissimi partecipati all'attivo. Nel 2021 la GT2 venne riproposta nel Fanatec GT World, avendo l'obiettivo di realizzare una categoria a minor costo della GT3 ma di similare efficienza, cercando prestazioni non nella riduzione di peso ma nell'aumento di potenza. Base di partenza sono vetture di produzione realizzate nella quantità minima di venticinque esemplari, con una maggiore libertà aerodinamica delle GT3 e diversi restrittori sull'alimentazione, con potenze tra i 750 e i 700 cavalli e pesi a vuoto tra i 1050 e i 1390 chilogrammi. Il prezzo deve essere obbligatoriamente inferiore a mezzo milione di euro e la categoria è aperta ai soli Gentleman Driver. Per il 2021 le vetture omologate sono l'Audi R8 LMS GT2, la KTM X-Bow GT2 e la Porsche 911 GT2 RS Clubsport.

The Regulations Fanatec World Challenge Europe

The Fanatec World Challenge Europe Championship is open to the GT2, GT3 and GT4 classes with separate races and rankings, applying the specific Balance of Performance developed by the SRO. While the GT3 and GT4 categories have no variations from other international series, the GT2 looks like a new thing.

GT2 was defined by the FIA as early as 1997 to provide a less exasperated category than the GT1 and freer than the GT3; always had little application in the face of the huge number of teams involved in the development of GT3 cars and in 2010 the SRO asked the Federation to abandon the GT2 category in the face of the very few participating in the asset. In 2021 the GT2 was revived in the Fanatec GT World, with the aim of creating a category at a lower cost than the GT3, but of similar efficiency, seeking performance not in weight reduction, but in increased power. The starting point are production cars made in the minimum quantity of 25 specimens, with greater aerodynamic freedom than the GT3s and different fuel restrictors, with powers between 640 hp and 700 hp and empty psi between 1050 kg and 1390 kg. The price must necessarily be less than € 500,000 and the category is open to Gentleman Drivers only.

For 2021, the homologated cars are the Audi R8 LMS GT2, the KTM X-Bow GT2 and the Porsche 911 GT2 RS Clubsport.

Una delle colorazioni più evocative del Motorsport, applicata con variazioni su tantissime auto, è apparsa sulla McLaren Mp4-12 di Wainwright / Bell, iscritta direttamente dalla Gulf Racing UK.

One of the most evocative colors of Motorsport, applied with variations on many cars, appeared on the McLaren Mp4-12 of Wainwright / Bell, entered directly by Gulf Racing UK.

Il Belgian Audi Club Team WRT è nato dalla filiale belga del Costruttore tedesco e dal club che riunisce gli appassionati del marchio; è attivo dal 2009 in GT3 con le R8; a Monza faceva correre i piloti ufficiali Audi Christopher Mies, Stephane Ortelli e Christopher Haase.

The Belgian Audi Club Team WRT is born from the Belgian branch of the German manufacturer and from the club that brings together fans of the brand; has been active since 2009 in GT3 with the R8; in Monza they raced the works Audi drivers Christopher Mies, Stephane Ortelli and Christopher Haase.

Una buona partecipazione di nove marchi diversi e l'applicazione del Balance of Perfromance garantiscono gare combattute e spettacolari. All'ingresso della Parabolica, la Ferrari 458 di Jean-Luc Beaubelique, Jean-Luc Blanchemain, Patrice Goueslard precede la Porsche 997 di Charles Putman, Charles Espenlaub e Joe Foster.
A good participation of 9 different brands and the application of the Balance of Performance guarantee fought and spectacular races, at the entrance to the Parabolica, the Ferrari 458 of Jean-Luc Beaubelique, Jean-Luc Blanchemain, Patrice Goueslard precedes Charles Putman's Porsche 997, Charles Espenlaub and Joe Foster.

Il Blancpain GT è nato nel 2011 dall'idea della Stéphane Ratel Organization. Il fondatore Ratel è lo stesso che aveva iniziato con successo a organizzare gare GT fin dai tempi del Trofeo Venturi; dopo le difficoltà incontrate con l'aumento esponenziale dei costi con le vetture GT1, è tornato all'idea di creare un campionato per clienti sportivi e *gentlemen*, prima che per le squadre ufficiali, utilizzando le GT3, auto che sin dalla loro origine, nel 2006, erano state concepite come vetture per *customer racing*.

Ha subito creato un regolamento con il Balance of Performance per cercare di livellare le prestazioni di auto molto diverse tra loro e questo, unito a costi di meno della metà di quanto richiesto da un campionato effettuato con una GT1, ha presto riempito griglie di partenza comprendenti fino a cinquanta vetture di dieci differenti Costruttori.

Dalla prima edizione il nuovo Campionato ha ottenuto la partnership con il marchio svizzero di orologeria Blancpain, che così ha dato il proprio nome alla nuova serie. Nel Campionato erano presenti alcune gare di tre ore e l'iconica 24 Ore di Spa, che la

Blancpain GT
Il Campionato

faceva divenire una delle serie più prestigiose per vetture GT. Il Campionato ha avuto un'espansione dal 2013, quando è stata creata la Blancpain GT Series Sprint Cup, sempre aperta a vetture GT3 ma con un format di gara sprint, lasciando la caratterizzazione di gara endurance alla Blancpain GT Series.

Fino al 2017, le gare sprint ne comprendevano una di qualificazione e una principale che forniva un punteggio maggiore; il format è stato rivisto dal 2018, per allinearsi ad altre serie GT internazionali, con due gare di un'ora che fornivano lo stesso punteggio, ma mantenevano la caratteristica endurance dei cambi pilota. Dal 2019 la Sprint Cup è stata rinominata come Blancpain GT World Challenge Europe, mentre il Campionato endurance ha assunto la denominazione di Blancpain Endurance Cup. Gli equipaggi sono classificati in base alla loro esperienza come Pro Cup, Silver Cup, Pro-Am e Am, basati sul criterio della FIA che suddivide i piloti nelle quattro categorie di Platinum, Gold, Silver e Bronze. Il livello Platinum è riservato ad ex piloti

The Blancpain GT was born in 2011 from the idea of the Stéphane Ratel Organization. The founder Ratel is the same person who successfully started organizing GT races since the time of the Venturi trophy; after the difficulties encountered with the exponential increase in costs with GT1 cars, he returned to the idea of recreating a championship for sporting customers and gentlemen, before the official teams, using the GT3s, cars that since their origin in 2006 they were conceived as customer racing cars. A regulation was immediately created with the Balance of Performance trying to level the performance of very different cars and this, combined with costs less than half of what is required by a championship carried out with a GT1, soon filled the grids from the start with up to 50 cars from 10 manufacturers. From the first edition, the new championship obtained a partnership with the Swiss watchmaking brand Blancpain, which gave its name to the new series. The championship included some 3-hour races and the iconic

Blancpain GT
The Championships

24 Hours of Spa, which made it one of the most prestigious series for GT cars. The championship had an expansion from 2013, when the Blancpain GT Series Sprint Cup was created, always open to GT3 cars, but with a sprint race format, leaving the characterization of an endurance race to the Blancpain GT Series. Until 2017, Sprint races included a qualifying race and a main race, which provided a higher score; the format was revised from 2018 to align with other international GT series, with two one-hour races providing the same score, but maintaining the endurance characteristic of driver changes. From 2019 the Sprint Cup was renamed as the Blancpain GT World Challenge Europe, while the endurance championship took the name of the Blancpain Endurance Cup. The crews are classified according to their experience as Pro Cup, Silver Cup, Pro-Am and Am, based on the criterion of the FIA which divides the drivers into the four categories of Platinum, Gold, Silver and Bronze. The Platinum level is reserved for former F1 drivers, while the

di Formula 1 mentre il Bronze agli amatoriali. Dal 2020 lo sponsor Blancpain ha ritirato il proprio supporto alla serie, che diviene così GT World Challenge Europe.

Fanatec GT World Challenge

L'ottava stagione del GT World Challenge Europe, nel 2021, è stata dedicata come Fanatec GT World Challenge Europe ed è iniziata a Monza il 18 aprile, chiudendosi a Barcellona il 10 ottobre. Tra le dieci prove, il format comprende cinque gare, cinque Sprint Cup e cinque Endurance Cup, con la novità dell'apertura alla nuova classe GT2, portando quindi a tre le serie separate secondo i regolamenti di GT2, GT3 e GT4. Sempre organizzata dalla Stéphane Ratel Organization, il Campionato Fanatec è una delle più importanti serie a livello mondiale, con la partecipazione di otto Costruttori per il titolo assoluto: Aston Martin, Audi, BMW, Ferrari, Lamborghini, McLaren, Mercedes, Porsche, andando a correre in circuiti iconici come Monza, Brands Hatch, Zandvoort e Nürburgring, con il punto più importante della stagione in occasione della 24 Ore di Spa. Ci sono punteggi diversi a seconda della durata delle gare, dai 25 al vincitore delle gare spint ai 100 per quello della 24 Ore di Spa, che confluiscono in una classifica finale per team ed una per piloti. La serie europea è una delle tre per GT organizzate a livello mondiale dalla SRO, le altre due sono la serie GT World Challenge Asia e la GT World Challenge America, che hanno come punto in comune la 24 Ore di Spa, come evento che raccoglie il meglio di tutti i Campionati per GT. Cercando di tornare alle origini delle competizioni gestite dalla propria organizzazione, già nel 2015 la SRO aveva lanciato una serie per Gentleman Drivers, la categoria Bronze della FIA; nel 2021 la serie chiamata GT Sports Club è stata ripresentata come Fanatec GT2 European Series e viene effettuata in due gare sprint di cinquanta minuti, aperte a piloti singoli o in coppia. Il Campionato 2021 è andato alla Audi R8 della danese High Class Racing condotta da Anders Fjordbach e Mark Patterson, mentre il Campionato per GT3 è stato vinto da un'altra Audi R8, quella del Team WRT. La classifica Piloti, nella classe Pro, ha visto vincitori Dries Vantoor e Charles Weerts, al volante della Audi R8 del team WRT.

Bronze level is reserved for amateurs. Since 2020, Blancpain has withdrawn its support for the series, which thus becomes GT World Challenge Europe.

Fanatec GT World Challenge

The eighth season of the GT World Challenge Europe, in 2021, was branded as Fanatec GT World Challenge Europe. The season started in Monza on April 18th, ending in Barcelona on October 10th. Among the 10 races, the format includes 5 races, 5 Sprint Cup and 5 Endurance Cup, with the novelty of opening the new GT2 class, thus opening up to 3 separate series according to the GT2, GT3 and GT4 regulations. Also organized by the Stephane Ratel Organization, the Fanatec championship is one of the most important series in the world, with the participation of 8 manufacturers for the overall title: Aston Martin, Audi, BMW, Ferrari, Lamborghini, McLaren, Mercedes, Porsche, going to race in iconic circuits such as Monza, Brands Hatch, Zandvort and Nurbürgring, with the most important point of the season at the 24 Hours of Spa. There are different scores depending on the duration of the races, from 25 points to the winner for spint races to 100 points for the winner of the 24 Hours of Spa, one ranking per team and one per driver. The European series is one of the three GT series organized worldwide by the SRO, the other two are the GT World Challenge Asia series and the GT World Challenge America, which have as common point the 24 Hours of Spa, as an event that gathers the best of all GT championships.

Trying to go back to the origins of the competitions organized by its organization, already in 2015 the SRO had launched a series for Gentleman Drivers, the Bronze category of the FIA; in 2021 the series called "GT Sports Club" was reintroduced as Fanatec GT2 European Series and is carried out in two sprint races of 50 minutes, open to single or couple drivers. The 2021 Championship went to the Audi R8 of Danish High Class Racing driven by Anders Fjordbach and Mark Patterson, while the championship for GT3 went to another Audi R8, that of Team WRT; the classification for pioti, in the Pro class, saw Dries Vantoor and Charles Weerts, at the wheel of the Audi R8 of the WRT team.

1 Il team belga Marc VDS ha portato a Monza una delle velocissime Ford GT ed è stato ricompensato con la terza posizione. Pilota più redditizio è risultato il belga Maxime Martin, figlio di Jean-Michel Martin, quattro volte vincitore della 24 Ore di Spa. Fedele alle corse GT come il padre, Maxim ha corso con Aston Martin, BMW, Ford, Morgan. Con la BMW ufficiale ha vinto la 24 Ore di Spa nel 2016, onorando lo zio Philippe, pure lui vincitore della stessa gara.

Belgian team Marc VDS brought one of the very fast Ford GTs to Monza and was rewarded with third position. The most profitable driver was Belgian Maxime Martin, son of Jean-Michel Martin, 4-time winner of the 24 Hours of Spa. As faithful to GT racing as his father, Maxim raced with Aston Martin, BMW, Ford, Morgan. With the official BMW he won the 24 Hours of Spa in 2016, honoring his uncle Philippe, who also won the same race.

2 La brillante e rischiosa strategia della Autorlando, con soli due pit stop sulle tre ore di gara, ha permesso alla Porsche 911 GT3 condotta da Ruberti, Giammaria e Roda di superare l'Audi R8 del Belgian Audi Club di Ortelli, Longin e Albuquerque, in testa fino a dieci giri dalla fine, quando si sono dovuti fermare per un rabbocco di carburante.

The brilliant and risky strategy of Autorlando, with only two pit stops over the three hours of the race, allowed the Porsche 911 GT3 driven by Ruberti, Giammaria and Roda to overtake the Audi R8 of the Belgian Audi Club of Ortelli, Longin and Albuquerque, in the lead up to 10 laps to go, when they had to stop for a refueling.

3 Vincitore nella categoria GT4 è risultato Leo Mansell, figlio del campione inglese Nigel; a Monza correva in coppia col fratello Greg ed Edoardo Piscopo su una Lotus Evora.

The winner in the GT4 category was Leo Mansell, son of the English champion Nigel; in Monza he raced in tandem with his brother Greg and Edoardo Piscopo on a Lotus Evora.

4 La prima gara nella storia della Blancpain Endurance Series è stata disputata a Monza nel 2011 e ha visto la vittoria della Porsche 911 di Raffaele Giammaria, Paolo Ruberti e Gianluca Roda davanti all'Audi R8 di Stephane Ortelli, Bert Longin, Filipe Albuquerque e alla Ford GT di Markus Palttala, Maxime Martin e Bas Leinders.

The first race in the history of the Blancpain Endurance Series was held in Monza in 2011 and saw the victory of the Porsche 911 of Raffaele Giammaria, Paolo Ruberti and Gianluca Roda in front of the Audi R8 of Stephane Ortelli, Bert Longin, Filipe Albuquerque and the Ford GT of Markus Palttala, Maxime Martin and Bas Leinders.

5 Trentatré auto si sono presentate al via della prima gara del neonato trofeo Blancpain; sin dall'inizio sono stati presenti qualità e quantità tra gli iscritti.

33 cars showed up at the start of the first race of the newborn Blancpain trophy; from the beginning quality and quantity among the members weren't missing.

111

2012

1 Una novità del GT3 nel 2012 è stata la Nissan GT-R; la vettura preparata dalla Nismo, che qui segue la Ferrari di Palmer / Lyons / Bonetti, era condotta da Ward/Mardenborough / Buncombe. Jann Mardenborough è diventato famoso nel 2011 per essere risultato vincitore del programma di scoperta di nuovi talenti della Nissan chiamato GT Academy.
New to the GT3 in 2012 was the Nissan GT-R; the car prepared by Nismo, which here follows the Ferrari of Palmer / Lyons / Bonetti, was driven by Ward/ Mardenborough / Buncombe; Jann Mardenborough became famous in 2011 for winning Nissan's talent discovery program called GT Academy.

2 La 911 GT3 della Prospeed che ha concluso al quinto posto nel 2012, era condotta da Hennerici / Maasen / Goosens. Marc Hennerici arriva da una famiglia con radici nel Motorsport: suo zio Günther era il titolare della Eifelland Caravan, che nei primi anni Settanta mise in piedi anche un team che partecipò al Campionato mondiale di Formula 1 con Rolf Stommelen.
Prospeed's 911 GT3, which finished in 5th place in 2012, was driven by Hennerici / Maasen / Goosens. Marc Hennerici comes from a family with roots in Motorsport, his uncle Günther was the owner of the Eifelland Caravan, who in the early 70s also set up a team that participated in the Formula 1 World Championship with Rolf Stommelen.

3 Martin, Palttala e Leinders hanno vinto l'edizione 2012 del Blancpain con la BMW Z4 del Marc VDS Racing, una delle non molte vittorie della berlinetta bavarese, spinta da un otto cilindri dal suono incantevole.
Martin, Palttala and Leinders won the 2012 edition of Blancpain with the BMW Z4 of Marc VDS Racing, one of the not many victories of the Bavarian coupé, powered by an enchanting sounding 8-cylinder.

4 Raffinatezza ai box della Gulf Racing, per un team legato alla benzina, non potevano mancare i colori sociali sulla torretta di rifornimento.
Refinement in the Gulf Racing pits, for a team linked to petrol, the company colors on the refueling tower could not be missing.

5 Il pilota più titolato, anche se al di fuori dell'automobilismo, nell'edizione 2012 è stato Valentino Rossi, che condivideva una delle quattro Ferrari 458 del Kessel Racing con l'amico Alessio "Uccio" Salucci. Il campione di motociclismo era alla sua seconda esperienza su una GT, dopo la 6 Ore di Vallelunga disputata nel 2010; Valentino è partito dalla decima posizione in griglia, ma poi una collisione con la Lamborghini di Brandela/Cabannes, mentre era Salucci alla guida, ha fatto perdere posizioni. La Ferrari col numero 46 ha concluso in diciottesima posizione a quasi due minuti dalla BMW Z4 dei vincitori.
The most successful driver, even if outside of car racing, in the 2012 edition was Valentino Rossi, who shared one of the 4 Ferrari 458s of Kessel Racing with his friend Alessio "Uccio" Salucci. The Moto GP champion was in his second experience on a GT, after the Vallelunga Six Hours held in 2010; Valentino started from tenth position on the grid, but then a collision with Brandel / Cabannes' Lamborghini, while Salucci was driving, caused him to lose positions. The Ferrari with the number 46 finished in eighteenth position almost two minutes from the winning BMW Z4.

2012

1   Il team francese Sainteloc è stato fondato nel 2014, correndo inizialmente rally nazionali; la crescita lo ha fatto diventare la Peugeot Rally Academy, correndo il Mondiale WRC2; poi dal 2012 ha iniziato a scendere in pista partecipando al Blancpain con Audi R8.
The French Sainteloc team was founded in 2014, initially running national rallies; the growth made him become Peugeot Rally Academy, competing in the WRC2 World Championship, then in 2012 he started racing on the track participating in Blancpain with Audi R8.

2-4   Valentino Rossi osserva con attenzione l'evolversi delle classifiche. A suo agio sul bagnato è riuscito a condurre alla fine una Ferrari danneggiata, con lo sterzo ruotato a destra di quasi un quarto di giro sui rettilinei.
Valentino Rossi carefully observes the evolution of the rankings. Comfortable in the wet he managed to eventually lead a damaged Ferrari, with the steering wheel turned to the right by almost a quarter of a turn on the straight lines.

3   La Chrysler Viper di Paillard / Lesoudier / Vannelet.
The Chrysler Viper driven by Paillard / Lesoudier / Vannelet.

5   L'uscita dalla variante tradisce la McLaren MP4 condotta da Matt Bell, Alvaro Parente e David Brabham.
Exiting the variant betrays the McLaren MP4 driven by Matt Bell, Alvaro Parente and David Brabham.

6   Il Blancpain veniva a Monza all'inizio della primavera, in una stagione spesso piovosa. Alla prima variante la BMW Z4 di Knap / Danyliw / Habets precede il gruppo.
The Blancpain reached Monza in early spring, in an often rainy season. At the first variant the BMW Z4 of Knap / Danyliw / Habets leads the group.

7   La mobilità sta cambiando e così nel 2012 la pubblicità di un'auto elettrica francese su una Ferrari non fa più inorridire anche i puristi, l'auto è la 458 dei francesi Goueslard / Policand / Jousse.
Mobility is changing and so in 2012 the advertisement for a French electric car on a Ferrari no longer horrifies even the purists, the car is the 458 of the French Goueslard / Policand / Jousse.

6
7

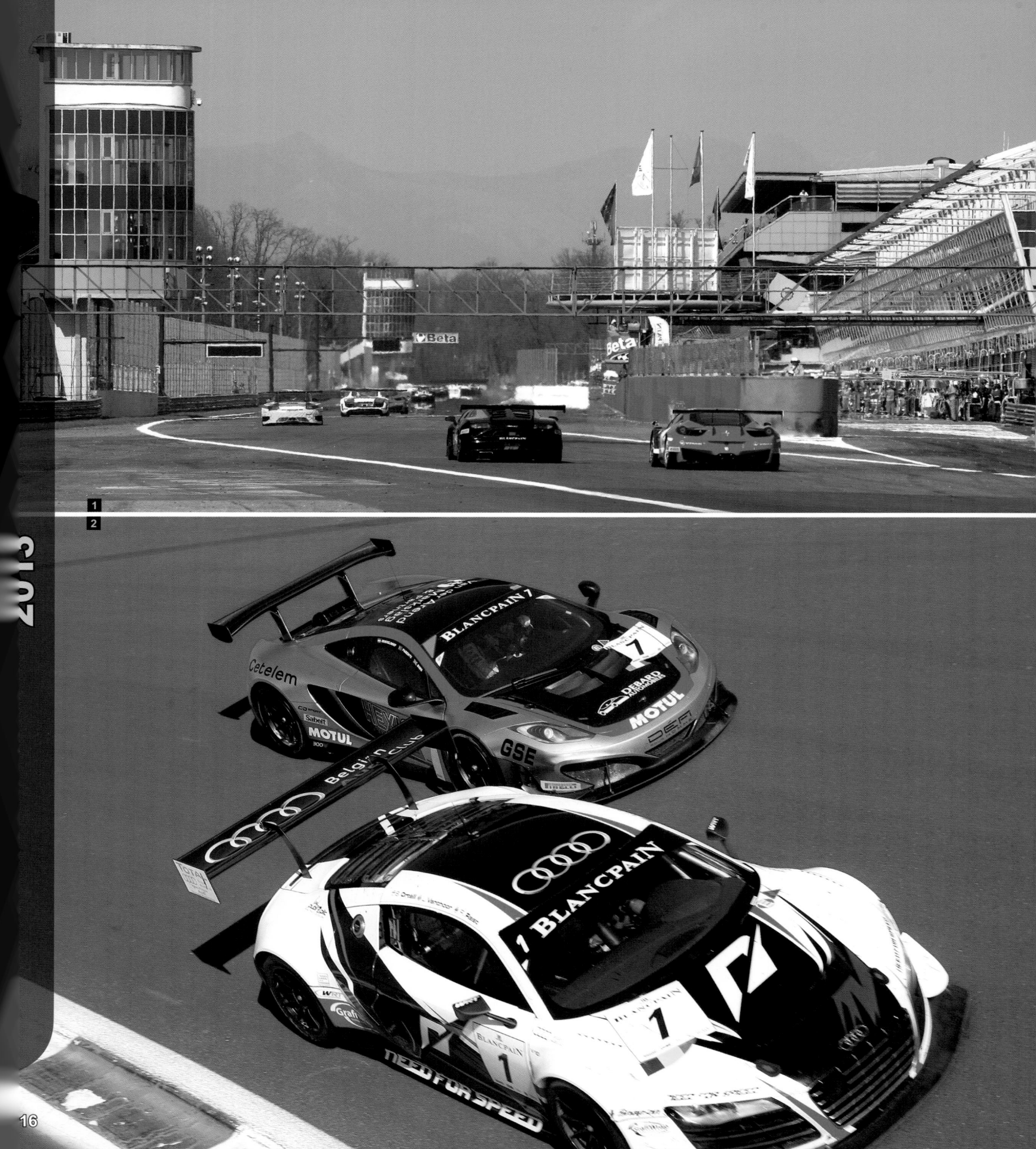

1   Il gruppone si lancia sul rettilineo alla fine del primo giro di una gara che durerà tre ore.
The big group launches itself on the straight at the end of the first lap of a race that will last three hours.

2   In Parabolica, l'Audi R8 LMS Ultra di Ortelli / Rast / Vanthoor contende l'ingresso alla McLaren MP4-12C di Dusseldorp / Parente / Sims.
In Parabolica, the Audi R8 LMS Ultra of Ortelli / Rast / Vanthoor contends for entry to the McLaren MP4-12C of Dusseldorp / Parente / Sims.

3   Ua Ferrari nella sabbia della Parabolica, è la 458 del Kessel Racing di Zanuttini / Gattuso / Kemenater.
A Ferrari in the sand of the Parabolica is the 458 of Zanuttini's Kessel Racing / Gattuso / Kemenater.

4   Il podio, con Leclerc / Parisy / Soucek (McLaren McLaren MP4-12C), Ramos / Rigon / Zampieri (Ferrari 458), Verdonck / Bell / Carroll (McLaren McLaren MP4-12C).
The podium, with Leclerc / Parisy / Soucek (McLaren McLaren MP4-12C), Ramos / Rigon / Zampieri (Ferrari 458), Verdonck / Bell / Carroll (McLaren McLaren MP4-12C).

2013

1 Trentanove auto hanno preso il via nel 2014, con la prima fila occupata dalla McLaren MP4-12C di Demoustier / Prémat / Parente, che poi risulterà vincitrice e dalla Ferrari 458 di Broniszewski / Bonacini / Petrobelli.
39 cars took the start in 2014, with the front row occupied by the McLaren MP4-12C of Demoustier / Prémat / Parente, who will later be the winner and the Ferrari 458 of Broniszewski / Bonacini / Petrobelli.

2 Di traverso in Parabolica la Aston Martin V12 Vantage di Poole / Abra / Osborne.
The Aston Martin V12 Vantage di Poole / Abra / Osborne, sideways in Parabolica.

3   Non una foto dal Rally di Monza, ma la Aston Martin della MP Motorsport AMR che rientra in pista usando la stradina di servizio dopo un'uscita in sabbia in Parabolica.
Not a photo from the Monza Rally, but the Aston Martin of MP Motorsport AMR returning to the track using the service lane after a sand exit in the Parabolica.

4   La Roal Motorsport è nata nel 2005 dalla trasformazione della Ravaglia Motorport, il team del celebre pilota, Campione mondiale Turismo nel 1987 e poi team principal dell'omonimo team. Nel 2014 ha fatto correre la BMW Z4 per Colombo, Amos e Comandini, quest'ultimo pilota di fiducia per lungo tempo del team di Legnano.
Roal Motorsport was born in 2005 from the transformation of Ravaglia Motorport, the team of the famous world touring champion driver in 1987 and later team principal of the homonymous team. In 2014 they were racing the BMW Z4 for Colombo, Amos and Comandini, the latter trusted driver for a long time from the Legnano team.

5   AF Corse nel 2014 ha schierato tre Ferrari 458 per gli equipaggi Bachelier / Mallegol / Blank, Danyliw / Knap / Sonvico e Barreiros / Mann / Guedes.
AF Corse lined up three Ferrari 458s in 2014 for the crew of Bachelier / Mallegol / Blank, Danyliw / Knap / Sonvico and Barreiros / Mann / Guedes.

1 Una delle principali attrazioni del 2014 è stata la Bentley Continental GT3, dopo il brillante quarto posto in griglia di Meyrick / Smith / Kane, le due Bentley hanno concluso la gara in settima e ottava posizione.
One of the major attractions of 2014 was the Bentley Continental GT3, after the brilliant 4th place on the grid by Meyrick / Smit/ Kane, the two Bentleys finished the race in 7th and 8th position.

2 Durante le prove, sta rientrando ai box l'elegante Ferrari 458 bianco-azzurra delle AF Corse di Bachelier / Mallegol / Blank, quarti tra i Gentlemen a Monza nel 2014.
During practices, the elegant white-blue Ferrari 458 of the AF Corse of Bachelier / Mallegol / Blank is coming back to the pits, fourth among the Gentlemen at Monza in 2014.

3 Su trentotto auto al via, ben nove erano Ferrari 458.
Out of 38 cars at the start, 9 were Ferrari 458s.

4 Si prepara la griglia per la gara sulla durata tradizionale di tre ore.
The grid is being prepared for the traditional three-hour race.

2014

1 Il gruppo di trentotto auto si compatta in Parabolica preparandosi alla partenza.
The group of 38 cars is compacted in the Parabolica preparing for the start.

2 Alla guida di Stephan Winkelmann si è rafforzato l'impegno di Lamborghini nel Motorsport e le Huracán sono cresciute al massimo livello di competitività nel GT3. Qui la vettura del GRT Grasser Racing Team condotta da Beretta, Stolz e Piccini.
Under the guidance of Stephan Winkelmann Lamborghini has strengthened its commitment to motorsport and the Huracáns have grown to the highest level of competitiveness in GT3; here the GRT Grasser Racing Team car driven by Beretta, Stolz and Piccini.

3 Le nuove disposizioni sulle prescrizioni di sicurezza sono arrivate anche nel GT e, a fianco di uno dei commissari di Monza, si trovano i segnali di "Safety Car" e "Full Course Yellow", entrambe dichiarate dal direttore di gara ed esposte in situazioni di pericolo. Durante il periodo di "FCY" le auto debbono proseguire a ottanta chilometri orari con il divieto di sorpasso.
The new provisions on safety requirements also arrived in the GT and next to one of the Monza marshals there are the "Safety Car" and "Full Course Yellow" signs, both declared by the race director and exposed in dangerous situations. During the "FCY" period, cars must continue at 80 km/h with no overtaking.

4 Bruno Senna, nipote del grande Ayrton, era presente al Blancpain 2015 sulla McLaren 650S GT3 condivisa con Adrian Quaife e Alvaro Parente.
Bruno Senna, nephew of the great Ayrton, was present at Blancpain 2015 in the McLaren 650S GT3 shared with Adrian Quaife and Alvaro Parente.

5

5 La tradizionale conferenza stampa alla fine dell'edizione 2016 del Blancpain GT, da sinistra: Baumann / Jaafar / Buhk, secondi con Mercedes SLS della HTP Motorsport, Bell / Ledogar / Van Gisbergen, vincitori con la McLaren 650S del Garage 59 e Soucek / Reip / Soulet, terzi con la Bentley Continental ufficiale.
The traditional press conference at the end of the 2016 Blancpain GT, from left Baumann / Jaafar / Buhk, second with Mercedes SLS of HTP Motorsport, Bell / Ledogar / Van Gisbergen, winners with McLaren 650S of Garage 59 and Soucek / Reip / Soulet, third with the works Bentley Continental.

6 Le corse per GT3 sono sempre combattute e spesso caratterizzate da auto a distanza ravvicinata: Gitlin / Zanuttini / Talbot guidano il gruppo.
GT3 races are always close fought and often characterized by small car trains at close range: Gitlin / Zanuttini / Talbot lead the group.

7 I vincitori Côme Ledogar, Rob Bell e Shane van Gisbergen aggrediscono i cordoli con grande grinta.
Winners Côme Ledogar, Rob Bell and Shane van Gisbergen attacked the curbs with this grit.

8 La Huracán della Konrad Motorsport di Brück / Gounon / Zöchling riguadagna la strada dei box, priva del cofano perso in una collisione in variante.
The Huracán of Konrad Motorsport driven by Brück / Gounon / Zöchling returns to the pit lane with the hood lost in a collision in the chicane.

6

7

8

Bentley Continental GT3

Al Festival of Speed di Goodwood del 2013 Bentley ha presentato la versione GT3 della Continental, con lo scopo di rafforzare l'immagine sportiva del modello già apprezzato per la sua eleganza. Quasi mille chilogrammi sono rimossi dalla vettura e il motore V8 biturbo è arrivato a consegnare oltre seicento cavalli in un'auto sicuramente competitiva nella quale è stato aggiunto un sofisticato pacchetto aerodinamico. L'alleggerimento comprendeva anche un albero di trasmissione in fibra di carbonio, mentre la trasmissione si affidava ad un cambio XTrac montato in posizione transaxle al fine di avere una migliore distribuzione dei pesi. Nonostante la rimozione di tutto l'interno, la Continental GT3 mantiene alcune raffinatezze Bentley, come un volante lussuoso, plancia e maniglie cucite a mano. Dopo un debutto con un quarto posto alla 12 Ore di Yas Marina del 2013, il primo impegno importante in corsa è stata la partecipazione alla serie Blancpain del 2014, dove la Continental ha conquistato la prima vittoria alla 3 Ore di Silverstone con la vettura ufficiale di Meyrick / Smith / Kane. Alla fine della carriera agonistica la prima versione della GT3 ha registrato centoventi arrivi a podio su oltre cinquecento partenze. Nel 2018 è stata realizzata la seconda versione della Continental GT3, col peso ridotto ulteriormente al limite di 1300 chilogrammi, e il motore con nuovi carter e gruppi di ammissione e scarico; nuove sospensioni e freni completavano l'aggiornamento della vettura. Anche questa versione ha ottenuto successi, a partire dalla gara Blancpain America del 2019 ad Austin, con la GT3 del team K-PAX condotta da Baptista / Soulet e poi dalla vettura ufficiale di Pierce / Smith / Morris alla 1000 Chilometri del Paul Ricard del GT World Challenge Europe Endurance.

At the 2013 Goodwood Festival of Speed Bentley presented the GT3 version of the Continental, with the aim of reinforcing the sporty image of the model already appreciated for its elegance. Almost 1,000 kg were removed from the car and the twin-turbo V8 engine delivered over 600 hp in a definitely competitive car, in which a sophisticated aerodynamic package was added. The lightening also included a carbon fiber drive shaft, while the transmission relied on an XTrac gearbox mounted in the transaxle position in order to have better weight distribution. Despite the removal of the entire interior, the Continental GT3 retains some Bentley refinements, such as a luxurious steering wheel, hand-stitched dashboard and handles. After a debut with fourth place at the 12 Hours of Yas Marina 2013, the first important commitment in racing was the participation in the Blancpain series of 2014, where the Continental obtained its first victory at the 3 Hours of Silverstone with the official car of Meyrick / Smith / Kane; in the end, the first version of the GT3 recorded 120 podium finishes out of over 500 starts. In 2018 the second version of the Continental GT3 was made, with the weight further reduced to the limit of 1300 kg and the engine with a new crankcase and inlet and exhaust units; new suspension and brakes completed the update of the car. The new version also achieved successes, starting from the 2019 Blancpain America race in Austin, with the K-PAX team GT3 driven by Baptista / Soulet and the works car of Pierce / Smith / Morris official at the 1000 Chilometers of the GT Paul Ricard World Challenge Europe Endurance.

1   Una inquietante scia di fumo dietro la 458 di Gitlin / Zanuttini / Talbot, in quel momento in sesta posizione, come mostrato dai nuovi tabelloni luminosi dietro il parabrezza che indicano la posizione; un importante miglioramento per comprendere la corsa.
A disturbing trail of smoke behind the 458 of Gitlin / Zanuttini / Talbot, now in sixth position, as shown by the new luminous billboards behind the windshield showing the position; an important improvement for spectators.

2   Nella gara per le GT4, contorno del Blancpain 2016, ha corso la prima supercar bulgara, la Sin R1, uno dei sette modelli di auto del Costruttore che aveva iniziato le attività nel 2011 in Germania, ma poi si è trasferito a Sofia.
The first Bulgarian supercar, the Sin R1, one of the seven car models of the manufacturer that had started its activities in 2011 in Germany, but then moved to Sofia, took part in the race for the GT4, a side event of Blancpain 2016.

3   La M6 F13 è divenuta la nuova arma di BMW Motorsport per il GT3, le due vetture della semiufficiali Rowe Motorsport non hanno visto il traguardo nel 2016; erano guidate da Eng / Werner / Sims e Graf / Dusseldorp / Luhr.
The M6 F13 became BMW Motorsport's new weapon for the GT3, the two cars of the semi-official Rowe Motorsport did not see the finish line in 2016; they were driven by Eng / Werner / Sims and Graf / Dusseldorp / Luhr.

4   Veloce come il vento, la Huracán di Marco Mapelli, Marco Attard e Leo Machitsk.
As fast as the wind, the Huracán by Marco Mapelli, Marco Attard and Leo Machitsk.

2016

1 C'è sempre molta animazione nelle corse GT: la categoria GT3 ha prodotto un grande incremento di vendita delle versioni "corsaiole" delle supercar; Audi ha realizzato finora oltre quattrocento R8 LMS GT3, Mercedes più di trecento, tra SLS e GT3, e ben milleduecento Porsche 911, tra versioni Cup e GT3. Considerando anche la quantità di personale qualificato presente nei vari team, il mondo delle GT produce una sostanziale quantità di lavoro nel Motorsport.
There is always a lot of animation in GT racing, the GT3 category has realized a large increase in sales of the racing versions of supercars; Audi has so far produced over 400 R8 LMS GT3, Mercedes over 300 between SLS and GT3, Porsche over 1200 911 between Cup and GT3 versions. Considering also the amount of qualified personnel present in the various teams, the world of GT produces a substantial amount of work in Motorsport.

2 La categoria GT4 ha visto come auto più competitive le Chevrolet delle Camaro e le Maserati che erano precedentemente impegnate nel Trofeo, assieme alle KTM X-Bow, sviluppate in particolare per il GT4; il gruppo è guidato dalla Camaro del V8 Racing olandese di Huisman / Braams.
The GT4 category saw the Chevrolet Camaro and Maserati cars that were previously competing in the Trophy as the most competitive cars, together with the KTM X-Bow specially developed for the GT4; the group is led by the Camaro of the Dutch V8 Racing from Huisman / Braams.

3 Anche nel 2016 Nissan ha inviato una vettura del GT Academy Team, con i vincitori del concorso del simulatore Granturismo per Playstation; i vincitori dell'Academy il 2015 Ordoñez / Takaboshi sono stati affiancati in equipaggio con un professionista delle GT come Chris Buncombe; termineranno al quarto posto assoluto.
Also in 2016 Nissan sent a GT Academy Team car, with the winners of the Granturismo simulator competition for Playstation; 2015 Academy winners Ordoñez / Takaboshi were teamed up with a GT pro like Chris Buncombe; they will finish in 4th place overall.

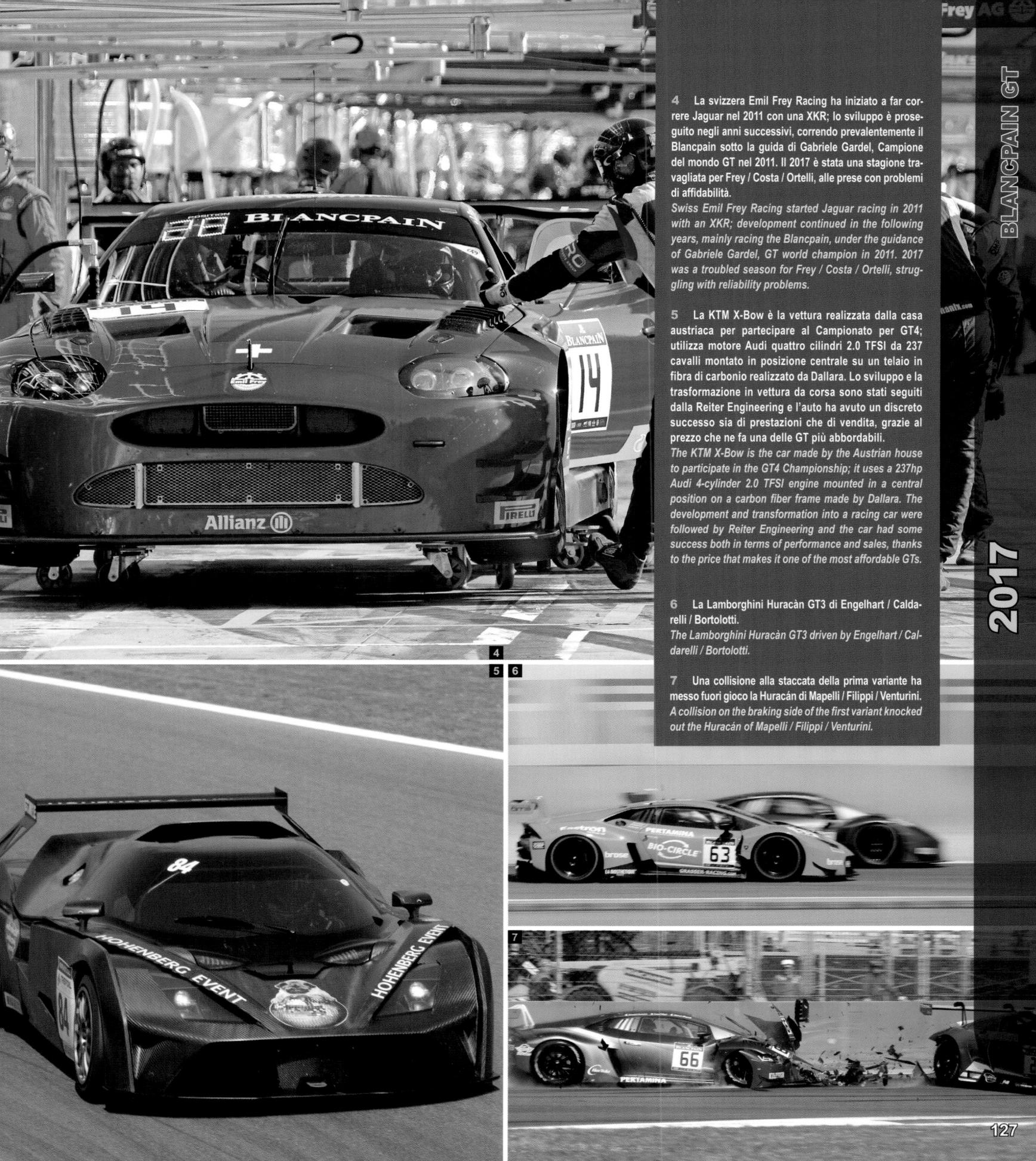

4   La svizzera Emil Frey Racing ha iniziato a far correre Jaguar nel 2011 con una XKR; lo sviluppo è proseguito negli anni successivi, correndo prevalentemente il Blancpain sotto la guida di Gabriele Gardel, Campione del mondo GT nel 2011. Il 2017 è stata una stagione travagliata per Frey / Costa / Ortelli, alle prese con problemi di affidabilità.
Swiss Emil Frey Racing started Jaguar racing in 2011 with an XKR; development continued in the following years, mainly racing the Blancpain, under the guidance of Gabriele Gardel, GT world champion in 2011. 2017 was a troubled season for Frey / Costa / Ortelli, struggling with reliability problems.

5   La KTM X-Bow è la vettura realizzata dalla casa austriaca per partecipare al Campionato per GT4; utilizza motore Audi quattro cilindri 2.0 TFSI da 237 cavalli montato in posizione centrale su un telaio in fibra di carbonio realizzato da Dallara. Lo sviluppo e la trasformazione in vettura da corsa sono stati seguiti dalla Reiter Engineering e l'auto ha avuto un discreto successo sia di prestazioni che di vendita, grazie al prezzo che ne fa una delle GT più abbordabili.
The KTM X-Bow is the car made by the Austrian house to participate in the GT4 Championship; it uses a 237hp Audi 4-cylinder 2.0 TFSI engine mounted in a central position on a carbon fiber frame made by Dallara. The development and transformation into a racing car were followed by Reiter Engineering and the car had some success both in terms of performance and sales, thanks to the price that makes it one of the most affordable GTs.

6   La Lamborghini Huracàn GT3 di Engelhart / Caldarelli / Bortolotti.
The Lamborghini Huracàn GT3 driven by Engelhart / Caldarelli / Bortolotti.

7   Una collisione alla staccata della prima variante ha messo fuori gioco la Huracán di Mapelli / Filippi / Venturini.
A collision on the braking side of the first variant knocked out the Huracán of Mapelli / Filippi / Venturini.

2017

1 In battaglia alla staccata dell'Ascari sono la Bentley ufficiale di Abril / Soucek / Soulet e la Audi R8 LMS del Belgian Audi Club Team WRT guidata da Stevens / Fässler / Vanthoor.
Battling at the Ascari braking point are the works Bentley of Abril / Soucek / Soulet and the Audi R8 LMS of the Belgian Audi Club Team WRT driven by Stevens / Fässler / Vanthoor.

2 La traiettoria ideale all'ingresso della Parabolica è per la Aston Martin V12 Vantage di Al Harthy / Adam, ottavi assoluti e vincitori nella categoria Pro-Am.
The ideal line at the entrance to Parabolica is for the Aston Martin V12 Vantage of Al Harthy / Adam, overall eighth and winners in the Pro-Am category.

3 I piloti moderni, abituati ai simu- latori, tendono a non classificare più le curve con i nomi tradizionali. Così, la celebre seconda curva di Lesmo, il cui solo nome incuteva timore, ora diviene una molto più anonima curva "5".
Modern drivers, accustomed to simulators, tend to no longer classify the curves with the traditional names. So the famous second Lesmo curve, whose name alone inspired fear, now becomes a much more anonymous curve "5."

4   Anche il 2018 ha registrato una sfortunata partecipazione del team tedesco Rowe, impegnato solitamente nel Campionato VLN; entrambe le M6 di Collard / Krohn / Klingmann e Wittmann / Sims / Catsburg si sono dovute ritirare. Il tabellone luminoso sul vetro riporta anche il nome del pilota, qui "COL" indica il pilota dl BMW Junior Team Ricky Collard.
Also 2018 recorded an unfortunate participation of the German team Rowe, usually engaged in the VLN championship; both Collard / Krohn / Klingmann and Wittmann / Sims / Catsburg M6s had to retire. The luminous billboard on the glass also shows the driver's name, here "COL" indicates the BMW Junior Team driver Ricky Collard.

5   Un'altra splendida colorazione, questa volta applicata all'Audi R8 della Car Collection di Frank Stippler, Dimitri Parhofer e Toni Forne.
Another splendid color, this time applied to the Audi R8 of Car Collection for from Frank Stippler, Dimitri Parhofer and Toni Forne.

1 La corsa è terminata e gli addetti ai lavori si stringono attorno alle vetture, quasi tutti hanno da festeggiare per il successo o il traguardo raggiunto.
The race is over and the insiders gather around the cars, almost everyone has to celebrate for the success or the chequered flag reached.

2 Gioia al Blancpain 2018 a Monza: Alex Riberas, Dries Vanthoor e Christopher Mies hanno portato alla vittoria la Audi R8 LMS del Belgian Audi Club WRT.
Joy at Blancpain 2018 in Monza: Alex Riberas, Dries Vanthoor and Christopher Mies led the Belgian Audi Club WRT Audi R8 LMS to victory.

3 Una collisione in prima variante tra la Bentley di Kane / Smith / Gounon e la Lamborghini di Ineichen / Perera / Keen.
A collision between the Bentley of Kane / Smith / Gounon and the Lamborghini of Ineichen / Perera / Keen at the first chicane.

4 Seconda in griglia e prima al traguardo nella categoria Silver nel 2018 è stata la Jaguar XKR del team svizzero Emil Frey; era guidata da Adrian Zaugg, Alex Fontana e Mikael Grenier; la pole position è stata per la Ferrari 488 dello SMP Racing per Aleshin / Rigon / Molina.
Second on the grid and first at the finish in the Silver category in 2018 was the Jaguar XKR of the Swiss team Emil Frey; it was led by Adrian Zaugg, Alex Fontana and Mikael Grenier; pole position went to the SMP Racing Ferrari 488 of Aleshin / Rigon / Molina.

5 La Aston Martin V12 Vantage della R-Motorsport per Thiim / Dennis / Vaxiviere.
The R-Motorsport Aston Martin V12 Vantage of Thiim / Dennis / Vaxiviere.

6 Nonostante la violenta fumata dal vano motore, la Huracán della Ombra Racing di Rizzoli / Monti / Frassinetti è riuscita a tagliare il traguardo nella gara del 2018.
Despite the violent smoke from the engine bay, the Huracán of Ombra Racing driven by Rizzoli / Monti / Frassinetti managed to cross the finish line in the 2018 race.

1 La Lamborghini Huracán di Amstutz /Machitski / Ramos.
Lamborghini Huracán piloted by Amstutz /Machitski / Ramos.

2 La Mercedes GT3 di Vos / Onslow /Cole.
Mercedes GT3 piloted by Vos / Onslow /Cole.

3 La Aston Martin V12 Vantage di Rahindra / Thomas.
Aston Martin V12 Vantage driven by Rahindra / Thomas.

4 Pioveva molto al Blancpain del 2019 e alla staccata della prima variante la Ferrari 488 della AF Corse, guidata da Hommerson / Machiels / Bertolini cerca di avvicinarsi alla BMW M6 del Boutsen Ginion Team, condotta da Rostan / Steveny / Ojjeh.
It was raining a lot at the Blancpain in 2019 and at the braking of the first variant the Ferrari 488 of AF Corse, driven by Hommerson / Machiels / Bertolini tries to get close to the BMW M6 of the Boutsen Ginion Team, driven by Rostan / Steveny / Ojjeh..

5 Il Blancpain 2019 di Monza ha visto la vittoria della Dinamic Motorsport, un team nuovo del Campionato; la Porsche 911 GT3 R guidata da Bachler / Rizzoli / Ashkanani era completamente nuova anche per i piloti, che sono saliti per la prima volta sull'auto alla vigilia.
The Blancpain 2019 in Monza saw the victory of Dinamic Motorsport, a new team in the championship; the Porsche 911 GT3 R driven by Bachler / Rizzoli / Ashkanani was completely new even for the drivers, who got into the car for the first time less than a month earlier.

6 La Mercedes GT3 della R-Motorsport insegue una delle Ferrari 488 iscritte dalla Rinaldi Racing, qui quella di Ehret / Berry / Balbiani.
The Mercedes GT3 of R-Motorsport chases a Ferrari 488 entered by Rinaldi Racing, here that of Ehret / Berry / Balbiani.

1 Le corse delle GT non sono mai noiose e sono sempre combattute, infatti solo mezzo secondo ha separato la Lamborghini Huracán di Lind / Caldarelli / Mapelli dalla vittoria.
GT racing is never boring and always tight, only half a second separated Lind / Caldarelli / Mapelli's Lamborghini Huracán from victory.

2 Un record di cinquantasette auto era al via nel 2019, valore vicino alla capienza dell'autodromo dove, considerando una vettura ogni cento metri e una tolleranza, si possono ammettere al massimo sessanta auto.
A record of 57 cars was at the start in 2019, a value close to the capacity of the racetrack, where considering one car every 100 meters and a tolerance, a maximum of 60 cars can be admitted.

3 L'austriaco Klaus Bachler, il kuwaitiano Zaid Ashkanani e l'italiano Andrea Rizzoli sono risultati vincitori in una gara avvincente, portando gioia al team Dinamic Motorsport di Reggio Emilia, una scuderia nata nel 2011 che, dopo esperienze nella Superstars e nella Mini Challenge, si è concentrata sulle Porsche correndo il Campionato Italiano GT, la Mobil 1 Supercup e finalmente il Blancpain.
The Austrian Klaus Bachler, the Kuwaiti Zaid Ashkanani and the Italian Andrea Rizzoli were the winners in an exciting race, bringing joy to the Dinamic Motorsport team of Reggio Emilia, a team born in 2011, which after experiences in the Superstars and Mini Challenge is focused on Porsches, racing the Italian GT Championship, the Mobil 1 Supercup and finally the Blancpain.

1

2

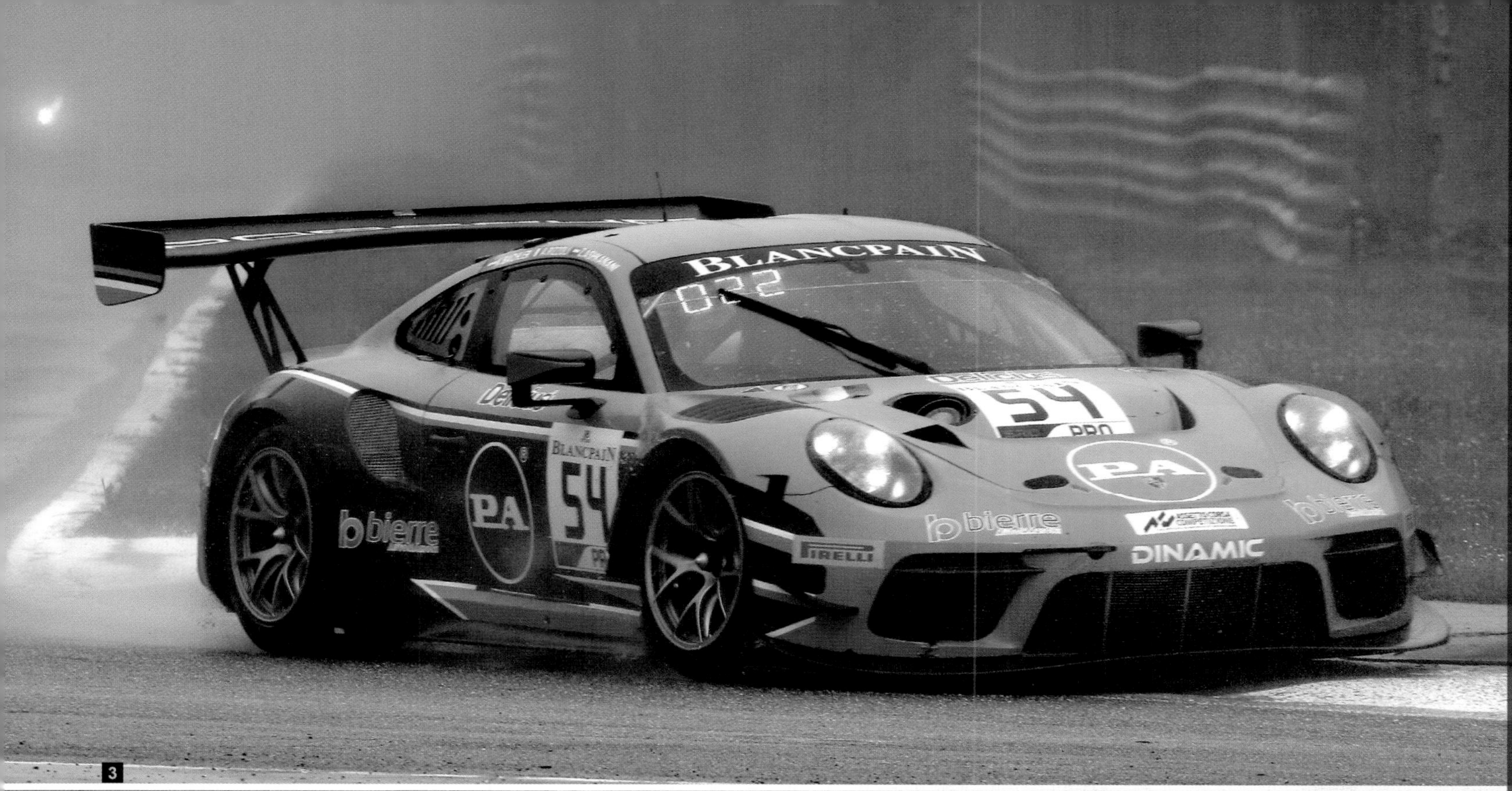
BLANCPAIN
54
PRO
PA
bierre
PIRELLI
DINAMIC

3

BLANCPAIN
BLANCPAIN
PER
19
THE HEART
OF RACING
TOTAL
TOTAL
PIRELLI
AMG
MONZA

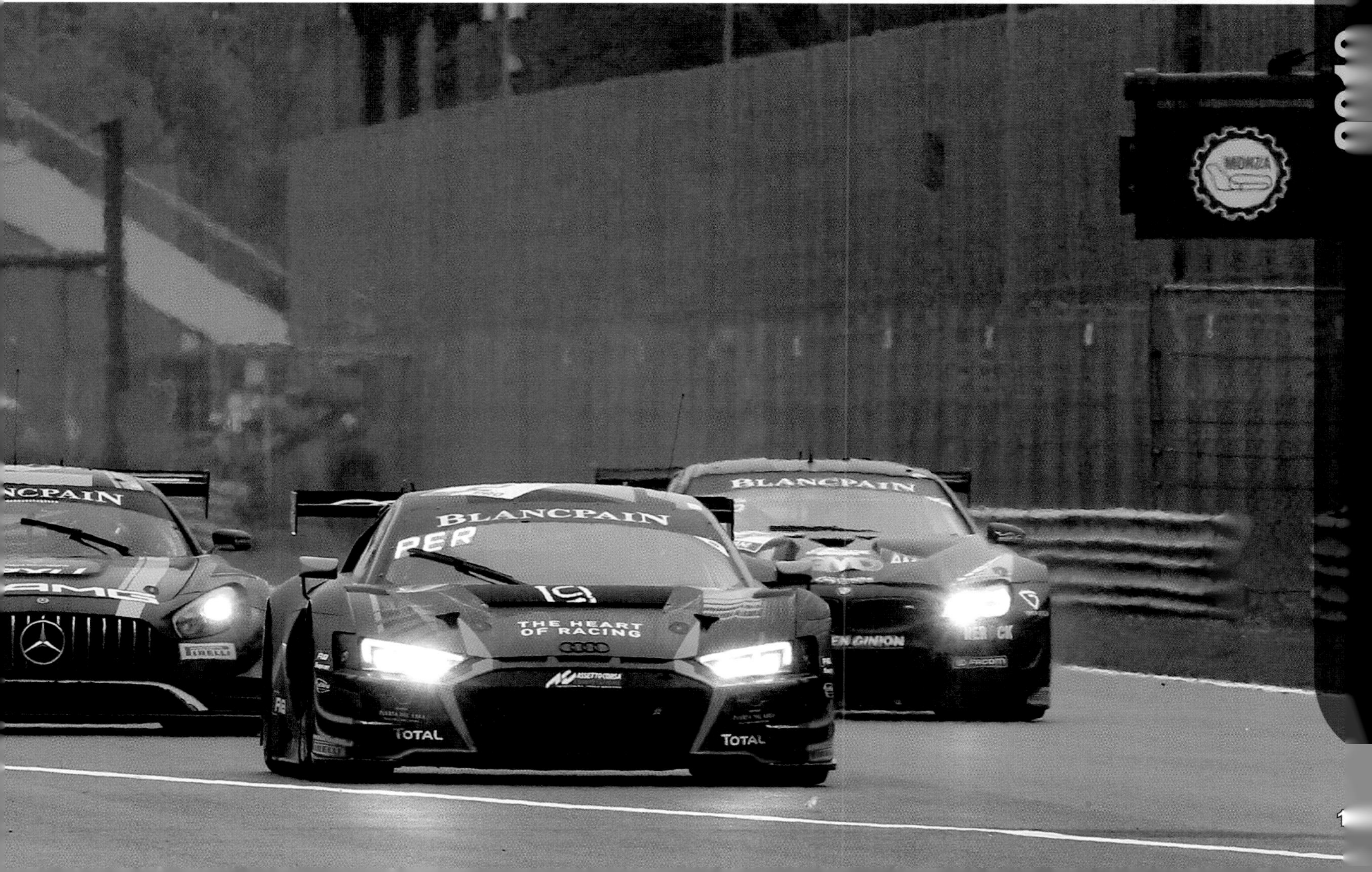

1

2

1 Le Audi R8 preparate come GT2 utilizzano un airscope non previsto in GT3. Al volante della numero 88 nientemeno che Stéphane Ratel, secondo classificato in gara2 assieme a Luca Pirri.
The Audi R8s prepared as GT2 use an airscope not allowed in GT3, at the wheel of the no. 88 none other than Stéphane Ratel, second classified in race 2 together with Luca Pirri

2 Passati i settant'anni, Hans Joachim Stuck, non smette di stupire ed essere velocissimo; sulla KTM X-Bow GT2 della Reiter Engineering si è rappresentato a correre dopo il ritiro nel 2017, risultando terzo alla fine del Campionato.
Aged 70, Hans Joachim Stuck never ceases to amaze and be very fast; on Reiter Engineering's KTM X-Bow GT2 he resumed racing after retiring in 2017, finishing third at the end of the Championship.

3 Il passaggio dal patrocinio da Blancpain a quello del produttore di accessori per simulatori e videogame Fanatec non ha diminuito l'interesse del Campionato, con quarantadue auto presenti nella gara principale.
The transition from sponsorship by Blancpain to that of the produccore of accessories for simulators and Fanatec video games has not diminished the interest of the championship, with 42 cars present in the main race.

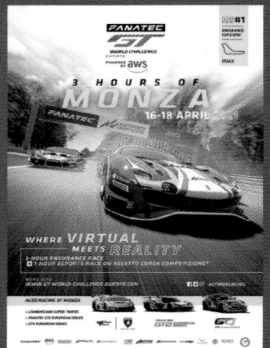

3

BLANCPAIN GT ENDURANCE SERIES

2011 3 Ore 17 aprile / April

GT3 Pro Gianluca Roda / Raffaele Gianmaria / Paolo Ruberti
Porsche 997 GT3-R – Autorlando Sport

GT3 Pro/Am Peter Kox / Marc Hayek
Lamborghini Gallardo LP600 – Blancpain Reiter

GT3 Citation Georges Cabannes / Grégory Guilvert
Lamborghini Gallardo GT3 – Ruffier Racing

GT4 Edoardo Piscopo / Greg Mansell / Leo Mansell
Lotus Evora GT4 – Lotus Italia

2012 3 Ore 15 aprile / April

Pro Bas Leinders / Maxime Martin / Markus Palttala
BMW Z4 GT3 – Mac VDS Racing Team

Pro/Am Eugenio Amos / Alessandro Bonacini / Giacomo Petrobelli
Ferrari 458 Italia GT3 – Vita4One Team Italy

Gentleman Trophy Pablo Paladino / Paolo Andreasi / Beniamino Caccia
Ferrari 430 Scuderia – Kessel Racing

2013 3 Ore 14 aprile / April

Pro Daniel Zampieri / César Ramos / Davide Rigon
Ferrari 458 Italia GT3 – Kessel Racing

Pro/Am Niek Hommerson / Louis Machiels
Ferrari 458 Italia GT3 – AF Corse

GTR Jean-Luc Beaubélique / Jean-Luc Blanchemain / Patrice Goueslard
Ferrari 458 Italia GT3 – SOFREV Auto Sport Promotion

2014 3 Ore 13 aprile / April

Pro Grégoire Demoustier / Alvaro Parente / Alexandre Prémat
McLaren MP4-12C GT3 – ART Grand Prix

Pro/Am Stefano Colombo / Stefano Comandini / Eugenio Amos
BMW Z4 GT3 – ROAL Motorsport

Am Alexander Mattschull / Pierre Ehreet / Frank Schmickler
Ferrari 458 Italia GT3 – GT Corse by Rinaldi

2015 3 Ore 12 aprile / April

Pro Fabio Babini / Jeroen Mul / Andrew Palmer
Lamborghini Huracán GT3 – Grasser Racing Team

Pro/Am Rinat Salikhov / Norbert Siedler
Ferrari 458 GT3 – Rinaldi Racing

Am Stephen Earle / Liam Talbot / Marco Zanuttini
Ferrari 458 Italia GT3 – Kessel Racing

2016 3 Ore 24 aprile / April

Pro Rob Bell / Shane van Gisbergen / Come Ledôgar
McLaren 650S GT3 – Garage 59

Pro/Am Alessandro Bonacini / Michael Broniszewski / Andrea Rizzoli
Ferrari 488 GT3 – Kessel Racing

Am Jean-Luc Beaubélique / Maurice Ricci / Gilles Vannelet
Mercedes AMG GT3 – AKKA ASP

2017 3 Ore 23 aprile / April

Pro Mirko Bortolotti / Andrea Caldarelli / Christian Engelhart
Lamborghini Huracán GT3 – Grasser Racing Team

Pro/Am Jonathan Adam / Ahmad Al Harthy
Aston Martin V12 Vantage GT3 – Oman Racing Team with TF Sport

Am Alex Demirdjian / Abbie Eaton / Davide Rizzo
Ferrari 488 GT3 – AF Corse

2018 3 Ore 22 aprile / April

Pro Christopher Mies / Alex Riberas / Dries Vanthoor
Audi R8 LMS – Belgian Audi Club Team WRT

Silver Alex Fontana / Mikael Grenier / Adrian Zaugg
Jaguar XK Emil Frey G3 – Emil Frey Jaguar Racing

Pro/Am Alexander Mattschull / Rinat Salikhov / Dominik Schwager
Ferrari 488 GT3 – Rinaldi Racing

Am Alex Fabien Barthez / Eric Debard / Philippe Giauque
Mercedes AMG GT3 – AKKA ASP

2019 3 Ore 14 aprile / April

Pro Zaid Ashkanani / Klaus Bachler / Andrea Rizzoli
Porsche 911 GT3 R – Dinamic Motorsport

Silver Nico Bastian / Timur Boguslavskly / Felipe Fraga
Mercedes AMG G3 – AKKA ASP Team

Pro/Am Chris Buncombe / Chris Froggatt / Jonathan Hui
Ferrari 488 GT3 – Tempesta Racing

Am Alex Adrian Amstutz / Leo Machitski / Miguel Ramos
Lamborghini Huracán GT3 Evo – Barwell Motorsport

GT WORLD CHALLENGE EUROPE ENDURANCE CUP

2021 3 Ore 18 aprile / April

Assoluta/Overall Klaus Bachler / Matteo Cairoli / Christian Engelhart
Porsche 911 GT3 R – Dinamic Motorsport

Silver Alex Fontana / Ricardo Feller / Rolf Ineichen
Lamborghini Huracán GT3 Evo – Emil Frey Racing

Pro/Am Jonathan Adam / Chris Goodwin / Alexander West
Aston Martin Vantage AMR GT3 – Garage 59

Il regolamento

L'International GT Open ammetteva all'inizio tre classi: la GTA, equivalente alla GT2 FIA, la GTS, equivalente alla GT3 FIA e la GTB per vetture provenienti da vari monomarca e trofei. Dal 2014 le denominazioni sono state solo quelle FIA, mentre la GTB era stata eliminata a partire dal 2008. Dal 2015 il Campionato è stato aperto alle sole GT3 e ha adottato la classificazione voluta dalla FIA per i piloti: Pro, Pro-Am e Gentlemen; nello schema iniziato dal 2015 è stata adottata la monogomma di Michelin al posto della precedente Dunlop.

Le gare sono strutturate su due manches che hanno avuto tempi e modi diversi negli anni: da duecento chilometri ciascuna nel 2006, la riduzione della seconda a centocinquanta nel 2007, una corsa da sessantacinque minuti e un'altra di quarantacinque nel 2008, e infine da una corsa da settanta minuti e la seconda da sessanta nel 2009. Salvo che nella stagione inaugurale, la prima e più lunga corsa si chiama "Pro-Am" mentre la seconda è denominata "Open". Gli equipaggi nella categoria Pro possono essere una combinazione di Platinum/Gold/Silver, mentre la combinazione Platinum/Platinum è vietata; in Pro-Am è obbligatorio avere un pilota Bronze appaiato ad un Gold/Silver, mentre in Am sono ammessi solo piloti Bronze. Gli handicap di tempo di cinque, dieci e quindici secondi si determinano in base ai risultati delle gare precedenti e vengono scontati al momento del cambio pilota obbligatorio; possono raggiungere un massimo di trenta secondi e venire scontati nelle gare successive in modo progressivo.

The Regulation

The International GT Open initially admitted three classes: GTA, equivalent to the GT2 FIA; GTS, equivalent to the GT3 FIA; GTB, for cars from single-brand and trophies. From 2014 the denominations were only those of the FIA, while the GTB had been eliminated as of 2008. From 2015 the championship was open to GT3 only and adopted the classification desired by the FIA for the drivers: Pro, Pro-Am and Gentlemen; in the scheme started in 2015, Michelin's single tire was adopted in place of the previous Dunlop.

The races are structured on two heats that have had different times and methods over the years: of 200 km each in 2006, a first of 200 km and a second of 150 km in 2007, a race of 65 minutes and another of 45 minutes in 2008, finally from a 70-minute race and the second 60-minute race in 2009. Except in the inaugural season, the first and longest race is called "Pro-Am" and the second "Open". Crews in the Pro category can be a Platinum / Gold / Silver combination, while the Platinum / Platinum combination is prohibited; in Pro-Am it is mandatory to have a Bronze driver paired with a Gold / Silver, while in Am only Bronze drivers are allowed. The time handicaps of 5, 10, 15 seconds are determined on the basis of the results of the previous races and are discounted at the time of the mandatory driver change; they can reach a maximum of 30 seconds and be discounted in subsequent races in a progressive way.

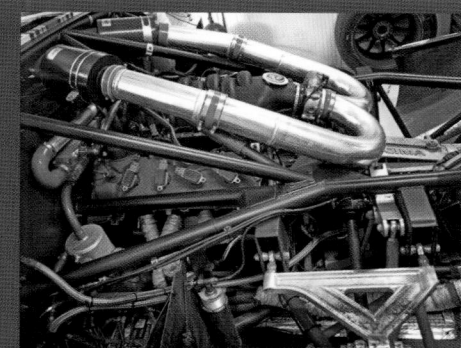

Lo schieramento del GT Open a Monza nel 2017 è ricco in qualità e varietà: il Campionato gestito dell'organizzazione spagnola resta una delle serie più importanti per le GT.
The GT Open grid at Monza in 2017 is rich in quality and variety: the championship managed by the Spanish organization remains one of the most important series for GT.

Alla GT Open Cup nel 2019 si è ripresentata la vettura del marchio Montecarlo con Ballabio / Fumanelli, questa volta iscritta come Tecno, marchio rilevato dall'azienda monegasca. Il motore era un otto cilindri Alfa Romeo, derivato dall'Alfa 8C.
In 2019, the Montecarlo brand returned to the GT Open Cup with Ballabio / Fumanelli, this time registered as Tecno, a brand taken over by the Monegasque company. The engine was an Alfa Romeo eight-cylinder, derived from Alfa 8C.

Nel 2006 la società spagnola GT Sport ha iniziato ad organizzare un Campionato per vetture GT, unitamente a Jesus Pareja, ex campione di GT e vetture Sport, con gare disputate prevalentemente nella penisola iberica con "puntate" a Monza, Magny-Cours e Istanbul. La serie era aperta a vetture GT2 e GT3, e nonostante un legame con il Campionato Spagnolo GT, ha attratto fin dalla prima edizione un interessante parco partenti, con partecipazione di team italiani, francesi e olandesi. I primi vincitori dell'International GT Open sono stati tutti italiani, Michele Bartyan nella categoria GTC sulla Ferrari 430 del Playteam, Stefano Zonca e Andrea Belicchi nella categoria Super GT con una Dodge Viper, Fabrizio Gini nella categoria GTB sulla Ferrari 430 del team Arlotti. Dall'edizione successiva il Campionato ha assunto una connotazione molto più internazionale e già nel 2011 si è esteso in sette nazioni, con corse a Imola, Magny-Cours, Spa, Brands Hatch, Zeltweg, Portimão e Barcellona.

International GT Open
Il Campionato

Dall'inizio, il GT Open ha cercato di essere una serie assai attraente per piloti *gentleman*, grazie al contenimento dei costi, circuiti interessanti e stabilità regolamentare, accompagnate da costante copertura televisiva. A differenza di altre serie non si è cercato di livellare le prestazioni con un Balance of Performance basato su complesse e costose misurazioni tecniche, ma su un semplice sistema di penalità cronometriche per le vetture più veloci. In pratica il tempo imposto per il rifornimento ha ricevuto un'aggiunta proporzionale al livello di prestazione della vettura. Col passare del tempo, si è poi aggiunto un più rigoroso Balance of Performance con aggiornamenti continui, agendo su restrittori all'aspirazione per le vetture con motore aspirato, limitazioni alla pressione di sovralimentazione per le vetture turbocompresse e zavorre varie. La serie ha continuato a crescere di importanza e partecipazione nel corso delle stagioni e dopo quattordici anni resta una dei più interessanti Campionati per vetture GT.

In 2006 the Spanish GT Sport Organization began organizing a new championship for GT cars, together with Jesus Pareja, former GT and Sports car champion, with races mainly in the Iberian Peninsula and excursions to Monza, Magny-Cours and Istanbul. The series was open to GT2 and GT3 cars and despite a link with the Spanish GT Championship, from the very first edition attracted an interesting starting park, with the participation of Italian, French and Dutch teams; the first champions of the International GT Open were all Italians, Michele Bartyan in the GTC category in a Playteam Ferrari 430, Stefano Zonca and Andrea Belicchi in the Super GT category on a Dodge Viper, Fabrizio Gini in the GTB category in a Ferrari 430 with the Arlotti team. From the following edition, the championship became much more international and by 2011 it spanned seven countries, with races in Imola, Magny-Cours, Spa, Brands Hatch, Zeltweg, Portimão and Barcelona.

International GT Open
The Championships

From the start, the GT Open has tried to be a very attractive series for gentleman drivers, thanks to cost containment, attractive circuits and regulatory stability, accompanied by constant television coverage. Unlike other series, no attempt was made to level performance with a Balance of Performance based on complex and expensive technical measurements, but on a simple system of chronometric penalties for the fastest cars; in practice, the time set for refueling receives an addition proportional to the level of performance of the car. Over time, a more rigorous Balance of Performance was then added with continuous updates, acting on intake restrictors for cars with naturally aspirated engine, limitations on boost pressure for turbocharged cars and various ballasts. The series has continued to grow in importance and participation over the years and after 14 years remains one of the most interesting championships for GT cars.

In perfetta traiettoria all'uscita dell'A-scari, sfiorando il cordolo, la Merce-des AMG GT3 del Seas Motorsport, guidata dal croato Martin Kodrić e dal pilota del Bahrain Ethan Simioni, vincitori in gara1.
The Mercedes AMG GT3 of Seas Motorsport, driven by the Croatian Martin Kodrić and the Bahrain driver Ethan Simioni, winners in race 1, in perfect line at the exit of the Ascari, touching the curb.

1 Dopo i successi con le Ferrari 550, nel 2006 la BMS Scuderia Italia si affidava alle Aston Martin DBR S9; Groppi / Seiler si arrampicano sui cordoli della seconda variante.
After the successes with the Ferrari 550, in 2016 the BMS Scuderia Italia relied on the Aston Martin DBR S9; Groppi / Seiler climb the kerbs of the second variant.

2 Prima di far correre auto di propria realizzazione, il Costruttore spagnolo Sun Red schierava la Seat Cupra GT; Manuel Giāo e Ni Amorim hanno ottenuto un decimo e un quattordicesimo posto nelle due gare di Monza.
Before racing its own cars, the Spanish manufacturer Sun Red fielded the Seat Cupra GT; Manuel Giāo and Ni Amorim scored a 10th and a 14th place in the two Monza races.

3 Una vettura tanto insolita quanto affascinante è stata la Marcos LM 600 ufficiale guidata da Cor Euser e Miguel Cristóvao; spinta da un motore derivato dal Rover V5 di 5 litri si è rivelata anche assai veloce, riportando due quinti posti a Monza.
A car as unusual as it fascinating was the works Marcos LM 600 driven by Cor Euser and Miguel Cristóvao; powered by a 5-liter V8 enginer derived from Rover, it was also very fast, recording two 5th places at Monza.

4 Il podio di gara1 del 2006 a Monza, con Perazzini / Cioci, secondi con la Viper, Zonca / Belicchi, vincitori con un'altra Viper e Guerrero / Pérez Aicart, terzi con la Mosler MT 900.
The podium of the race 1 of 2006 in Monza, with Perazzini / Cioci, second with the Viper, Zonca / Belicchi, winners with another Viper and Guerrero / Pérez Aicart, third with the Mosler MT 900.

5 La Marcos Mantis dì Cor Euser e Luis Bermudez de Castro è stata la terza vettura del costruttore inglese a portare il nome di Mantis. La versione del 2007 portata in gara nel GT Open era spinta da un V8 Ford di 4600 cc sovralimentato; nel 2007 è partita col miglior tempo nella classe GTS, ma è stata costretta al ritiro in gara2, dopo aver chiuso al ventunesimo posto in gara1.
The Marcos Mantis of Cor Euser and Luis Bermudez de Castro was the third car of the English manufacturer to bear the Mantis name. The 2007 version was powered by a supercharged 4600 cc Ford V8; in 2007 it started with the best time in the GTS class, but was forced to retire in race 2, after finishing in 21st place in race 1.

6 Le Ferrari 430 corrono nella classe GTA, quasi equivalente alla GT2 e nella classe GTB, che raccoglie le vetture del Challenge monomarca; la GTA di Sundberg / Romero precede l'analoga 430 di Gattuso / Frigerio con la vettura della Advance Engineering.
The Ferrari 430s race in the GTA class, almost equivalent to the GT2, and in the GTB class, which gathers the cars of the single-make Challenge; the Sundberg / Romero GTA precedes the similar 430 of Gattuso / Frigerio with the Advance Engineering car.

7 Alessandro Nannini era presente con una Ferrari 430 Challenge e in coppia con Gianni Giudici ha vinto la classe GTB in gara2.
Alessandro Nannini was present with a Ferrari 430 Challenge, paired with Gianni Giudici he won the GTB class in Rrace 2.

8 Senza limiti di produzione per ottenere l'omologazione, il GT Open ha permesso di correre a vetture realizzate in serie molto limitate: la Mosler MT900R di Lucas Guerrero e José Pérez Aicart è stata molto competitiva, nelle due gare del 2016 a Monza ha ottenuto un primo e un terzo posto; qui Pérez Aicart guida il gruppo, con Andrea Montermini in difficoltà sulla Ferrari 430.
Without production limits to obtain homologation, the GT Open allowed to race cars realized in very limited series: the Mosler MT900R of Lucas Guerrero and José Pérez Aicart was very competitive, in the two races of 2016 in Monza, obtained a first and a third place; here Pérez Aicart leads the group, with Andrea Montermini in trouble in the Ferrari 430.

1

2

1 In prima variante la Ferrari 430 della Playteam di Maceratesi / Montermini va in testacoda e viene centrata dalla Porsche 911 GT3 della Autorlando di Zonca / Belicchi.
In the first variant, the Ferrari 430 of the Playteam of Maceratesi / Montermini spins and is centered by the Autorlando Porsche 911 GT3 of Zonca / Belicchi.

2 La Sun Red SR21 è una GT prodotta in Spagna che ha partecipato all'International GT Open tra il 2007 e il 2009. Era basata sulla concept car Hispano-Suiza HS21, spinta da un dieci cilindri Judd GV4 da 4 litri ed è stata sviluppata come GT2 anche se non omologata dalla FIA mancando il minimo di produzione. A guidarla per l'intera stagione 2007 è stato Juan Ramon Zapata, affiancato da diversi piloti ospiti. Zapata ha ottenuto due podi nella stagione, classificandosi al quattordicesimo posto nella classifica finale.
The Sun Red SR21 was a Spanish-made GT that participated in the

International GT Open between 2007 and 2009. It was based on the Hispano-Suiza HS21 concept car, powered by a 4-liter 10-cylinder Judd GV4 and was developed as GT2, even if not homologated by the FIA, missing the minimum production. It was driven for the entire 2007 season by Juan Ramon Zapata, flanked by several guest drivers. Zapata scored 2 podiums in the season, finishing 14th in the final standings.

3 Fernandez / Llobet correvano con la SR21 bianca nel 2008.
Fernandez / Llobet raced with the white SR21 in 2008.

4 La sabbia della Parabolica "accoglie" la Ferrari 430 del Racing Team EdilCris condotta da Monfardini / Frezza; riusciranno a finire ventitreesimo in gara1 e quinto in gara2.
The sand of Parabolica welcomes the Ferrari 430 of the EdilCris Racing Team driven by Monfardini / Frezza; they will be able to finish 23rd in race 1 and 5th in race 2.

3

4

5 **6**

5 Garofano / Rangoni aggrediscono i cordoli dell'Ascari con la Ferrari 430 dell'AF Corse.
Garofano / Rangoni attack the kerbs of the Ascari with the AF Corse Ferrari 430.

6 La Sun Red SRX degli spagnoli Jordi Gene e Ferran Monje è stato l'ultimo modello realizzato dal costruttore spagnolo prima della chiusura; è partita diciottesima in griglia a Monza nel 2010. Jordi ha corso per cinque stagioni con la Sun Red nel GT Open e nel Campionato spagnolo ottenendo una vittoria nel 2007 a Valencia.
The Sun Red SRX of the Spanish Jordi Gene and Ferran Monje was the last model built by the Spanish manufacturer

before closing; the started eighteenth on the grid in Monza in 2010. Jordi raced for five seasons with Sun Red in the GT Open and in the Spanish championship, scoring a victory in 2007 in Valencia.

7 Molte auto in poco spazio alla partenza di gara2: Kaffer / Barba con la 430 di AF Corse conducono, inseguitl dalle 430 di Ortelli / Dayraut e Toccacelo / Giammaria, leggermente spinti dalla 911 di Narac / Pilet.
Many cars in little space at the start of race 2: Kaffer / Barba with the 430 of AF Corse lead, chased by the 430 of Ortelli / Dayraut and Toccacelo / Giammaria, slightly pushed by the 911 of Narac / Pilet.

7

2011

1   L'inconfondibile muso blu di una delle Porsche di Autorlando veste la 911 GT3 condotta da Ruberti / Roda, inseguiti dalla Ferrari 458 AF Corse di Gerber / Griffin, parimenti inconfondibile per la striscia tricolore.
The unmistakable blue nose of one of Autorlando's Porsches dresses the 911 GT3 driven by Ruberti / Roda, chased by the Ferrari 458 AF Corse of Gerber / Griffin, equally unmistakable for the tricolor stripe.

2   Il team Sport & You ha fatto correre una Mercedes SLS per Marcelo Puglisi e Nicola De Marco.
Sport & You team raced a Mercedes SLS for Marcelo Puglisi e Nicola De Marco.

3   Joel Camathias risolve in qualche maniera un arrivo troppo lungo in seconda variante; in coppia con Soheil Ayari porterà la 458 della JMB Racing al secondo posto in gara2.
Joel Camathias somehow solves a too long entrance in the second variant; paired with Soheil Ayari he will take the JMB Racing 458 to 2nd place in race 2.

4   Il team ticinese Kessel Racing è molto presente nei vari Campionati in cui si possono far correre Ferrari GT; una delle 458 GT3 nel 2011 era affidata a Bontempelli / Gattuso.
The Ticinese team Kessel Racing is very active in the various championships in which Ferrari GTs can be raced; one of the 458 GT3s in 2011 was entrusted to Bontempelli / Gattuso.

5 Un personaggio che ha attraversato tutta la storia delle corse per GT in Italia è Orlando Redolfi. Aveva 19 anni nel 1967, quando venne invitato ad un corso alla Porsche, a Weissach. Ne uscì con la robusta preparazione che ne ha fatto un punto di riferimento tra tutti i preparatori di Porsche e una affezione alla Casa di Stoccarda con pochi eguali. Nell'officina di Orlando sono passate innumerevoli 911, ma anche 914, 924, 944, Cayman. Le sue vetture hanno corso ovunque, pista, salita e rally, fino a farlo divenire una autorità mondiale quando si parla di Porsche. Redolfi non è solo un grande preparatore, è anche un valido pilota delle sue auto, in pista e nei rally. Tra le centinaia di piloti che hanno corso per Orlando, Christian "Toto" Wolff, attuale Team Principal della Mercedes AMG Formula 1; Toto riconosce di aver appreso nell'officina di Pedrengo quell'organizzazione e dedizione al Motorsport, che lo ha poi portato ai massimi livelli anche in Formula 1.

A personality who crossed the whole history of GT racing in Italy is Orlando Redolfi. He was 19 in 1967 when he was invited to a course at Porsche in Weissach. He came out with the robust preparation that has made him a point of reference among all Porsche tuners and an affection for the Stuttgart firm with few equals. Countless 911s have passed through the Orlando workshop, but also 914, 924, 944, Cayman. His cars have raced everywhere, track, mountain and rally, until he became a world authority when it comes to Porsche. Redolfi is not only a great tuner, he is also a valid drivers of his cars on the track and in rallies. Among the hundreds of Drivers who have raced for Orlando, Christian "Toto" Wolff, current Team Principal of Mercedes AMG F1; Toto acknowledges having learned in the Pedrengo workshop that organization and dedication to motorsport, which has brought him to the highest levels even in Formula 1.

6 Una vettura dell'Autorlando, guidata da Garofano / Caccia, guida il gruppo costretto sui dissuasori della prima variante nella bagarre della partenza.

An Autorlando car, driven by Garofano / Caccia, drives the group forced to the speed bumps in the first variant in the brawl of departure.

7 Andrea Montermini nel 2011 correva per la Villorba Corse; la sua Ferrari 458 guida il gruppone in Ascari.

Andrea Montermini in 2011 raced for Villorba Corse; his Ferrari 458 leads the group in Ascari.

1   Tra le due 911 di Autorlando nel 2011, il miglior risultato lo hanno colto Ceccato / Barba, terzi in gara2.
Among the two 911s of Autorlando in 2011, the best result was Ceccato/Barba, third in race 2.

2   Due velocissimi piloti francesi sono Patrick Pilet e Raymond Narac, qui con la 911 della Matmut. Le loro carriere sono assai similari, avendo corso la maggior parte delle volte assieme e quasi esclusivamente con vetture Porsche in American Le Mans Serie, FIA GT, GT Open e nel Mondiale Endurance.
Two very fast French drivers are Patrick Pilet and Raymond Narac, here with the 911 of Matmut. Their careers are quite similar, having raced most of the times together and almost exclusively with Porsche cars in American Le Mans Series, FIA GT, GT Open and in the Endurance World.Championship.

3   Non é una foto del Challenge Ferrari, ma al via del 2012, su ventiquattro auto, ben quindici erano Ferrari 458 e 488.
This is not a photo of the Ferrari Challenge, but at the start of 2012, out of 24 cars, 15 were Ferrari 458s and 488s.

4   La Mosler MT900R è stata messa in produzione dal 2001, disegnata da Rod Trenne, che prima lavorava allo sviluppo della Corvette C5. La sigla comprendeva i nomi di Mosler e Trenne. Aveva un telaio in fibra di carbonio e un motore V8 di origine General Motors. Nonostante ampio uso di magnesio e leghe speciali, il peso di 900 kg non venne mai raggiunto, ma a 1120 chilogrammi era comunque estremamente interessante. Assieme alla versione stradale MR900 è stata realizzata la 900R da corsa che ha dbuttato alla 24 Ore di Daytona 2001. La 900R è stata molto competitiva in IMSA e nel GT Open ed è stata realizzata in cinquanta esemplari, contro i soli trentacinque della versione stradale. L'insuccesso di vendite ha portato alla chiusura nel 2013.
The Mosler MT900R was put into production since 2001, designed by Rod Trenne, who previously worked on the development of the Corvette C5. The siglia included Mosler, Trenne. It had a carbon fiber frame and a V8 engine of General Motors origin. Despite extensive use of magnesium and special alloys the weight of 900 kg was never achieved, but at 1120 kg it was still extremely interesting. Together with the MR900 road version, the 900R racing version was built, making its debut at the 2001 24 Hours of Daytona. The 900R was very competitive in IMSA and GT Open and was built in 50 units, compared to only 35 in the road version. The unsuccessful sales led to closure in 2013.

5   Il kenyano Vilam Mehta ha portato in gara nel 2012 una Ferrari 458 della AF Corse, decorata con un tema adeguato alla terra di origine.
Kenyan driver Vilam Mehta used an AF Corse Ferrari 458 to race in 2012, decorated with a theme appropriate to the land of origin.

2012

6 Un'altra tra le vetture uniche che hanno partecipato al GT Open è la Montecarlo BRC, modello realizzato nel 2012 dal primo costruttore di automobili monegasco.
Another of the unique cars that took part in the GT Open is the Montecarlo BRC, a model built in 2012 by the first Monegasque car manufacturer.

7 Gianmaria Bruni cerca un varco tra le vetture più lente della prima variante dopo un lungo in frenata.
Gianmaria Bruni looks for a gap between the speed bumps of the first variant after a long braking at the first variant.

8 Il team Manthey, dopo tanti successi nella serie VLN e alla 24 Ore del Nürburgring, ha preso parte all'edizione 2012 del GT Open con Holzer / Tandy, riportando un terzo e un quarto posto nelle due gare monzesi.
The Manthey team, after many successes in the VLN series and in the 24 Hours of Nürburgring, took part in the 2012 edition of the GT Open with Holzer / Tandy, bringing back a third and fourth place in the two Monza races.

9 La Kessel Racing è stata fondata da Loris Kessel, eclettico pilota svizzero arrivato fino alla Formula 1. Il figlio Ronnie, concessionario Ferrari a Lugano, ha iniziato a far correre le GT di Maranello nel Campionato Italiano GT 2000 e poi si è esteso alle principali serie per GT. Team assai attivo, è arrivato a far correre fino a trenta vetture in una stagione; tra i risultati di prestigio, la vittoria nella classe Am alla 24 Ore di Le Mans 2016.
Kessel Racing was created by Loris Kessel, an eclectic Swiss driver who made it all the way to Formula 1. His son Ronnie, a Ferrari dealer in Lugano, began racing Maranello's GTs in the Italian GT 2000 Championship and then extended to the main GT series . A very active team, it has managed to run up to 30 cars in one season; among the prestigious results, the victory in the Am class at the 24 Hours of Le Mans 2016.

149

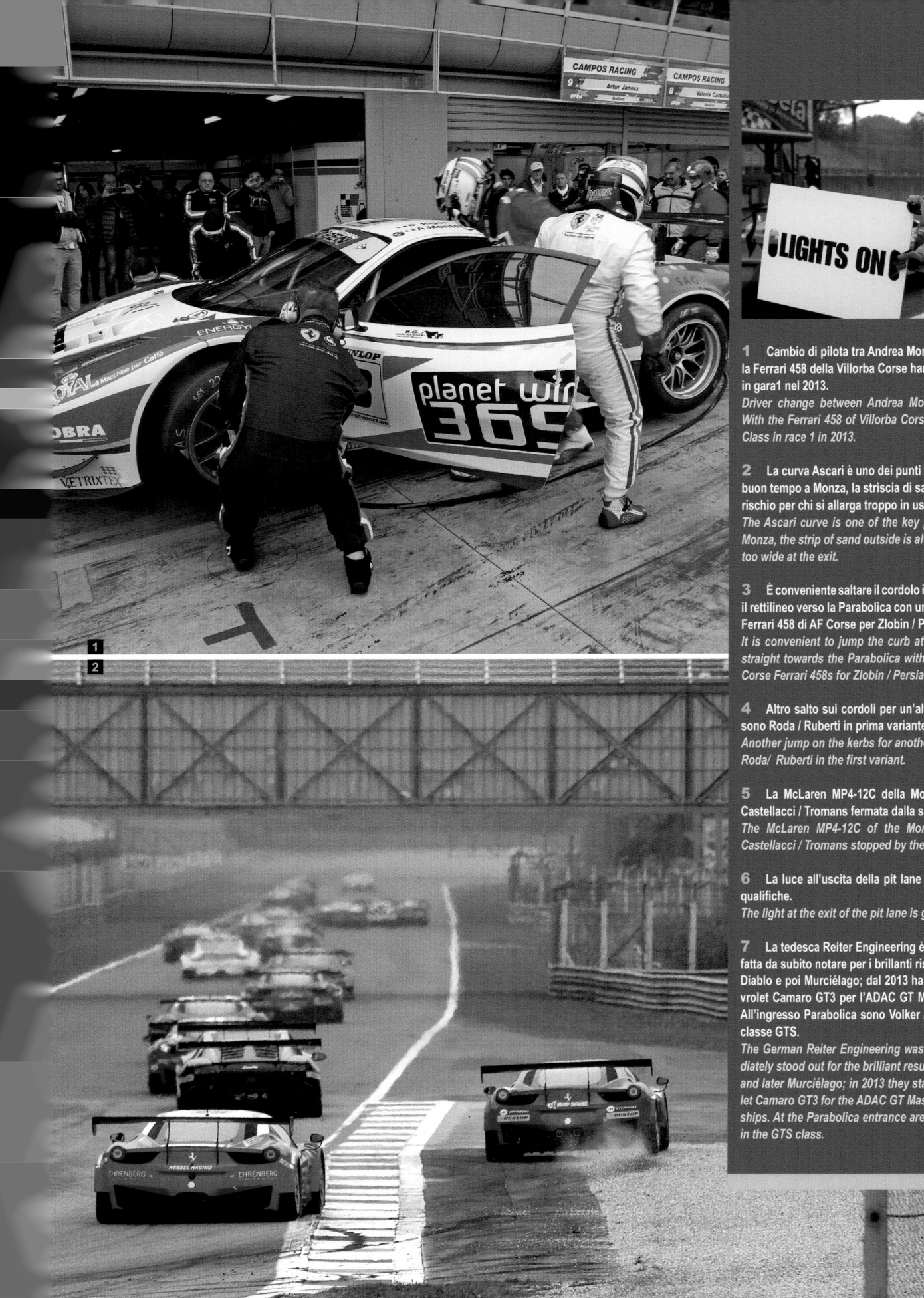

1 Cambio di pilota tra Andrea Montermini e Davide Rigon. Con la Ferrari 458 della Villorba Corse hanno vinto la Classe Super GT in gara1 nel 2013.
Driver change between Andrea Montermini and Davide Rigon. With the Ferrari 458 of Villorba Corse they will win the Super GT Class in race 1 in 2013.

2 La curva Ascari è uno dei punti fondamentali per ottenere un buon tempo a Monza, la striscia di sabbia all'esterno è sempre un rischio per chi si allarga troppo in uscita.
The Ascari curve is one of the key points to get a good time in Monza, the strip of sand outside is always a risk for those who get too wide at the exit.

3 È conveniente saltare il cordolo in uscita all'Ascari per iniziare il rettilineo verso la Parabolica con una maggiore velocità: qui due Ferrari 458 di AF Corse per Zlobin / Persiani e Cameron / Griffin.
It is convenient to jump the curb at the Ascari exit to begin the straight towards the Parabolica with greater speed: here two AF Corse Ferrari 458s for Zlobin / Persiani and Cameron / Griffin.

4 Altro salto sui cordoli per un'altra 458 dell'AF Corse, questi sono Roda / Ruberti in prima variante.
Another jump on the kerbs for another 458 of AF Corse, these are Roda/ Ruberti in the first variant.

5 La McLaren MP4-12C della Monaco Driving Experience di Castellacci / Tromans fermata dalla sabbia dell'Ascari.
The McLaren MP4-12C of the Monaco Driving Experience in Castellacci / Tromans stopped by the sand of the Ascari.

6 La luce all'uscita della pit lane è verde: possono iniziare le qualifiche.
The light at the exit of the pit lane is green: qualifying may begin.

7 La tedesca Reiter Engineering è stata fondata nel 1994 e si è fatta da subito notare per i brillanti risultati delle sue Lamborghini Diablo e poi Murciélago; dal 2013 ha iniziato a sviluppare la Chevrolet Camaro GT3 per l'ADAC GT Master e altri campionati FIA. All'ingresso Parabolica sono Volker / Enge, quinti in gara 2 nella classe GTS.
The German Reiter Engineering was founded in 1994 and immediately stood out for the brilliant results of its Lamborghini Diablo and later Murciélago; in 2013 they started developing the Chevrolet Camaro GT3 for the ADAC GT Master and other FIA championships. At the Parabolica entrance are Volker / Enge, fifth in race 2 in the GTS class.

2014

McLaren MP4-12C e 720S

Dopo il successo della supercar F1 progettata da Gordon Murray negli anni Novanta, nel 2009 viene presentata una nuova GT con il nome di MP4-12, voluto da Ron Dennis in omaggio alla monoposto McLaren MP4-12 di Formula 1 del 1997, che aveva portato al successo nei gran premi la scuderia inglese. La MP4-12C era spinta da un motore V8 siglato M838T, derivato da un motore Nissan concepito per le gare di durata, rivisto dalla Ricardo; nella versione stradale erogava oltre 600 cavalli. Il telaio era una monoscocca in CFRP (Carbon Fiber Reinforced Plastic) di soli 80 chilogrammi. Queste caratteristiche l'hanno resa una interessante vettura per le corse GT, che dal 2010 ha preso parte al FIA GT e poi al GT Open, Campionato vinto nel 2013 con Giorgio Pantano. Dal 2014 la MP4-12C è stata sostituita dalla 650S, che disponeva di una evoluzione del propulsore che ora erogava 650 cavalli e manteneva lo stesso telaio, con una carrozzeria rivista. Anche la 650S è stata utilizzata nelle corse per GT, riportando tra l'altro la vittoria nel GT Open a Monza nel 2015. Il modello successivo della Casa di Paragon è diventata la 720S dal 2017. Usava un'ulteriore evoluzione del motore V8, portato a 4 litri di cilindrata e 720 cavalli di potenza, con uso di turbocompressori twin scroll e una scocca irrigidita rispetto ai modelli precedenti. Nel 2018 è divenuta disponibile la versione GT3 per le corse, che pesava 80 chilogrammi in meno ma perdeva oltre 100 cavalli rispetto alla vettura stradale, dovendo seguire i regolamenti in termine di ammissione di aria nel motore. Rispetto alle versioni precedenti, obiettivo di McLaren è stato realizzare un'auto accessibile a piloti di tutte le abilità e ridurre l'impatto dei costi per i team, migliorando affidabilità e durata dei particolari. In uno sforzo senza precedenti per la Casa inglese, gli esemplari di sviluppo della versione GT3 nei test hanno percorso oltre trentamila chilometri con molte simulazioni di corse da ventiquattro e trentasei ore. Anche questa versione ha avuto un buon successo di vendita e buoni risultati sportivi, con presenze assidue nel GT Open e nella serie Blancpain, nonché nel British, China e Australian GT; negli Stati Uniti è stata utilizzata nel Campionato IMSA.

After the success of the F1 supercar designed by Gordon Murray in the 90s, a new GT was presented in 2009 that took the name of MP4-12, the name wanted by Ron Dennis in homage to his 1997 Formula 1 MP4-12 single-seater, which brought the English team back to success in the Grand Prix. It was powered by a V8 engine with the M838T logo, derived from a Nissan engine designed for endurance races, revised by Ricardo; in the street version it delivered over 600 hp. The frame was a CFRP (Carbon Fiber Reinforced Plastic) monocoque weighing only 80 kg. These characteristics made it an interesting car for GT racing, which from 2010 participated in the FIA GT and then in the GT Open, a championship won in 2013 with Giorgio Pantano. From 2014 the MP4-12C was replaced by the 650S, which had an evolution of the engine that now delivered 650 hp and kept the same chassis, with a revised bodywork. The 650S was also used in GT racing, including the victory in the GT Open at Monza in 2015. The next model of the Paragon house became the 720S from 2017. It used a further evolution of the V8 engine, brought to 4 liters of displacement and 720 hp of power, with the use of twin scroll turbochargers and a stiffer body compared to previous models. In 2018 the GT3 version for racing became available, weighing 80 kg less but losing more than 100 hp compared to the road car, having to comply with the regulations regarding the admission of air into the engine. Compared to previous versions, McLaren's goal was to make a car accessible to drivers of all abilities and reduce the cost impact for teams by improving reliability and durability of parts. In an unprecedented effort for the British manufacturer, the development specimens of the GT3 version in tests have covered over 30,000 km with many racing simulations of 24 and 36 hours. Also this version had a good sales success and good sport results, with assiduous presence in the GT Open and in the Blancpain series, as well as in the British, China and Australian GT; in the USA it was used in the IMSA Championship.

1 Nella corsa per le GT4, Euan Hankey in difficoltà con la Aston Martin Vantage del team TF Sport.
In the race for the GT4, Euan Hankey struggles with the Aston Martin Vantage of the TF Sport team.

2 Ramos / Parente, vincitori in gara1 e secondi in gara2 con la McLaren 650S della Teo Martin Motorsport.
Ramos / Parente, winners in race 1 and second in race 2 with the McLaren 650S of Teo Martin Motorsport.

3 Il cordolo preso all'uscita dell'Ascari ha fatto iniziare una carambola che ha mandato la Ferrari 458 di Benucci contro le barriere.
The curb taken at the exit of the Ascari started a carom that sent Benucci's Ferrari 458 against the barriers.

2015

2016

1   Un'altra splendida ed insolita GT a Monza nel 2016 è stata la Glickenhaus SCG 003C di Bontempelli / Caccia. La supercar voluta dal produttore cinematografico James Glickenhaus è stata realizzata dalla Manifattura Automobili Torino ed era prevista nelle tre versioni Competizione, Competizione Stradale e Stradale; è dotata di telaio e carrozzeria in fibra di carbonio e un motore V6 biturbo preparato dalla Autotecnica e derivato dal prototipo Honda Daytona, mentre le versioni omologate per uso stradale hanno un V8 BMW per poter rispettare le emissioni. Nel Motorsport ha partecipato a varie edizioni della 24 Ore del Nürburgring con buone prestazioni, ottenendo la pole position nel 2017.
Another splendid and unusual GT at Monza in 2016 was the Glickenhaus SCG 003C of Bontempelli / Caccia. The supercar wanted by the film producer James Glickenhaus was built by Manifattura Automobili Torino and realized in the versions Competizione, Competizione Stradale and Stradale; it is equipped with a carbon fiber chassis and bodywork and a twin-turbo V6 engine prepared by Autotecnica derived from the Honda Daytona prototype, while the versions homologated for road use have a BMW V8 in order to comply with emissions. In Motorsport, it took part in various editions of the Nürburgring 24 Hours with good performances, obtaining pole position in 2017.

2   Barreiros / Guedes hanno condotto senza fortuna la Renault RS 01 del V8 Racing nel GT Open del 2016. La RS 01 era stata realizzata per il Campionato monomarca Renault Sport Trophy e per partecipare a gare di durata; era dotata di un telaio in fibra di carbonio realizzato da Dallara e di un motore V6 biturbo di 3800 cc derivato da quello della Nissan GT-R. Nel GT Open del 2016 ha raccolto il risultato più prestigioso, vincendo la Pro-Am a Spa.
Barreiros / Guedes led the V8 Racing Renault RS 01 in the 2016 GT Open without luck. The RS 01 was built for the Renault Sport Trophy single-make championship and to participate in endurance races; it was equipped with a carbon fiber chassis made by Dallara and a 3800 cc twin-turbo V6 engine derived from that of the Nissan GT-R. In the 2016 GT Open it collected the most prestigious result, winning the Pro-Am at Spa.

3   La società russa Kaspersky, leader nel settore della security informatica, già sponsor di Ferrari, dal 2015 ha proseguito il suo avvicinamento al Motorsport creando un team che faceva correre una 458 gestita dalla AF Corse. Al volante uno degli executive della compagnia, Alexander Moiseev, che in coppia con Marco Cioci; nelle due gare di Monza nel 2016 ha ottenuto un quinto e settimo posto.
The Russian company Kaspersky, leader in the IT security sector, already a sponsor of Ferrari, has since 2015 continued its approach to Motorsport creating a team which ran a 458 managed by AF Corse. At the wheel, one of the company's executives, Alexander Moiseev, who paired with Marco Cioci; in the two Monza races in 2016 obtained a 5th and 7th place.

Piena velocità al sottopasso della Sopraelevata per la Huracán di Postiglione / Pellegrinelli.
Full speed at the underpass of the Sopraelevata for the Huracán di Postiglione/Pellegrinelli.

2016

1

2

1 Dopo un periodo di sviluppo, le BMW M6 sono salite al livello delle più competitive GT3. In prima fila le vetture del Teo Martin di Da Veiga / Farfus e Bouveng / Rueda contendono l'ingresso in prima variante alla McLaren 650S di West / Ledogar.
After a period of development, the BMW M6s have risen to the level of the most competitive GT3s. In the front row the cars of the Teo Martin of Da Veiga / Farfus and Bouveng / Rueda are competing for entry in the first variant with the McLaren 650S of West / Ledogar.

2 La Huracán dell'Imperiale Racing di Postiglione / Pellegrinelli.
The Huracán of the Imperiale Racing of Postiglione / Pellegrinelli.

3 Al rifornimento è la Ferrari 458 AF Corse di Piergiuseppe Perazzini e Matt Griffin.
At the refueling stop is the Ferrari 458 AF Corse of Piergiuseppe Perazzini and Matt Griffin.

4 Le grid girls non sono mai state bandite nelle corse per GT.
Grid girls have never been banned from GT racing.

2017

1 Battaglia tra Mercedes GT3: Coimbra / Silva contendono la corda a Calamia / Pampanini.
Battle between Mercedes GT3: Coimbra / Silva contend for the best line to Calamia / Pampanini.

2 Entrano in pista i futuri vincitori di gara2: Lourenço da Veiga e Augusto Farfus.
The future winners of race 2 enter the track: Lourenço da Veiga and Augusto Farfus.

3 Le barriere della seconda di Lesmo hanno messo fuori gara la 458 di Moiseev / Rizzo.
The barriers of the second Lesmo curve knocked out the 458 of Moiseev / Rizzo.

4 Il podio di gara 2 del 2017, da sinistra Bouveng / Rueda (BMW M6), Da Veiga / Farfus (BMW M6) e Ramos / Mac (Ferrari 458).
The 2017 race 2 podium, from left Bouveng / Rueda (BMW 6), Da Veiga / Farfus (BMW M6) and Ramos / Mac (Ferrari 458).

5   Una safety car rientrata a due giri dalla termine in gara2 ha prodotto un arrivo in volata per un gran numero di auto.
A safety car that returned two laps from the end in race 2 produced a sprint finish for a large number of cars.

6   L'Imperiale Racing è stata fondata nel 2011 da Ivano Pignatti e si è legata da subito a Lamborghini, con brillanti risultati, correndo il Supertrofeo e nei vari Campionati per GT3. Agostini / Breukers precedono la Huracán della Target Motorsport di Di Folco / Spinelli.
Imperiale Racing was founded in 2011 by Ivano Pignatti and immediately joined Lamborghini, racing in the Supertrofeo and in various GT3 championships. Agostini / Breukers precede Di Folco / Spinelli's Huracán of Taget Motorsport.

7   Al GT Open 2018 si è registrato il debutto della Honda NSX GT3, sviluppata dalla JAS di Arluno e affidata a Esteban Guerrieri e Bertrand Baguette, entrambi piloti ufficiali della Casa nipponica. La vettura è subito apparsa competitiva, registrando un settimo e un sesto posto in gara1 e gara2.
At the GT Open 2018 there was the debut of the Honda NSX GT3, developed by Arluno's JAS and entrusted to Esteban Guerrieri and Bertrand Baguette, both official drivers of the Japanese manufacturer. The car immediately appeared competitive, recording a 7th and a 6th place in race 1 and race 2.

8   La Mercedes AMG GT3 di Pierburg / Onslow-Cole.
The Pierburg / Onslow-Cole Mercedes AMG GT3.

2018

1

1 Nel 2019 il team Teo Martin è passato alle McLaren 720S: al via di gara2 Hahn / Khodair e Kodriç / Chaves contendono la prima posizione alla Huracán della Emil Frey condotta da Siedler / Grenier.
In 2019 the Teo Martin team switched to McLares 720S: at the start of race 2 Hahn / Khodair and Kodriç / Chaves contend for the first position at the Huracán of Emil Frey driven by Siedler / Grenier.

2 La scritta Bioetanolo sul paraurti posteriore identifica il carburante alternativo che faceva correre la Tecno di Fulvio Maria Ballabio e David Fumanelli, autrice di una gara tribolata ma comunque portata a termine.
The inscription Bioethanol on the rear bumper identifies the alternative fuel that made the Tecno run by Fulvio Maria Ballabio and David Fumanelli, author of a troubled but nevertheless completed race.

3 Vincitori in Pro AM in gara2 sono risultati i brasiliani Marcelo Hahn e Allam Kodair.
Winners in Pro AM in race 2 were the Brazilians Marcelo Hahn and Allam Kodair.

4 Klaus Abbelen, imprenditore tedesco nel campo delle carni, è il titolare del team Frikadelli, che fa correre Porsche nel VLN e nei Campionati FIA; nel 2019 si è presentato al GT Open, assieme a Thomas Preining, guidando in maniera decisa sui cordoli.
Klaus Abbelen, a German meat entrepreneur, is the owner of the Frikadelli team, which runs Porsche in the VLN and in the FIA championships; in 2019 he showed up at the GT Open, together with Thomas Preining, driving decisively on the kerbs.

2

3 4

5 Costa / Altoé precedono Chaves / Kodriç.
Costa / Altoé leading Chaves / Kodriç.

6 Cordoli italiani per un'italianianissima Ferrari 488 GT3, guidata da Piovanetti / Negri.
Italian kerbs for a most italian car, the Ferrari 488 GT3, driven by Piovanetti / Negri.

7 Vincitori assoluti di gara2 sulla McLaren 720S del team spagnolo Teo Martin sono risultati il portoghese Henrique Chaves e il croato Martin Kodriç.
Overall winners of race 2 in the McLaren 720S of the Spanish team Teo Martin were the Portuguese Henrique Chaves and the Croatian Martin Kodriç.

2020

1 Fabrizio Crestani e Yannick Muller hanno corso con la Bentley Continental del team italiano Lazarus, una compagine che ha iniziato a gareggiare in F.3000 negli anni Novanta per volontà di Tancredi Pagiaro, spostandosi poi nelle corse per GT e divenendo punto di riferimento in Italia per la Bentley.
Fabrizio Crestani and Yannick Muller raced with the Bentley Continental of the Italian team Lazarus, a team that started racing in F.3000 in the 90s by the will of Tancredi Pagiaro, then moving into GT racing and becoming a reference point in Italy for the Bentley.

2 La AF Corse è più forte delle superstizioni e capace di portare alla vittoria la Ferrari 458 con il numero 17 con i monegaschi Louis Prette e Vincent Abril.
AF Corse is stronger than superstitions and capable of taking the Ferrari 458 with the number 17 to victory with the Monegasque Louis Prette and Vincent Abril.

3 Come contorno alla gara principale, nel GT Open si corre anche la GT Open Cup per vetture omologate in GT4: l'Audi R8 di Diaz Vareda / Cerqueda contende l'entrata in Ascari alla Porsche 911 di Aldo Festante.
As a side event to the main race, the GT Open Cup is also run in the GT Open for cars homologated in GT4: the Audi R8 of Diaz Vareda / Cerqueda competes for entry in Ascari to the Porsche 911 of Aldo Festante.

4 Tradizionale confusione in prima variante al via di gara2, con molte auto che danzano sui dissuasori oltre i cordoli: la Huracán di Beretta / Schandorff cerca di resistere alla Honda NSX di Bonanomi / Guidetti.
Traditional confusion in the first variant at the start of race 2, with many cars dancing in the kerbs: the Huracán of Beretta / Schandorff tries to resist the Honda NSX of Bonanomi / Guidetti.

5 Auto inglese, team inglese e piloti inglesi: la McLaren 720 S della Inception Racing per Nick Moss e Joe Osborne.
British car, British team and British drivers: Inception Racing's McLaren 720 S for Nick Moss and Joe Osborne.

6 Un'altra McLaren 720S GT3 iscritta dalla Inception Racing era guidata da Iribe / Millroy, classificati secondi in Pro-Am in gara2.
Another McLaren 720 S GT3 entered by Inception Racing was driven by Iribe / Millroy, who finished second in Pro-Am in race 2.

7 Dopo una carriera in monoposto iniziata nel 2001, Marco Bonanomi dal 2010 è passato a correre nel GT con Audi Sport Italia, divenendo Campione GT2 nel 2011; lo sviluppo di carriera con le Gran Turismo di Audi lo ha poi portato fino a Le Mans con la R18 Ultra tedesca.
After a career in a single-seater that began in 2001, Marco Bonanomi started racing in GT with Audi Sport Italia in 2010, becoming GT2 champion in 2011; his career development with Audi's Gran Turismo then led him to Le Mans with the German R18 Ultra.

INTERNATIONAL GT OPEN

2006 1 e 2 aprile / April
Gara 1 GTS e Assoluta / and Overall
Andrea Belicchi / Stefano Zonca — Dodge Viper – Racing Box
Gara 1 GTB
Marco Cioci / Piergiuseppe Perazzini — Dodge Viper – Racing Box
Gara 1 GTA
Luca Guerrero / José Manuel Pérez-Aicart — Mosler MT900R – Scuderia Bengala
Gara 2 GTA e Assoluta / and Overall
Michele Bartyan / Alessandro Pierguidi — Ferrari F430 GTC – Playteam SaraFree
Gara 2 GTS
Luca Cappellari / Angelo Lancelotti — Dodge Viper – Racing Box
Gara 2 GTB
Angel Santos / Henk van Zoest — Ferrari 360 Challenge – Roger Racing

2007 6 e 7 ottobre / October
Gara 1 GTA/Assoluta
Massimiliano Busnelli / Mauro Massironi — Ferrari F430 GT2 – Playteam SaraFree
Gara 1 GTS
Riccardo Romagnoli / Elio Marchetti — Dodge Viper – Scuderia Latorre
Gara 1 GTB
Chano Arias / Henk van Zoest — Ferrari F430 Challenge – Roger Racing
Gara 2 GTA/Assoluta
Joël Camathias / Richard Lietz — Porsche 997 GT3 RSR – Autorlando
Gara 2 GTS
Max Weiser / Marco Petrini — Aston Martin DBRS9 – Villois Racing
Gara 2 GTB
Gianni Giudici / Alessandro Nannini — Ferrari F430 Challenge – Scuderia Giudici

2008 4 e 5 ottobre / October
Gara 1 GTA
Matt Griffin / Peter Bamford — Ferrari F430 GT2 – Advanced Engineering
Gara 1 GTS
Marco Cioci / Andrea Pellizzato — Chevrolet Corvette GT3 – Twentytwo
Gara 2 GTA
Gianluca Roda / Richard Lietz — Porsche 997 GT3 RSR – Autorlando
Gara 2 GTS
Marco Cioci / Andrea Pellizzato — Chevrolet Corvette GT3 – Twentytwo

2009 3 e 4 ottobre / October
Gara 1 GT
Marc Fässler / Joël Camathias — Ferrari F430 GTC – Trotter Racing
Gara 1 GTS
Marco Petrini / Lucas Guerrero — Aston Martin DBRS9 – Villois Racing
Gara 2 GT
Marc Fässler / Joël Camathias — Ferrari F430 GTC – Trotter Racing
Gara 2 GTS
Massimiliano Wiser / Gabriele Lancieri — Aston Martin DBRS9 – Villois Racing

2010 2 e 3 ottobre / October
Gara 1 SGT
Raffaele Gianmaria / Enrico Toccacelo — Ferrari F430 GT2 – EdilCris Racing Team
Gara 1 GTS
Lorenzo Bontempelli / Stefano Livio — Ferrari 430 Scuderia – Kessel Racing
Gara 2 SGT
Raymond Narac / Patrick Pilet — Porsche 997 GT3 RSR – Performance Matmut
Gara 2 GTS
Nicki Cadei / Marco Frezza — Ferrari 430 Scuderia – Kessel Racing

2011 1 e 2 ottobre / October
Gara 1 SGT
Philipp Peter / Michael Broniszewski — Ferrari 458 GT Italia – Kessel Racing
Gara 1 GTS
Paolo Ruberti / Gianluca Roda — Porsche 997 GT3 R – Autorlando Sport
Gara 2 SGT
Andrea Montermini / Emanuele Moncini — Ferrari 458 GT Italia – Scuderia Villorba Corse
Gara 2 GTS
Paolo Ruberti / Gianluca Roda — Porsche 997 GT3 R – Autorlando Sport

2012 29 e 30 settembre / September
Gara 1 SGT
Raymond Narac / Patrick Pilet — Porsche 997 GT3 RSR – Performance Matmut
Gara 1 GTS
Matteo Beretta / Marcello Puglisi — Porsche 997 GT3 R – Autorlando Sport
Gara 2 SGT
Alvaro Barba / Matteo Malucelli — Aston Martin Vantage – Villois Racing
Gara 2 GTS
Michael Dalle Stelle / Daniel Zampieri — Ferrari 458 GT Italia – Kessel Racing

2013 5 e 6 ottobre / October
Gara 1 SGT
Davide Rigon / Andrea Montermini — Ferrari 458 GT Italia – Scuderia Villorba Corse
Gara 1 GTS
Rafael Suzuki / Giorgio Pantano — McLaren MP4-12C GT3 – Bai Tech Racing
Gara 2 SGT
Diederik Sijthoff / Bert Longin — Aston Martin Vantage – V8 Racing
Gara 2 GTS
Pol Rosell / Roman Mavlanov — Chevrolet Corvette C6 R – SMP Racing Russian Bears

2014 27 e 28 settembre / September
Gara 1 SGT
Roman Mavlanov / Daniel Zampieri — Ferrari 458 GT Italia – SMP Racing Russian Bears
Gara 1 GTS
Giorgio Roda / Paolo Ruberti — Ferrari 458 GT Italia – AF Corse
Gara 2 SGT
Nicky Pastorelli / Miguel Ramos — Chevrolet Corvette C6 ZR1 – V8 Racing
Gara 2 GTS
Vlacheslav Maleev / José Manuel Pérez-Aicart — Ferrari 458 GT Italia – SMP Racing Russian Bears

2015 5 e 6 ottobre / October
Gara 1 GTS
Alvaro Parente / Miguel Ramos — McLaren 650S GT3 – Teo Martín Motorsport
Gara 1 GTAM
Ilya Melnikov / Claudio Sdanewitsch — Ferrari 458 GT Italia – AF Corse
Gara 2 GTS
Raffaele Gianmaria / Ezequiel Pérez Companc — Ferrari 458 GT Italia – AF Corse
Gara 2 GTAM
Euan Hankey / Salih Yoluc — Aston Martin Vantage GT3 – TF Sport

2016 1 e 2 ottobre / October
Gara 1 Pro-Am
Euan Hankey / Salih Yoluc — Aston Martin Vantage GT3 – TF Sport
Gara 1 Am
Manuel da Costa / Miguel Sardinha — Mercedes AMG GT3 – Sports and You
Gara 2 Pro-Am
Côme Ledogar / Alexander West — McLaren 650S GT3 – Garage 59
Gara 2 Am
Manuel da Costa / Miguel Sardinha — Mercedes AMG GT3 – Sports and You

2017 30 settembre / September e /and 1 ottobre / October
Gara 1 Pro
Craig Dolby / Sebastian Morris — Lamborghini Gallardo REX GT3 – Wessex Vehicles

Gara 1 Pro-Am
Shaun Balfe / Rob Bell — McLaren 650S GT3 – Balfe Motorsport

Gara 1 Am
António Coimbra / Luis Silva — Mercedes AMG GT3 – Sports and You

Gara 2 Pro
Lourenço Beirão da Veiga / Augusto Farfus — BMW M6 GT3 – BMW Team Teo Martín

Gara 2 Pro-Am
Côme Ledogar / Alexander West — McLaren 650S GT3 – Garage 59

Gara 2 Am
António Coimbra / Luis Silva — Mercedes AMG GT3 – Sports and You

2018 22 e 23 settembre / September
Gara 1 Pro
Fran Rueda / Andrés Saravia — BMW M6 GT3 – BMW Team Teo Martín

Gara 1 Pro-Am
Eddie Cheever III / Nicklas Nielsen — Ferrari 488 GT3 – Luzich Racing

Gara 1 Am
Márcio Basso / Guilherme Salas — BMW M6 GT3 – BMW Team Teo Martín

Gara 2 Pro
Alessandro Pier Guidi / Mikkel Mac — Ferrari 488 GT3 – Luzich Racing

Gara 2 Pro-Am
Raffaele Gianmaria / Jiatong Liang — Lamborghini Huracán GT3 – Imperiale Racing

Gara 2 Am
Márcio Basso / Guilherme Salas — BMW M6 GT3 – BMW Team Teo Martín

2019 12 e 13 ottobre / October
Gara 1 Pro
Fabrizio Crestani / Miguel Ramos — Mercedes AMG GT3 – SPS Automotive Performance

Gara 1 Pro-Am
Frederik Schandorff / Tuomas Tujula — Lamborghini Huracán GT3 Evo – Vincenzo Sospiri Racing

Gara 1 Am
Oswaldo Negri / Francesco Piovanetti — Ferrari 488 GT3 – Spirit of Race

Gara 2 Pro
Henrique Chaves / Martin Kodrić — McLaren 720S GT3 –Teo Martín Motorsport

Gara 2 Pro-Am
Marcelo Hahn / Allam Khodair — McLaren 720S GT3 – Teo Martín Motorsport

Gara 2 Am
Giuseppe Cipriani — Mercedes AMG GT3 – Antonelli Motorsport

2020 26 e 27 settembre / September
Gara 1 Pro
Fabrizio Crestani / Yannick Mettler — Bentley Continental GT3– Team Lazarus

Gara 1 Pro-Am
Nick Moss / Joe Osborne — McLaren 720S GT3 – Optimum Motorsport

Gara 1 Am
Alexander Moiseev / Alexey Nesov — Mercedes AMG GT3 – AKM Motorsport

Gara 2 Pro
Vincent Abril / Louis Prette — Ferrari 488 GT3 Evo – AF Corse-APM Monàco

Gara 2 Pro-Am
Marcelo Hahn / Allam Khodair — McLaren 720S GT3 – Teo Martín Motorsport

Gara 2 Am
Jens Liebhauser / Florian Sholze — Mercedes AMG GT3 – GetSpeed Performance

2021 25 e 26 settembre / September
Gara 1 Pro
Ethan Simioni / Martin Kodrić — Mercedes AMG GT3 Evo – 2 Seas Motorsport

Gara 1 Pro-Am
Nick Moss / Joe Osborne — McLaren 720S GT3 – Inception Racing

Gara 1 Am
Alberto Lippi / Luca Magnoni — Honda NSX GT3 Evo – Nova Race Event

Gara 2 Pro
Fabrizio Crestani / Benjamin Hites — Ferrari 488 GT3 Evo – Rinaldi Racing

Gara 2 Pro-Am
Jean Seyffert / Gerhard Tweraser — Lamborghini Huracán GT3 Evo – HP Racing International

Gara 2 Am
Alberto Lippi / Luca Magnoni — Honda NSX GT3 Evo – Nova Race Event

GT CUP OPEN EUROPE

2019 12 e 13 ottobre / October
Gara 1 Pro-Am
Marc De Fulgengio / Thiago Vivacqua — McLaren 570S GT4 – BMW Team Teo Martín

Gara 1 Am
JP Mauro / Rodolfo Toni — Lamborghini Huracán Super Trofeo Evo – Vincenzo Sospiri Racing

Gara 2 Pro-Am
Lino Curti / Carlo Curti — Porsche 991 GT3 Cup – Tsunami RT

Gara 2 Am
JP Mauro / Rodolfo Toni — Lamborghini Huracán Super Trofeo Evo – Vincenzo Sospiri Racing

2020 26 e 27 settembre / September
Gara 1 Pro-Am
Aldo Festante — Porsche 991 GT3 Cup – Ombra Racing

Gara 1 Am
Manuel Cerqueda / Daniel Diaz-Varela — Audi R8 LMS GT4 Evo – Baporo Motorsport

Gara 2 Pro-Am
Aldo Festante — Porsche 991 GT3 Cup – Ombra Racing

Gara 2 Am
Manuel Cerqueda / Daniel Diaz-Varela — Audi R8 LMS GT4 Evo – Baporo Motorsport

2021 25 e 26 settembre / September
Gara 1 Pro-Am
Dirk Schoulen / Nicolas Vandierendonck — Porsche 992 GT3 Cup – Q1 by EMG Motorsport

Gara 1 Am
Glauco Solieri — Porsche 991 GT3 II Cup – Ghinzani Motorsport

Gara 2 Pro-Am
Jan Lauryssen / Bas Schouten — Porsche 992 GT3 Cup – Q1 by EMG Motorsport

Gara 2 Am
Glauco Solieri — Porsche 991 GT3 II Cup – Ghinzani Motorsport

ELMS
WEC

Le GT nel World Endurance Championship e nelle European Le Mans Series

La grande quantità di GT3 che prendevano parte alle varie serie nazionali e internazionali potevano partecipare anche alle principali serie di Endurance, cioè WEC e Le Mans Series. Qui è stata creata la classe GTE, che ha preso vita nel 1999, derivata dalla GT3 del 1998. Inizialmente si chiamava "GT" nella 24 Ore di Le Mans, nell'American Le Mans Series e nell'European Le Mans Series, mentre si chiamava "N-GT" nel Campionato FIA GT. A partire dal 2005 la classe è stata rinominata GT2. Dopo che la classe GT1 era stata eliminata, la classe GT2 è stata rinominata GTE sia in Europa che negli Stati Uniti.

Le GT nell'Endurance offrono sempre uno spettacolo notevole, con belle auto guidate al massimo livello e non sono più considerate un riempitivo come negli anni d'oro delle gare di durata; ora la classifica delle GT riceve molta attenzione da pubblico e media, e il successo nella categoria viene adeguatamente sfruttato dai Costruttori.

The GTs in the World Endurance Championship and the European Le Mans Series

The large amount of GT3s that took part in the various national and international series could also participate in to the main Endurance series, the WEC and the Le Mans Series. Here the GTE class was created, coming into life in 1999, derived from the GT3 of 1998. It was initially called "GT" in the 24 Hours of LeMans, in the American Le Mans Series and in the European Le Mans Series, while it was called "N-GT" in the FIA GT Championship. As of 2005, the class was renamed GT2. After the GT1 class was eliminated, the GT2 class was renamed GTE in both Europe and the United States.

GTs in endurance always offer a remarkable show, with beautiful cars driven at the highest level and are no longer considered a filler as in the golden years of Endurance; now the GT classification receives a lot of attention from the public and the media and the success in the category is adequately exploited by the manufacturers.

Vetture Gran Turismo in mezzo a Sport Prototipi sono il leit motiv delle corse di Endurance, tutte battagliano duramente nelle loro classi.
Gran Turismo cars amidst Sport Prototypes are the leitmotif of Endurance racing, all of them battle hard in their classes.

Il regolamento GT nel WEC ed ELMS

I regolamenti per le GTE sono stati definiti dapprima dall'Automobile Club de l'Ouest per la 24 Ore di Le Mans e poi adottati dalla FIA. Fin da subito si è cercato di definire una regolamentazione basata sulla produzione di vere GT, e non di serie estremamente limitate che in qualche modo venivano omologate come GT. Le auto debbono avere una configurazione a due posti o due+due, aperte o chiuse, ed essere disponibili per la vendita e regolarmente omologate per l'uso stradale. Per cercare di regolamentare l'accesso a vetture costruite ad hoc per la categoria, un'auto di un grande Costruttore dev'essere prodotta in almeno un'unità alla settimana, che scende ad una al mese per i piccoli Costruttori, vale a dire chi produce in totale meno di duemila vetture l'anno. Debbono comunque essere state prodotte un minimo di cento auto per un grande Costruttore, che scendono a venticinque per uno di dimensioni minori.

Il motore deve essere quello usato nel catalogo del Costruttore, ma sono state fatte deroghe per utilizzarne uno dello stesso produttore pur se installato su un'altra gamma di vetture. Sono ammesse auto con telaio in fibra di carbonio, mentre non sono ammesse auto a quattro ruote motrici, come invece succede in GT3. Alle auto è ammessa una serie di modifiche ogni due anni, che però sono molteplici nella prima stagione di corse. Se la vettura di serie viene aggiornata, la stessa modifica può essere installata sulla corrispondente GTE senza attendere i due anni.

Gli equipaggi sono divisi in Pro e Am; nella composizione non ci sono limiti per quanto riguarda Pro, mentre in Am ci deve essere almeno un Bronze ed eventualmente un Silver. Le GTE risultano comunque generalmente più veloci delle corrispondenti GT3, le modifiche aerodinamiche sono maggiori in GTE, mentre la possibilità di variare la carreggiata e la larghezza anteriore permette di avere più gomma per terra e quindi di aumentare la velocità di percorrenza in curva.

The Regulation GT in the WEC and ELMS

The regulations for the GTEs were first defined by the Automobile Club de l'Ouest for the 24 Hours of Le Mans and then adopted by the FIA. It was immediately tried to define a regulation based on the production of real GTs and not of extremely limited series which in some way were homologated as GT. The cars must have a 2-seater or 2 + 2 configuration, open or closed and be available for sale and regularly approved for road use. To try to regulate access to cars built ad hoc for the category, a car from a large manufacturer must be produced in at least one unit per week, which drops to one unit per month for small manufacturers, i.e. it produces less than 2000 cars a year in total. However, a minimum of 100 cars must have been produced for a large manufacturer, which drops to 25 for a small manufacturer. The engine must be the one used in the manufacturer's catalog, but exceptions have been made to use the engine of the same manufacturer, but installed on another range of cars. Cars with carbon fiber chassis are allowed, while four-wheel drive cars, as in GT3, are not allowed. Cars are allowed a series of changes every two years, but they are multiple in the first year of racing. If the production car is updated, the same modification can be installed on the corresponding GTE without waiting for the two years. The crews are divided into Pro and Am; in the composition there are no limits as far as Pro is concerned, while in Am there must be at least a Bronze and possibly a Silver. However, the GTEs are generally faster than the corresponding GT3s, the aerodynamic changes are greater in the GTE, while the possibility of varying the track and the front width allows for more tire on the ground and therefore to increase the cornering speed.

La coabitazione tra le migliori GT e le migliori Sport ha sempre creato il problema dei doppiaggi tra auto di diverse prestazioni, ma ha sempre offerto gare spettacolari.
The coexistence between the best GTs and the best Sports Cars has always created the problem of dubbing between cars of different performances, but has always offered spectacular races.

Il team francese Larbre Competition ha inviato la sua Chevrolet Corvette C7-Z06 a Monza nel 2017; l'auto ha gareggiato nella European Le Mans Series, guidata da Christian Philippon, Romain Brandela e Fernando Rees.

French team Larbre Competition team sent their Chevrolet Corvette C7-Z06 to the Monza in 2017; the car competed in the European Le Mans Series, driven by Christian Philippon, Romain Brandela and Fernando Rees.

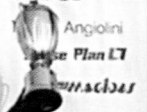

1   Alla staccata per la prima variante chiude il gruppo un'auto non comune in corsa, la Maserati Ghibli di Corradi / Schenetti / Vincenzo.
At the braking point for the first variant, an uncommon car in the race closes the group, the Maserati Ghibli of Corradi / Schenetti / Vincenzo.

2   L'eterno duello tra Ferrari e Porsche trova nell'Endurance un palcoscenico di alto livello.
The eternal duel between Ferrari and Porsche finds a high level stage in Endurance.

3   La Porsche 993 Turbo di Helmut Reis, Gerold Ried e Wido Rössler partiva con il quarto tempo in GT2, ma non ha visto il traguardo nel 1997.
The Porsche 993 Turbo of Helmut Reis, Gerold Ried and Wido Rössler started 4th in GT2, but did not finish in 1997.

4   La tradizionale vettura antincendio della CEA chiude le ventinove auto al via della 1000 Chilometri del 1998.
The traditional CEA fire-fighting vehicle closes the 29 cars that participated in the 1998 1000 Km.

5   La 1000 Chilometri 1998 ha avuto come vincitrice assoluta una GT, la McLaren F1 di Geoff Lees e Thomas Bscher, che ha preceduto la Ferrari 333SP di Bryner / Calderari / Zadra e la Porsche 911 GT2 di Mastropietro / Polli / Mastropietro.
The 1998 1000Km saw the absolute victory of a GT, the McLaren F1 of Geoff Lees and Thomas Bscher, which preceded the Ferrari 333SP of Bryner / Calderari / Zadra and the Porsche 911 GT2 of Mastropietro / Polli / Mastropietro.

6   Nel 1998, in un'edizione con solo sette Sport al via, le GT avevano la parte maggiore dello schieramento, con ben ventidue auto.
In 1998, in an edition with only 7 Sports at the start, the GTs had the largest part of the line-up, with 22 cars.

7

8

9

7   La Dome 101 di Hiroki Katou e Ryou Michigami si appresta a doppiare una Ferrari 430.
The Dome 101 of Hiroki Katou and Ryou Michigami is preparing to round a Ferrari 430.

8   Thomas Biagi ha condiviso la Ferrari 575 dell'olandese Barron Connor Racing con John Bosch e Danny Sullivan.
Thomas Biagi shared the Ferrari 575 of Dutch Barron Connor Racing with John Bosch and Danny Sullivan.

9   Nel 2004 la Larbre utilizzava le Ferrari 550, questa era condotta da Pedro Lamy, Christophe Bouchut, Steve Zacchia e con il nono posto assoluto ha vinto la classe GTS.
In 2004 Larbre used Ferrari 550, this was driven by Pedro Lamy, Christophe Bouchut, Steve Zacchia and with 9th place overall it won the GTS class.

FONTANA
BULLONERIE
90
ROSA & C.
DIETSMANN

1

www.lmes.net
81
DUNLOP

2

www.lmes.net
DIETSMANN
STAR WARS
15

3

53
MICHELIN
Garrett
Castrol

4

www.lmes.net
90
DUNLOP
Mobil 1
Mobil 1

5

www.lmes.net
51
NOTTER
www.notterkanal.ch
BMS
SCUDERIA ITALIA
MOTUL
SRM

6

1   Marc Lieb guida un gruppo di ben ventiquattro GT alla 1000 Chilometri del 2005.
Marc Lieb leads a group of 24 GTs in the 2005 1000Km.

2   La TVR Tuscan era ammessa in GT2; entrambe le vetture del team LNT non sono giunte al traguardo per problemi di motore, con la numero 81 affidata a Warren Hughes e Jonny Kane.
TVR Tuscan was admitted in GT2; both cars of the LNT team did not see the finish line due to engine problems, the number 81 was entrusted to Warren Hughes and Jonny Kane.

3   La N Technology aveva sviluppato la Ferrari 575 GTC per Peter Kutemann, Antoine Gosse e Hans Hugenholtz, che correvano per la JMB Racing.
N Technology developed the Ferrari 575 GTC for Peter Kutemann, Antoine Gosse and Hans Hugenholtz, who raced for JMB Racing.

4   Iscritta in GT1 era la 996 Turbo di Wolfgang Kaufmann e Marcel Tiemann.
Entered in GT1 was the 996 Turbo of Wolfgang Kaufmann and Marcel Tiemann.

5   Marc Lieb, vincitore a Le Mans oltre che di quattro 24 Ore del Nürburgring, ha corso assieme a Xavier Pompidou sulla 996 della Sebah; una volta smessa la carriera di pilota è divenuto responsabile del reparto corse clienti di Porsche.
Marc Lieb, winner of Le Mans and four-time winner of the 24 Hours of the Nürburgring, raced with Xavier Pompidou in the 996 of Sebah; after leaving his career as a racing driver, he became head of Porsche's customer racing department.

6   La Ferrari 550 era vincente anche nell'Endurance, alla 1000 Chilometri del 2005 il successo è andato a Christian Pescatori, Toni Seiler, Michele Bartyan sull'auto della BMS Scuderia Italia.
The Ferrari 550 was also a winner in Endurance, at the 1000 Km 2005 success went to Christian Pescatori, Toni Seiler, Michele Bartyan in the BMS Scuderia Italia car.

7   Stéphane Ortelli e Soheil Ayari avevano a disposizione una Saleen S7 della Oreca, molto veloce in qualifica, ma ritirata in gara.
Stéphane Ortelli and Soheil Ayari had a Saleen S7 from Oreca at their disposal, very fast in qualifying, but retired in the race.

8   Battaglia tra le Porsche 997 GT3 di Werner / Ehret / Nielsen e di Narac / Lietz .
Battle between the Porsche 997 GT3s of Werner / Ehret / Nielsen and Narac / Lietz.

9   Basso / McCormick / Daoudi sono in difficoltà in Ascari, mentre transita la Peugeot 908 HDi di Lamy / Sarrazin.
Basso / McCormick / Daoudi are in trouble in Ascari, while the Peugeot 908 HDi of Lamy / Sarrazin passes by.

10   Lieb / Pompidou, su una Porsche 997 GT3 RSR della Felbemayr davanti alla Pescarolo 01 di Primat / Tinseau.
Lieb / Pompidou, in a Felbemayr Porsche 997 GT3 RSR in front of Primat / Tinseau's Pescarolo 01.

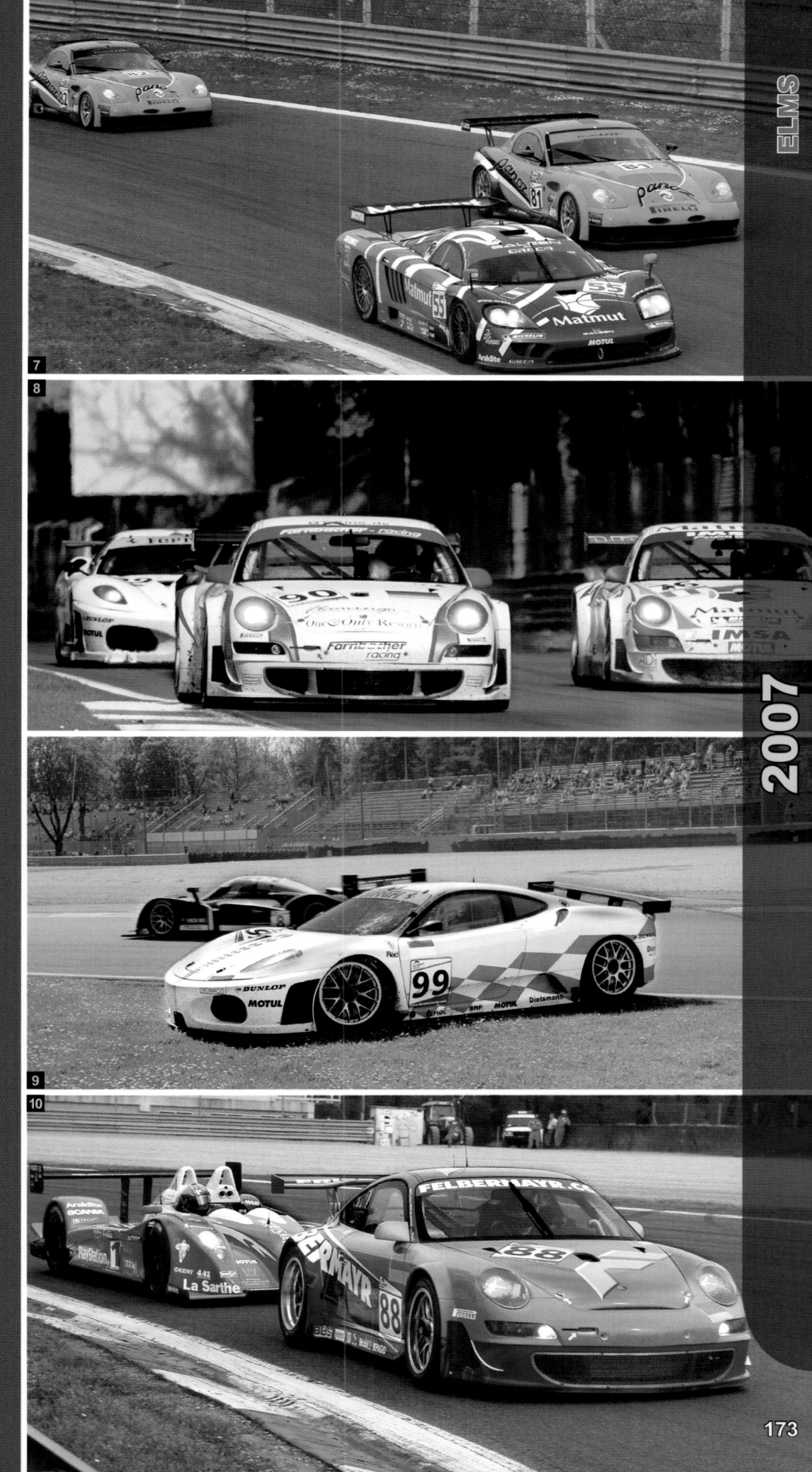

2007

1 Bouchut / Gardel / Gollin con una DBR9 della Larbre Competition si destreggiano tra le LMP2 alla seconda di Lesmo.
Bouchut / Gardel / Gollin with a Larbre Competition DBR9 juggle the LMP2s to the second of Lesmo.

2 Anche il WEC ha avuto il merito di portare in gara auto insolite o comunque interessanti. La Panoz Esperante GTLM di Lasserre / Dean / Tomlinson era la prima GT costruita dalla casa fondata da Don Panoz, che realizzava vetture Sport dal 1989; montava un otto cilindri Ford sovralimentato da 500 cavalli installato su un telaio in fibra di carbonio e alluminio e ha ottenuto il risultato più prestigioso nel 2006, vincendo la classe a Le Mans.
Also the WEC had the merit of bringing unusual or interesting cars into the race. The Panoz Esperante GTLM of Lasserre / Dean / Tomlinson was the first GT built by the house founded by Don Panoz, which has been realizing sport cars since 1989; fitted with a 500 hp supercharged Ford 8-cylinder installed on a carbon fiber and aluminum chassis and achieved the most prestigious result in 2006, winning the class at Le Mans.

3 La Aston Martin DBR9 di Garcia / Halliday, dell'inglese Team Modena, ha ottenuto la quarta posizione in GT1 alla 1000 Chilometri del 2007.
Garcia / Halliday's Aston Martin DBR9, of the English Team Modena, took 4th position in GT1 at the 2007 1000Km.

4 La Ferrari 430 GTC di de Simone / Hernandez / Bonetti mostra l'abbondante impianto frenante Brembo.
The Ferrari 430 GTC of de Simone / Hernandez / Bonetti shows the abundant Brembo braking system.

5 L'ex sciatore francese Jean-Luc Alphand, quattro volte vincitore della Coppa nella discesa libera, una volta ritiratosi dallo sci si è dato all'automobilismo, anche qui con successo, tanto da vincere la Dakar nel 2006. Eclettico in auto, ha iniziato a correre anche nel Supertrofeo Lamborghini per poi fondare la Luc Alphand Adventures, che correva nella Le Mans Series, a volte mettendosi lui stesso al volante. Alla 1000 Chilometri del 2007, ha vinto la classe GT1 sulla Corvette C6R del suo team assieme a Jérôme Policand e Patrice Goueslard.
Former French skier Jean-Luc Alphand, four-time winner of the downhill cup, once retired from skiing he turned to motoring, again with success, so much so that he won the Dakar in 2006. Eclectic by car, he also started racing in Supertrofeo Lamborghini, then founded Luc Alphand Adventures, which raced in the Le Mans Series, sometimes putting himself behind the wheel. At 1000 Km 2007, he won the GT1 class on his team's Corvette C6R alongside Jérôme Policand and Patrice Goueslard.

6 La Farnbacher Racing faceva correre la 997 GT3 RSR di Nielsen / Westbrook / Simonsen, vincitori in GT2.
Farnbacher Racing raced the 997 GT3 RSR of Nielsen / Westbrook / Simonsen, GT2 winners.

7 La Ferrari 430 GTC di Kutemann / Basso / Casadei allarga la traiettoria in seconda variante per favorire il doppiaggio della Embassy WF01 di Hughes / Haberfeld, che correva in LMP2.
The Ferrari 430 GTC of Kutemann / Basso / Casadei widens the trajectory in the second variant to favor the dubbing of the Embassy WF01 of Hughes / Haberfeld, which ran in LMP2.

8 La Spyker C8 Spyder è uno delle varie versioni della C8 del Costruttore olandese, che realizza vetture sportive dal 1999, riprendendo il nome di un famoso costruttore di auto e aeroplani e che ha realizzato anche una Formula 1 per il Mondiale del 2007. Ha un motore Audi biturbo da 4,2 litri da da 525 cavalli ed è nota come Laviolette, dal nome dell'ingegnere responsabile della maggior parte dei modelli Spyker. La C8 in gara nel 2007 con Belicchi / Chiesa / Kane ha ottenuto il settimo posto in GT.
The Spyker C8 Spyder is one of the various versions of the C8 from the Dutch manufacturer, which has been making sports cars since 1999, taking up the name of a famous car and airplane manufacturer and even realized a Formula 1 for 2007 season. It has a 4.2-liter 525 hp twin-turbo Audi engine and is known as the Laviolette, named after the engineer responsible for most Spyker models. The C8 racing in 2007 with Belicchi / Chiesa / Kane got 7th place in GT.

9 La coabitazione tra auto di diverse prestazione non è sempre facile: la Ferrari 430 GTC di Pierre Kaffer e Pierre Ehret in testacoda ostacola la Courage-Oreca LC70 di Stéphane Ortelli e Soheil Ayari, in seguito protagonista di uno spettacolare volo nella stessa postazione.
The cohabitation between cars with different performances is not always easy: the Ferrari 430 GTC of Pierre Kaffer and Pierre Ehret at the head of the queue, hinders the Courage-Oreca LC70 of Stéphane Ortelli and Soheil Ayari, later the protagonist of a spectacular flight in the same place.

1   L'European Le Mans Series del 2018 a Monza ha offerto un campo concorrenti di ventotto auto, sei delle quali erano GT.
The 2018 European Le Mans Series in Monza featured a competing field of 28 cars, 6 of which were GTs.

2   La Porsche 991 GT3 Ebimotors di Alessandro Baccani e Paolo Venerosi transita a fianco di quella che non è una sponsorizzazione di Alitalia, ma la delimitazione dell'ingresso corsia box.
The 991 GT3 Ebimotors of Alessandro Baccani and Paolo Venerosi passes alongside what is not a sponsorship of Alitalia, but the delimitation of the pit lane entrance.

3   Nel 2016 è stata presentata la seconda edizione della Ford GT in concomitanza con l'anniversario dei cinquant'anni della vittoria a Le Mans. La vettura è spinta da un V6 di 3.5 litri twinturbo da 600 cavalli, installato su un telaio in fibra di carbonio. Le due vetture ufficiali del Ford Chip Ganassi Team erano affidate a Andy Priaulx / Harry Tincknell e Stefan Mücke / Olivier Pla.
In 2016, the second edition of the Ford GT was presented to coincide with the 50th anniversary of the victory at Le Mans. The car is powered by a 600hp 3.5-liter twinturbo V6, installed on a carbon fiber chassis. The two official Ford Chip Ganassi Team cars were driven by Andy Priaulx / Harry Tincknell and Stefan Mücke / Olivier Pla.

4   Una delle sessioni di prova del WEC 2017 si svolgeva di notte, offrendo una ambientazione assai insolita per Monza alla Porsche 991 RSR di Wainwright / Barker / Foster.
One of the 2017 WEC test sessions took place at night, offering a very unusual setting for Monza to the Porsche 991 RSR of Wainwright / Barker / Foster.

5   La Porsche 911 RSR GTE del 2017 è stata la prima versione di 911 caratterizzata da un motore montato centralmente, al fine di migliorare la distribuzione dei pesi e ridurre il consumo delle gomme posteriori, nonché per consentire l'adozione di un diffusore posteriore più ampio permesso dai nuovi regolamenti. Utilizzava una evoluzione del sei cilindri boxer da 4 litri e nel 2018 ha ottenuto le prime due posizioni nella GTE alla 24 Ore di Le Mans; ha fatto suo il Campionato WEC per GT nel 2018 e 2019.
The 2017 Porsche 911 RSR GTE was the first version of 911 to feature a centrally mounted engine, in order to improve weight distribution and reduce rear tire wear, as well as to allow for the adoption of a wider rear diffuser, allowed by the new regulations; used an evolution of the 4-liter 6-cylinder boxer and in 2018 obtained the first two positions in the GTE at the 24H of Le Mans; won the WEC Championship for GT in 2018 and 2019.

6   Alla presentazione del WEC 2017, le più belle GT contendono la scena alle spettacolari LMP1.
At the 2017 WEC presentation, the most beautiful GTs compete for the scene against the spectacular LMP1s.

FORD
67
Ford
EcoBoost
EcoBoost

3

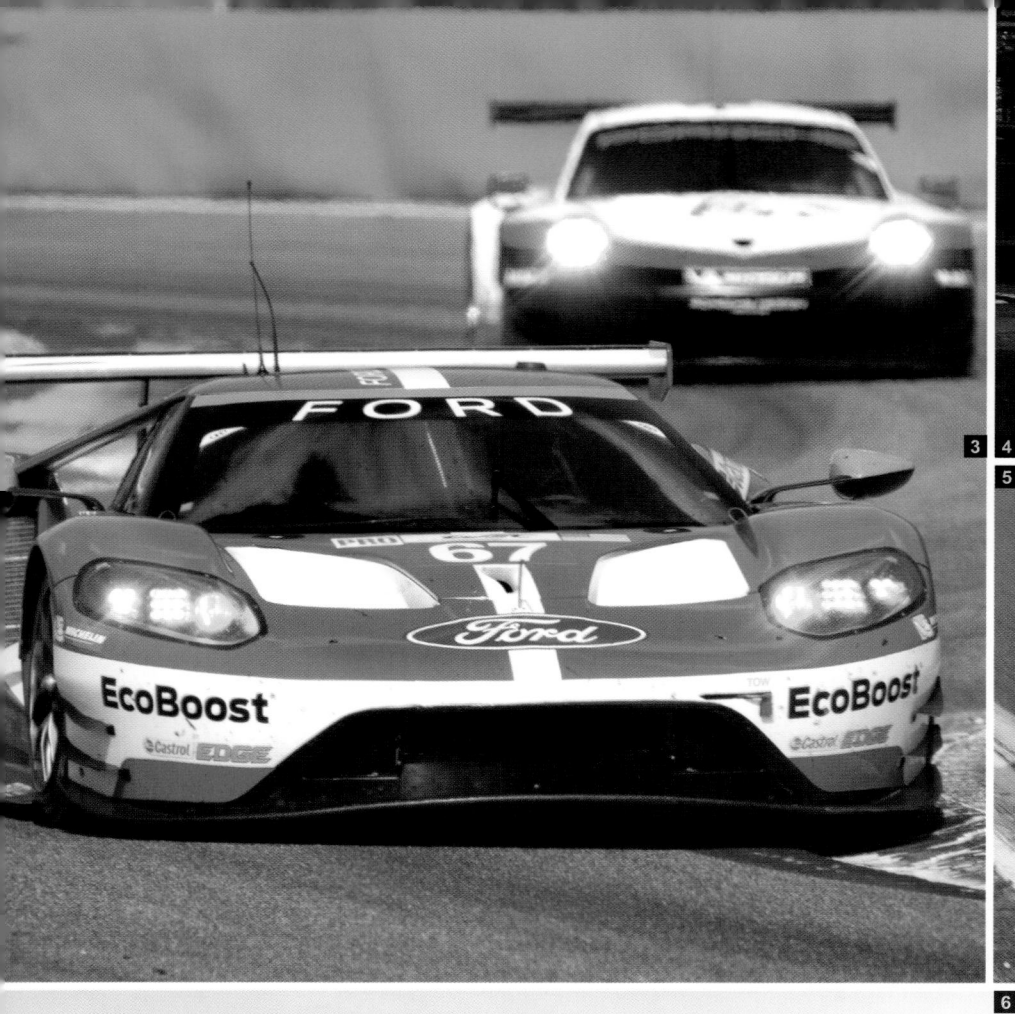

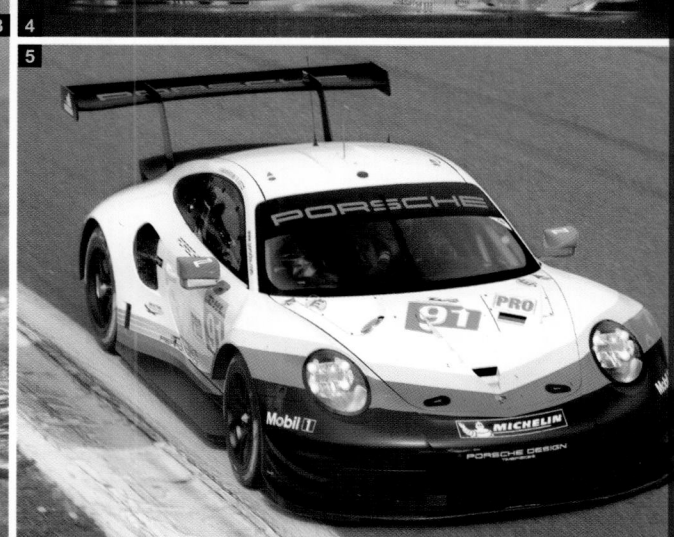

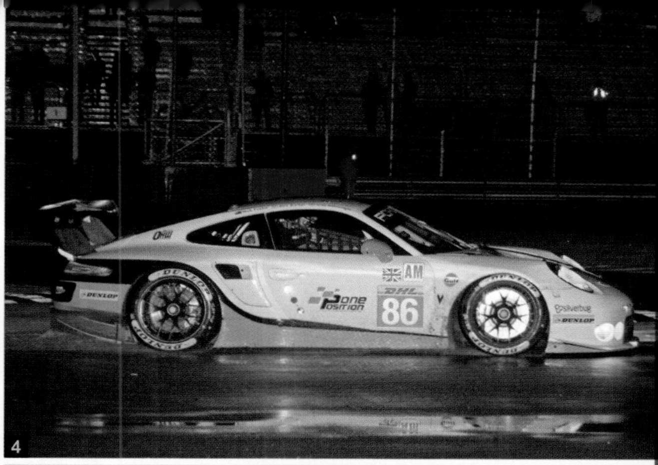
86
AM

4

5

PORSCHE
91
PRO
Mobil 1
MICHELIN
PORSCHE DESIGN

6

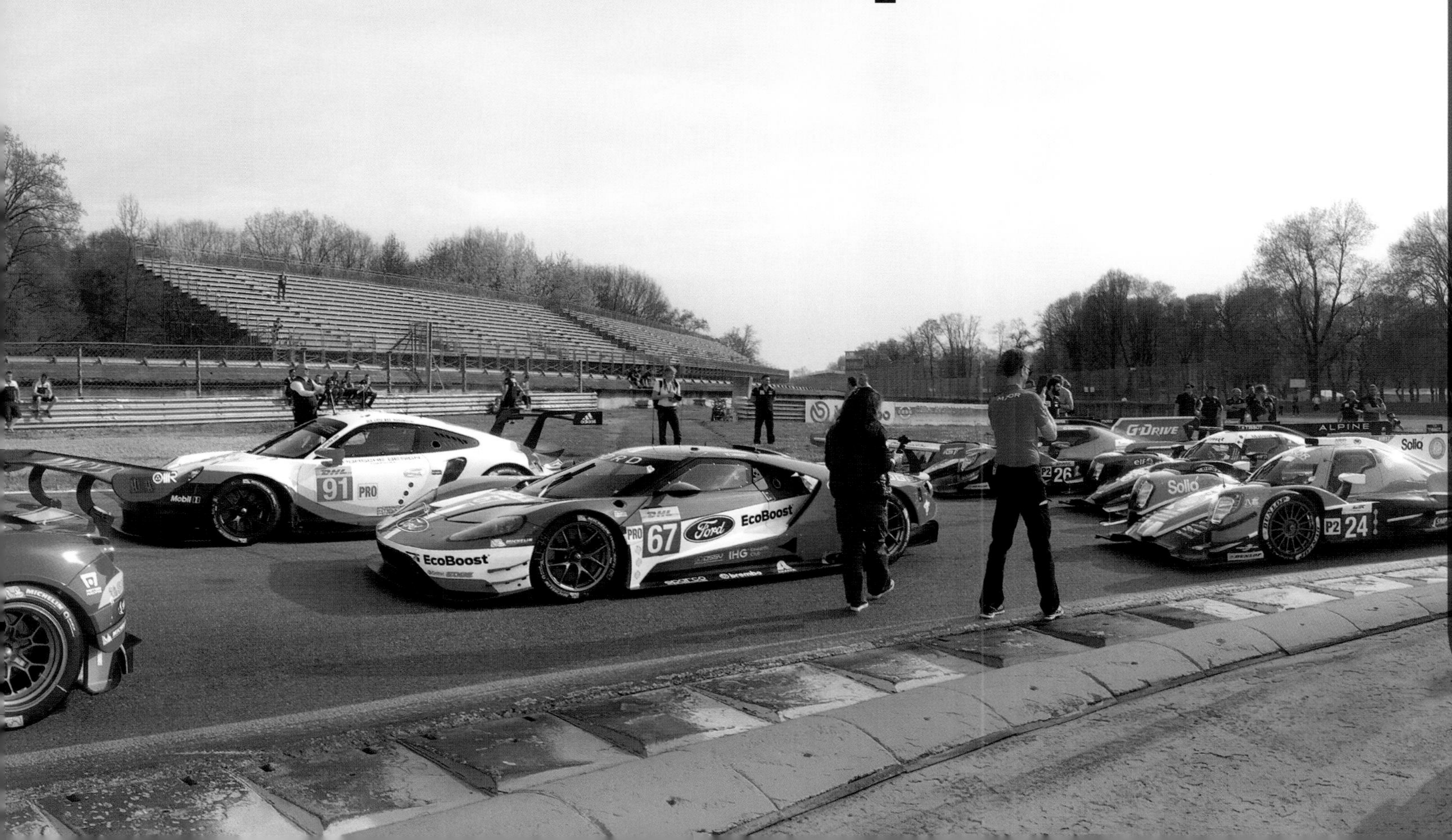
91
PRO
67
EcoBoost
EcoBoost
24
26
Solla

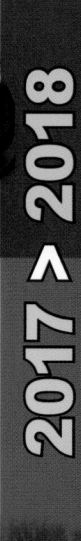

Mercedes SLS GT3

Il grosso coupé SLS è stato presentato nel marzo 2010, con le porte ad ala di gabbiano che richiamavano la 300SL; l'inevitabile accostamento con la vettura del 1954 ha portato alla presentazione congiunta della versione GT3 della SLS. Questa manteneva il motore V8 da 6200 cc, con una potenza superiore ai 500 cavalli, mentre il cambio a sette marce a doppia frizione è stato sostituito da un cambio sequenziale a sei marce, installato nello stesso gruppo comprendente il differenziale autobloccante. La GT3 è stata sviluppata con l'aiuto di Bernd Schneider, in seguito uno degli interpreti di maggior successo una volta che la SLS è scesa in gara. Il debutto è avvenuto alla 24 Ore di Dubai del 2011, dove l'equipaggio Jaeger / Seyffarth / Heyer / Breslin ha chiuso al terzo posto sulla vettura gestita dai tedeschi della Black Falcon, e conseguentemente all'AMG sono arrivati venticinque ordini da parte di team privati che l'hanno schierata in Europa, ottenendo ben ventisei vittorie fin da subito. Il primo trionfo di rilievo è stato di nuovo la 24 Ore di Dubai nel 2012, dove le SLS dei team Black Falcon ed Heyco Motorsport hanno fatto proprie le prime tre posizioni. Il team tedesco ha ottenuto anche la prima affermazione per la SLS alla 24 Ore del Nürburgring nel 2013, con Schneider / Bleekemolen / Edwards / Thiim. Dopo aver realizzato almeno cinquanta SLS GT3, AMG ha presentato al Salone di Ginevra del 2015 la seconda versione, con una carrozzeria più arrotondata e aggressiva oltre al frontale che ricordava la Mercedes 300SL da corsa del 1954. Miglioramenti sono stati introdotti nello splitter frontale, ora regolabile e nelle nuove sospensioni posteriori, ma c'è stata molta attenzione anche all'accessibilità dei particolari per consentire sostituzioni rapide in corsa. Un'innovazione intesa a migliorare l'affidabilità è stata la registrazione automatica dei tempi di utilizzo di alcuni particolari critici, in modo da poter avere immediatamente informazione su quando gli stessi fossero giunti a fine vita. Ancora il team semiufficiale Black Falcon ha ottenuto il risultato più importante, vincendo la 24 Ore del Nürburgring nel 2016 con Schneider / Christodoulou / Engel / Metzger. Prodotta tra il 2015 e il 2021, viene utilizzata in tutte le serie per GT e con oltre centotrenta vetture realizzate ad Affalterbach, l'AMG GT3 è anche una delle GT3 da corsa di maggior successo in termini di produzione.

The big SLS coupe was unveiled in March 2010, with gull-wing doors reminiscent of the 300SL; the inevitable combination with the 1954 car led to the joint presentation of the GT3 version of the SLS. This maintained the 6200cc V-8 engine, with an output exceeding 500 hp, while the seven-speed dual-clutch gearbox was replaced by a sequential six-speed gearbox, installed in the same group as the self-locking differential. The GT3 was developed with the help of Bernd Schneider, who was then one of the most successful performers once the SLS entered the race. The debut took place at the 24 Hours of Dubai 2011, where Jaeger / Seyffarth / Heyer / Breslin obtained the third place on the car of the Black Falcon team and consequently the AMG obtained 25 orders from private teams began to field it in Europe, obtaining 26 victories since the first year. The first notable victory was again at the Dubai 24 Hours in 2012, where the SLS of the Black Falcon and Heyco Motorsport teams took the top three positions. Black Falcon also achieved the first success for the SLS at the 24 Hours of the Nürburgring in 2013, with Schneider / Bleekemolen / Edwards / Thiim. After making at least 50 SLS GT3s, AMG presented the second version at the 2015 Geneva Motor Show, with a more rounded and aggressive bodywork and a front reminiscent of the 1954 Mercedes 300SL racing car. Improvements were introduced in the front splitter, now adjustable and in the new rear suspensions, but a lot of attention was paid to the accessibility of details, to allow quick replacements on the run. An innovation intended to improve reliability is the automatic recording of the times of use of some critical parts, so that one can immediately have information on when the parts are at the end of their life. Still the semi-works Black Falcon team achieved the most important result, winning the 2016 Nurburgring 24 Hours with Schneider / Christodoulou / Engel / Metzger. Produced between 2015 and 2021, it is used in all GT series and with over 130 cars built in Affalterbach, the AMG GT3 is also one of the most successful racing GT3s in terms of production.

1 La Ferrari 488 della Spirit of Race di Cameron / Griffin / Scott a breve distanza dalla gemella della Kessel Racing con Schiavoni / Pianezzola / Piccini.
La Ferrari 488 della Spirit of Race di Cameron / Griffin / Scott a breve distanza dalla gemella della Kessel Racing con Schiavoni / Pianezzola / Piccini.

2 Ried / Pera / Cairoli in una tipica situazione dell'ELMS, in cui si apprestano a dare strada alla Norma M30 di David Droux ed Esteban Garcia, mentre sono in bagarre con le altre GT.
Ried/Pera/Cairoli in a typical situation of the ELMS, in which they are preparing to give way to the Norma M30 of David Droux and Esteban Garcia, while they are in a battle with the other GTs.

3 La Porsche 911 GTE della Proton, condotta da Christian Ried, Cooper MacNeil e Gianmaria Bruni partiva in pole position tra le sei GT presenti.
Proton's Porsche 911 GTE, driven by Christian Ried, Cooper MacNeil and Gianmaria Bruni, started from pole position among the 6 GTs present.

4 Rifornimento e cambio piloti per Jeannette / Sales / Hutchison.
Pit Stop with refueling and tyre change for Jeannette / Sales / Hutchison.

5 Manuela Gostner ha corso in un equipaggio tutto femminile con Michelle Gatting e Rahel Frey, su una Ferrari dell'Iron Lynx, ottenendo il terzo posto in GTE.
Manuela Gostner raced in an all-female crew with Michelle Gatting and Rahel Frey, in an Iron Lynx Ferrari, obtaining third place in GTE.

6 La vittoria in GT alla Le Mans Series del 2020 a Monza è andata alla Ferrari 488 GTE di Michael Broniszewski, David Perel e Nicola Cadei.
GT victory at the 2020 Le Mans Series in Monza went to the Ferrari 488 GTE of Michael Broniszewski, David Perel and Nicola Cadei.

IRON LYNX
IRON LYNX
GOODYEAR
80
GTE
MOTUL
NIKI HASLER AG
GOODYEAR

1

2

54
83
AM
Ferrari
inception 71
VISTAJET
Azura
AM
54
WEC
MICHELIN
YEAR
YEAR

1 Iron Lynx ha fatto correre nella 4 Ore ELMS la Ferrari 488 per Cressoni / Mastronardi / Molina, secondi in GTE.
Iron Lynx raced the Ferrari 488 in the 4 Hours ELMS for Cressoni / Mastronardi / Molina, second in GTE.

2 La Ferrari ha conquistato la vittoria nella Classe LMGTE Am con François Perrodo, Nicklas Nielsen e Alessio Rovera al volante della 488 dell'AF Corse numero 83, qui in compagnia dell'altra 488 di di Alessandro Pier Guidi e James Calado.
Ferrari scored victory in the LMGTE Am Class with François Perrodo, Nicklas Nielsen and Alessio Rovera at the wheel of the 488 of the AF Corse number 83, here in the company of the other 488 of Alessandro Pier Guidi and James Calado.

3 Alla curva del Serraglio si inseguono la Ferrari 488 di Ulrich / Mann / Vilander e la Porsche 911 di Bruni / Lietz.
The Ferrari 488 of Ulrich / Mann / Vilander and the Porsche 911 of Bruni / Lietz are chasing each other at the Serraglio curve.

4 Si prepara ai box la Porsche 911 RSR per la GTE Pro che, con Kevin Estre e Neel Jani, ha vinto la classe davanti alla Ferrari 488 di Pier Guidi / Calado.
The Porsche 911 RSR of GTE Pro is getting ready in the pits, which with Kevin Estre and Neel Jani won the class ahead of the Ferrari 488 of Pier Guidi / Calado.

5 Cetilar Racing è il team creato da Roberto Lacorte, dirigente dell'azienda farmaceutica Pharmanutra. Lacorte ha iniziato a correre nel 2010 ed è cresciuto in carriera fino a partecipare alla 24 Ore di Le Mans, nel giugno del 2017, suo massimo desiderio. Dopo cinque stagioni nell'ELMS, con i Prototipi LMP3 e LMP2, altre due nel FIA WEC, dal 2021 Cetilar Racing corre nella classe LMGT Am, con il partner AF Corse nel World Endurance Championship, assieme ad Antonio Fuoco e Giorgio Sernagiotto.
Cetilar Racing is the team created by Roberto Lacorte, manager of the pharmaceutical company Pharmanutra. Lacorte started racing in 2010 and grew up in his career to participate in the 24 Hours of Le Mans, in June 2017, his greatest desire. After five seasons in the ELMS with the LMP3 and LMP2 prototypes and two in the FIA WEC, from 2021, Cetilar Racing runs in the LMGTAM class, with partner AF Corse in the World Endurance Championship, together with Antonio Fuoco and Giorgio Sernagiotto.

CREVENTIC
24H SERIES

Un gruppo di piloti olandesi ha costituito l'agenzia Creventic per iniziare ad organizzare gare partendo dalla 24 Ore di Dubai nel 2006. Poi dal 2008, con la creazione della 12 Ore di Ungheria, ha lanciato la prima stagione ufficiale della 24H Series. Il Campionato ha come obiettivi realizzare gare di lunga durata con "costi contenuti, un'atmosfera conviviale con squadre e piloti provenienti da tutto il mondo e una competizione leale in pista", come dichiarato nello statuto di Creventic. Dal 2014 il World Motorsport Council della FIA ha approvato lo status di competizione ufficiale FIA per la 24H Series, quindi piloti e squadre possono competere per titoli e punti del Campionato riconosciuto al massimo livello e, dal 2015, è stato istituito il Campionato per piloti e successivamente la Ladies' Cup. Nel corso degli anni sono state aggiunte le 12 Ore del Mugello, di Zandvoort, del Paul Ricard, di Barcellona e di Brno. Nel 2020 si è svolta la 12 Ore a Monza che, secondo le regole delle Creventic, si è disputata su due manche separate, la prima al sabato di quattro ore e l'altra la domenica per le restanti otto.

A group of Dutch drivers set up the Creventic agency and started organizing the Dubai 24 Hours in 2006, then from 2008 with the creation of the Hungary 12 Hours, they launched the first official season of the 24H Series. The championship aims to carry out long-term races with "low costs, a convivial atmosphere with teams and drivers from all over the world and fair competition on the track", as stated in the Creventic statute. Since 2014 the FIA World Motorsport Council has approved the status of official FIA competition for the 24H Series, so drivers and teams can compete for titles and points of the championship recognized at the highest level; from 2015 the championship for drivers was established and subsequently the Ladies' Cup. Over the years the 12 Hours of Mugello, Zandvoort, Paul Ricard, Barcelona, Brno were added. In 2020 there was the 12 Hours of Monza, which according to the Creventic rules, took place in two separate runs, four hours on Saturday, eight on Sunday.

La suddivisione in due gare ha offerto anche variazione di condizione meteo, con asciutto e pioggia. La vittoria assoluta è andata alla Porsche 911 GT3 R delle Herberth Motorsport, condotta da Daniel Allemann, Ralf Bohn e dai fratelli Alfred e Robert Renauer.
The division into two races also offered variation in weather conditions, with dry and rainy conditions. The overall victory went to the Porsche 911 GT3 R Herberth Motorsport, driven by Daniel Allemann, Ralf Bohn and the brothers Alfred and Robert Renauer.

Le auto vincitrici della 12 Ore Creventic dopo il termine della gara stessa.
The winning cars of the Creventic 12 Hours at the end of the race.

Il regolamento

La 24H Series ammette veicoli che usano benzina Unleaded 98 o diesel, così come auto ibride; su richiesta possono essere ammessi carburanti alternativi. Sono accettate vetture costruite dopo il 1996, preparate secondo le regole dei Gruppi FIA A, N, CN, DIESEL e la categoria "24 Hour Special", che incorpora la corrispondente classe del Campionato tedesco VLN. Esistono anche tre categorie, quasi mai utilizzate, per vetture "Silhouette", "Exceptional Cars" e "Protoype Special". Sono anche ammesse le auto della "Cup Cars", vale a dire quelle che prendono parte alle serie monomarca. Le auto sono raggruppate nelle tre divisioni di "24H TCE Series", "24H GT Series" e "24H Proto Series" con quelle appartenenti alla prima e alla terza che prendono il via in corse separate. La gara di 24 Ore si svolge continuativamente, mentre le gare di 12 Ore si svolgono in due eventi separati.

The Regulation

The 24H Series admits vehicles that use Unleaded 98 petrol or diesel, as well as hybrid cars; alternative fuels can be accepted on request. In the 24H series are accepted cars built after 1996, prepared according to the rules of the FIA groups A, N, CN, DIESEL and the "24 Hour Special" categories, which includes the corresponding group of the German VLN championship. There are also three categories, almost never used, for "Silhouette", "Exceptional Cars" and "Protoype Special" cars. "Cup Cars" category cars are also allowed, ie those that take part in the single-brand series. The cars are grouped into the three divisions of "24H TCE Series", "24H GT Series" and "24H Proto Series". The "24H TCE Series" and the 24H Proto Series "do not run in the same competition, but in separate races. The 24-hour race runs continuously, while the 12-hour races take place in two separate events.

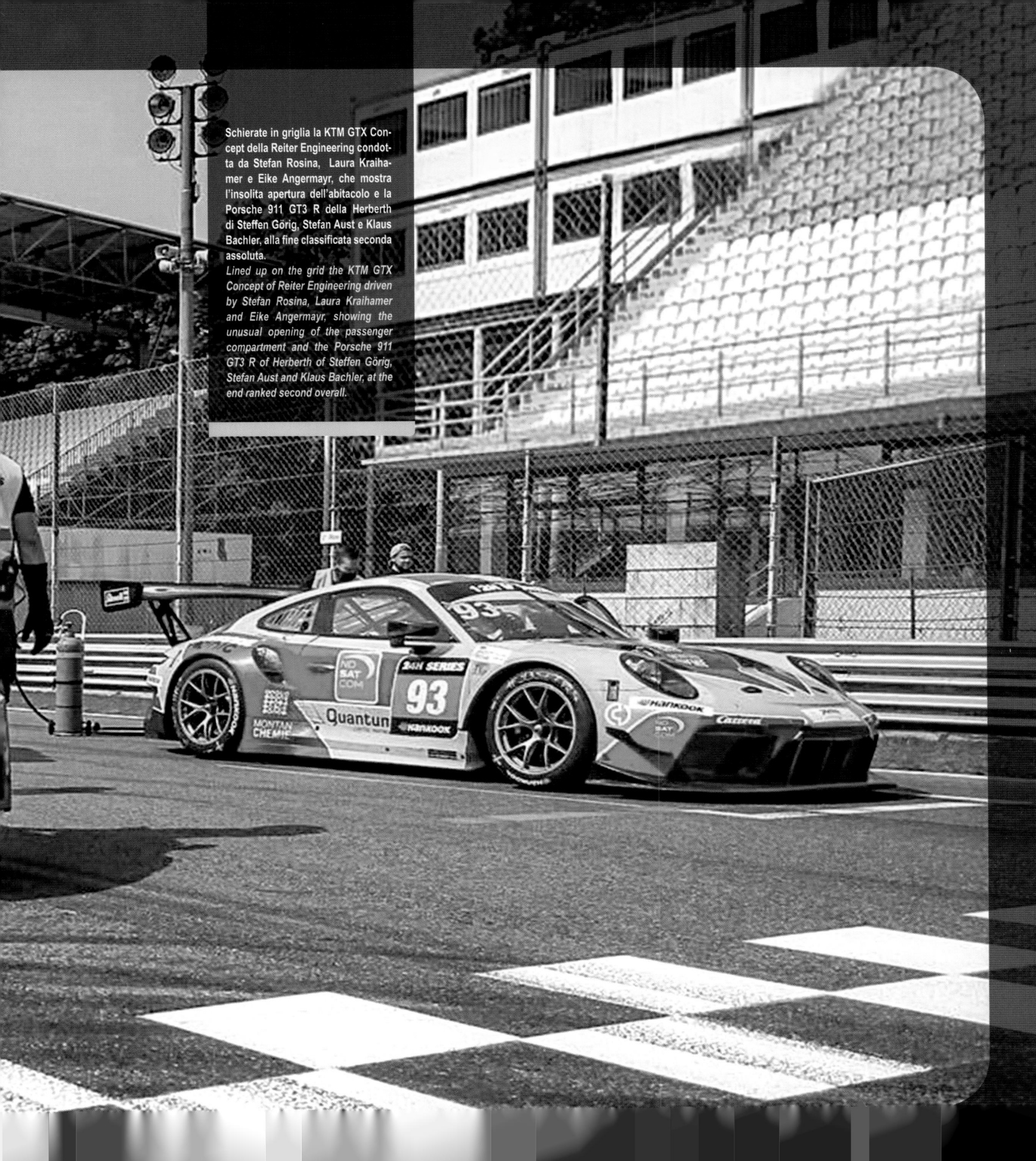

Schierate in griglia la KTM GTX Concept della Reiter Engineering condotta da Stefan Rosina, Laura Kraihamer e Eike Angermayr, che mostra l'insolita apertura dell'abitacolo e la Porsche 911 GT3 R della Herberth di Steffen Görig, Stefan Aust e Klaus Bachler, alla fine classificata seconda assoluta.

Lined up on the grid the KTM GTX Concept of Reiter Engineering driven by Stefan Rosina, Laura Kraihamer and Eike Angermayr, showing the unusual opening of the passenger compartment and the Porsche 911 GT3 R of Herberth of Steffen Görig, Stefan Aust and Klaus Bachler, at the end ranked second overall.

Il 2021 ha registrato la prima partecipazione del Deutsche Rennsport Meisters a Monza, nell'anno in cui si è avuto il più importante cambiamento nella storia del Campionato. Le spettacolari vetture della Classe 1, presenti fino al 2020, erano delle silhouette con carrozzeria che ricordava quella di una vettura di produzione, spinte da un quattro cilindri turbo di circa 600 cavalli, con massima libertà nella realizzazione di telaio in fibra di carbonio e aerodinamica ma con trasmissione X-Trac comune. La formula aveva ottenuto un buon successo, con Aston Martin, Audi, BMW e Mercedes che avevano dato origine a corse avvincenti ma, con l'annuncio del ritiro di Audi e BMW, nel 2020 il Campionato si sarebbe di fatto ridotto ad un monomarca Mercedes. Gerhard Berger, responsabile dell'organizzazione del DTM, ha deciso di puntare sulle GT3 a partire dal 2021, decidendo di avere corse con pilota singolo per evitare accoppiamenti tra piloti super professionisti e i pur bravissimi *gentleman* di alto livello che frequentano le serie per GT3. Corse di cinquantacinque minuti più da uno a tre giri, niente rifornimenti e l'intenzione di limitare quei giochi di squadra che avevano mostrato un'immagine non cristallina di varie competizioni per le vetture di Classe 1. Il nuovo formato ha raccolto la partecipazione di dodici team con varie Audi, BMW, Ferrari, Lamborghini, McLaren e Mercedes. La presenza di AF Corse con due Ferrari 488 sponsorizzate dalla Red Bull è stata un fiore all'occhiello organizzativo che ha dato lustro alla serie del 2021. Il marchio austriaco era presente da tempo nel DTM avendo corso con le Audi del Team ABT e le BMW di Schnitzer, per poi legarsi al team di maggior successo schierando vetture Ferrari nelle serie GT3. I piloti Liam Lawson e Alexander Albon sono stati al volante delle vetture rispettivamente nelle livree Red Bull e Alpha Tauri, come schierato in Formula 1. Timo Glock è stato un altro ex pilota del Mondiale presente con la BMW del Rowe Racing, mentre le griglie di alto livello sono state completate da tre vincitori in passato del DTM (Gary Paffett, Mike Rockenfeller, Marco Wittmann) per un totale di undici nazioni rappresentate.

2021 saw the first participation of the Deutsche Rennsport Meisters in Monza, in the year when there was the most important change in the history of the championship. The spectacular Class 1 cars, present until 2020, were silhouettes with bodywork that resembled that of a production car, powered by a 4-cylinder turbo of about 600 hp, with maximum freedom in the construction of carbon fiber chassis and aerodynamics, but with common X-Trac transmission. The formula had achieved good success, with Aston Martin, Audi, BMW and Mercedes giving rise to thrilling races, but with the announcement of Audi and BMW's retirement in 2020, the championship would be reduced to a Mercedes mono-brand. Gerhard Berger, responsible for organizing the championship, decided to focus on GT3s starting from 2021, have single-driver races, avoid pairing up between super professional drivers and the talented high-level gentlemen who attend the GT3 series. Racing of 55 minutes plus one to three laps, no refueling and trying to limit the team games that had shown a non-crystal clear image of various competitions for Class 1 cars. The new format attracted the participation of 12 teams on Audi , BMW, Ferrari, Lamborghini, McLaren and Mercedes. The participation of AF Corse with two Ferrari 488s entrusted to Red Bull was an organizational flagship that gave prestige to the DTM; Red Bull has long been present in the DTM racing with Team ABT's Audi and Schnitzer's BMW and has joined forces with the most successful team in fielding Ferrari cars in the GT3 series. Drivers Liam Lawson and Alexander Albon were at the wheel of the cars in the Red Bull and Alpha Tauri liveries respectively, as deployed in Formula 1. Timo Glock was another former Formula 1 driver, present with Rowe Racing's BMW, while the high grids level were completed by three DTM champions (Gary Paffett, Mike Rockenfeller and Marco Wittmann) and 11 nations represented.

L'ex pilota di Formula 1 Gerhard Berger è divenuto presidente di ITR, la società alla guida del DTM ed è stato artefice del passaggio tra le vetture della Cl.1 e le GT3 che hanno animato il campionato dal 2021.
Former Formula 1 driver Gerhard Berger became President of ITR, the company driving the DTM and was the architect of the transition between the Class 1 cars and the GT3s that animated the championship since 2021.

Venti GT3 di primissimo piano, condotte da specialisti della categoria, hanno offerto un grande spettacolo alla prima corsa del DTM, che Berger ha voluto venisse ospitata a Monza. La griglia prevedeva Audi, BMW, Ferrari, Lamborghini, McLaren, Mercedes e Porsche.
Twenty first-rate GT3s, driven by specialists in the category, presented a great show at the first race of the DTM, which Berger wanted to be hosted in Monza. The grid featured Audi, BMW, Ferrari, Lamborghini, McLaren, Mercedes and Porsche.

Il regolamento

I DTM 2021 è aperto a vetture del regolamento internazionale FIA per GT3 e dopo tanti anni ha abbandonato la tradizionale partenza da fermo in favore di quella lanciata. Le gare hanno durata di cinquantacinque minuti ad eccezione proprio delle due di Monza dove, per evitare possibili problemi col consumo di carburante, la durata è stata ridotta a cinquanta minuti più un giro. Tutte le vetture devono fare una sosta ai box con cambio gomme, assistite da un massimo di sei meccanici. Previsto anche un Balance of Performance per livellare i vari team: durante ciascun fine settimana di gara vengono decise zavorre da 25, 18 e 15 chilogrammi, da posizionarsi a bordo delle vetture che hanno conquistato rispettivamente primo, secondo e terzo posto al termine della gara precedente.

The Regulations

The DTM 2021 is open to cars of the FIA international regulation for GT3 and after many years it has abandoned the traditional standing starts in favor of a rolling start. The races lasted 55 minutes with the exception of those in Monza, where to avoid possible problems with fuel consumption, the duration was reduced to 50 minutes plus one lap. All carriers must make a stop in the pits with a tire change, assisted by a maximum of 6 mechanics. There is also a BOP, a Balance Of Performance, to level the various teams: during each race weekend, weights of 25, 18 and 15 kg are decided to be placed on board the cars that have won respectively the first, the second and the third place at the end of the previous race.

Uno dei successi dell'organizzazione è stato il coinvolgimento di Red Bull, che ha schierato due Ferrari 488 GT3 EVO della AF Corse nei colori dei due team di Formula 1 della società austriaca. La 488 che appariva come una Alpha Tauri era condotta dall'ex pilota di Formula 1 thailandese Alexander Albon, mentre quella nei colori Red Bull dal velocissimo sudafricano Liam Lawson, vincitore di una delle due gare a Monza e secondo assoluto alla fine del Campionato.

One of the organization's successes was the involvement of Red Bull, which fielded two AF Corse Ferrari 488 GT3 EVOs in the colors of the Austrian company's two Formula 1 teams. The 488, which looked like an Alpha Tauri, was driven by former Thai Formula 1 driver Alexander Albon, while the one in Red Bull colors by the fast South African Liam Lawson, winner of one of the two races in Monza and second overall at the end of the championship.

EUROPEAN LE MANS SERIES

2004 1000 Chilometri 9 maggio / May
GTS   Christophe Bouchut / Pedro Lamy / Steve Zacchia
Ferrari 550 GTS Maranello – Larbre Compétition
GT   Romain Dumas / Stéphane Ortelli
Porsche 911 GT3-R – Freisinger Motorsport

2005 1000 Chilometri 10 luglio / July
GT1   Christian Pescatori / Michele Bartyan / Toni Seiler
Ferrari 550 GTS Maranello – BMS Scuderia Italia
GT2   Xavier Pompidou / Marc Lieb
Porsche 911 GT3-R – Sebah Automotive

2007 1000 Chilometri 15 aprile / April
GT1   Luc Alphand / Jérôme Policand / Patrice Goueslard
Chevrolet Corvette C6 – Luc Alphand Adventures
GT2   Sergio Hernández / Alessandro Bonetti / Fabrizio De Simone
Ferrari F430 GT – GPC. Sport

2008 1000 Chilometri 27 aprile / April
GT1   Antonio Garcia / Tomas Enge
Aston Martin DBR9 – Team Modena
GT2   Lars-Erik Nielsen / Allan Simonsen / Richard Westbrook
Porsche 997 – Farnbacher Racing

2017 4 Ore 14 maggio / May
GTE   Jonny Cocker / Jody Fannin / Robert Smith
Ferrari 458 Italia GT2 – JMW Motorsport

2018 4 Ore 13 maggio / May
LMGTE   Duncan Cameron / Matt Griffin / Aaron Scott
Ferrari 488 GTE – Spirit of Race

2019 4 Ore 12 maggio / May
LMGTE   Matteo Cairoli / Riccardo Pera / Christian Reid
Porsche 911 RSR – Dempsey-Proton Racing

2020 4 Ore 11 ottobre / October
LMGTE   Michael Broniszewski / Nicola Cadei / David Perel
Ferrari 488 GTE Evo – Kessel Racing

2021 4 Ore 11 luglio / July
LMGTE   Matteo Cressoni / Rino Mastronardi / Miguel Molina
Ferrari 488 GTE Evo – Iron Lynx

WORLD ENDURANCE CHAMPIONSHIP

2021 6 Ore 18 luglio / July
LMGTE Pro   Kévin Estre / Neel Jani
Porsche 911 RSR – Team Porsche GT
LMGTE Am   Nicklas Nielsen / François Perrodo / Alessio Rovera
Ferrari 488 GTE Evo – AF Corse

CREVENTIC

2020 Hankook 12 Ore 10 e 11 luglio / July
4 Ore   Stefan Rosina / Laura Kraihamer / Eike Angermayr
KTM GTX Concept – Reiter Engineering
8 Ore   Jürgen Häring / Taki Konstantinou / Robert Renauer
Porsche 911 GT3 R – Herberth Motorsport

DEUTSCHE TOURENWAGEN MASTERS

2021 6 Ore 19 e 20 giugno / June
Gara1   Liam Lawson
Ferrari 488 GT3 Evo – Red Bull AF Corse
Gara2   Kelvin van der Linde
Audi R8 LMS Evo – Abt Sportsline